国家社科基金教育学一般项目"基于新综合素质评价的中学音乐核心素养研究"（课题批准号 BHA160092）的研究成果

U0646852

综合素质评价下的中学音乐核心素养研究

资利萍 著

湖南大学出版社·长沙

图书在版编目（CIP）数据

综合素质评价下的中学音乐核心素养研究/资利萍著. —长沙：湖南大学出版社，2023.6
ISBN 978-7-5667-2983-5

Ⅰ.①综…　Ⅱ.①资…　Ⅲ.①音乐课—教学研究—中学
Ⅳ.①G633.951.2

中国国家版本馆 CIP 数据核字（2023）第 090200 号

综合素质评价下的中学音乐核心素养研究

ZONGHE SUZHI PINGJIA XIA DE ZHONGXUE YINYUE HEXIN SUYANG YANJIU

著　　者：资利萍
责任编辑：吴海燕
印　　装：长沙创峰印务有限公司
开　　本：710 mm×1000 mm　1/16　印　张：15.75　字　数：257 千字
版　　次：2023 年 6 月第 1 版　印　次：2023 年 6 月第 1 次印刷
书　　号：ISBN 978-7-5667-2983-5
定　　价：68.00 元

出 版 人：李文邦
出版发行：湖南大学出版社
社　　址：湖南·长沙·岳麓山　邮　编：410082
电　　话：0731-88822559（营销部），88821327（编辑室），88821006（出版部）
传　　真：0731-88822264（总编室）
网　　址：http://www.hnupress.com
电子邮箱：934868581@qq.com

序

　　本书是 2016 年度国家社科基金教育学一般项目"基于新综合素质评价的中学音乐核心素养研究"（课题批准号 BHA160092）的研究成果。

　　课题能立项要追溯到 2014 年 1 月，我从美国哥伦比亚大学教师学院访学回国之时，看到的第一个文件就是《教育部关于推进学校艺术教育发展的若干意见》，当时隐约感觉到这或许是国家要大力发展美育的信号。果不其然，接下来一个个文件的出台很快就验证了我的预感是对的。为贯彻落实 2014 年 3 月颁布的新高考制度《国务院关于深化考试招生制度改革的实施意见》，教育部于 2014 年 12 月出台《关于加强和改进普通高中学生综合素质评价的意见》，规定综合素质评价包括"思想品德、学业水平、身心健康、艺术素养、社会实践"五个方面的内容，将 2004 年教育部《国家基础教育课程改革实验区 2004 年初中毕业考试与普通高中招生制度改革的指导意见》中的"审美与表现"改为"艺术素养"，开启了艺术素养具体细化的新综合素质评价时代。

　　2014 年 10 月 15 日，习近平总书记在文艺工作座谈会上发表重要讲话，为我国美育和艺术教育的改革确定了方向。2015 年初，全国学校艺术教育工作会议在天津召开，会议强调要深入贯彻落实党的十八大，十八届三中、四中全会和习近平总书记系列重要讲话精神，全面落实立德树人根本任务，加快推动学校美育工作，提高学生审美和人文素养，培养德智体美全面发展的社会主义建设者和接班人。2015 年 5 月，教育部发布关于印发《中小学生艺术素质测评办法》等三个文件的通知。2015 年 9 月，国务院办公厅印发《关于全面加强和改进学校美育工作的意见》。如此高密度重磅推出从宏观指导到微观实施评价的全套学校美育文件，这在历史上比较少见。特别值得一提的是，2020 年 10 月，仅仅时隔 5 年，中共中央办公厅、国务院办公厅印发《关于全面加强和改进新时代学校美育工作的意见》，该文件是 2015 年《关于全面加强和改进学校美育工作的意见》的升级版，足见国家对美育的重视程度和实施美育的决心。将这种国家意识转化成真正的教育行动，惠及千万青少年，促进教育公平，实现美育的立德树人和培育社会主义核心价值观的功能，是我们教育学人当下需要去做的事情。

我们认为，国家层面从来就不缺乏对美育的重视，那为什么现实还存在中小学音乐课开不全、开不齐，频频被占的现象呢？这说明某些环节出了问题，沿着这个原点一步步深挖，就挖出了这个课题的申报和立项。

就学校音乐教育而言，经过几十年的课改，基本从制度上和课标执行上解决了如何教、教什么、如何学等基本问题，但评价问题即关于音乐怎么考、考什么的问题一直没有得到很好的解决。艺术到底要怎么进中考和进高考等比较敏感的问题也是当今艺术教育的焦点和热点。本书预想借助综合素质评价来进行学生音乐素养考评，不辜负这个时代赋予的包括音乐在内的艺术教育改革的重要使命。

有些中小学音乐教师会对我直言不讳：你们这些做大学老师的就喜欢弄点理论，研究出来的东西没啥用，理想很丰满，现实很骨感，你来上课试试。意见虽很尖锐，但有一定的道理。但是通常我不去辩解，我会通过其他方式来传递这样的信息：理想和现实本来就有距离且交错着各种矛盾。理论研究会以"不怎么看得见"和"不怎么马上见效果"的方式不断推动实践的改善和发展。每一次基础研究的一小步，可能带来思想解放和脑洞大开的一大步，这些都无法用传统意义的"有用""没用"来定义。

我从 1999 年开始专职做音乐教育的研究，非常幸运地紧跟了世纪之交国家基础教育第八次课程改革的节奏，成为与新课改同频共振的研究者，经历了从 2000 年前的教学大纲时代到 2000 年之后的课程标准时代的跨越；从"双基"时代到三维目标时代再到现在核心素养时代的迭代升级。20 多年来，我见证了我国基础教育中小学音乐教育发生的巨大变化，无论是中小学音乐教育教学实践，还是音乐教育的理论研究，都有肉眼看得见的跨越式质变。每一次课程标准的修订，都让我们脑洞大开，思想解放，行为解构，让已经思维固化的我们备受冲击，重新应变。谁会否定改革开放 40 多年以来的音乐教育的理论研究带动了一线教学的发展，从一个需要扫盲的阶段进入现在高质量提升的阶段？再回眸百年，从学堂乐歌到现在，每一个音乐教育工作者都曾为这份来之不易的基业而感动，而自豪，为这个时代而备感光荣。

问题缘起是本研究的开启，问题意识和问题解决的责任是本研究的坚持，问题是真实的，解决也是需要的。唯一的无力感就是由于本人的能力局限，不能将此问题进行穷尽和彻底解决。本研究只是我研究领域中的一个过程性的研究成果，但是汇入国家蒸蒸日上的艺术教育研究的海洋也可能是浪花一朵，希望自己的微薄研究能引起学界参与其中，形成能推动音乐教育乃至艺术教育发展的力量。在书稿即将付梓之时，正值《义务教育艺术课程标准(2022 年版)》发布，这一版课程标准的理念和实施，让我深感中国艺术教育日新月异的变化和提升，真可谓是"未来已来"——很多突破和颠覆正悄然和迅猛地到来。让我们一起见证中国艺术教育新篇章的开启。

资利萍

2022 年 12 月

目　次

下编：教　学

绪　论

一、研究缘起

（一）回应中小学音乐课开课不足、不满的怪象

音乐，在我国基础教育中小学阶段从没有缺失。在学术之外的普通大众生活中和人们的常识里，大家都似乎很明白音乐的重要性，但实际的情况却是一言难尽，最为突出的问题是教育部所要求的开齐、开足、开好包括音乐在内的美育课程的问题一直没有得到彻底解决。2014 年教育部体育卫生与艺术教育司副巡视员万丽君在全国新教育实验第十四届研讨会上致辞提道："学校的艺术教育根本是要抓开课率。我们要按照开齐、开足、开好的要求去做。开足就是按照基础教育的整个课程设置的要求完成 9522 学时中 9% 到 11% 课时数。开齐就是开设我们现在规定的音乐课、美术课、综合艺术课等。开好就是我们要改进美育教学，按照美育特有的这种价值作用以及它的规律去开设课程，提高学生的审美素养和人文素养。"①距离现在又过去几年了，情况似乎并没有得到根本转变，离教育部开齐、开足、开好的要求尚有距离。

从思想认识上来讲，学校包括从校长到音乐教师的教职员工并不是不清楚艺术教育的重要性，也不是不懂得教育部三番五次呼吁开齐开足课程背后的初衷是什么，但是面对骨感的现实——例如应试压力和初中、高中日益吃紧的课程时间、空间和资源，学校通常会在教学运行当中把不涉及升学、考试，非主课的艺术类课程排在最后考虑，对艺术课程的重要性认识也会随着

---

① 万丽君：学校的艺术教育根本是要抓开课率［EB/OL］.（2014 - 07 - 13）［2022 - 07 - 30］. http：//edu. china. com. cn/node_ 7209538. htm.

外界的变化而变化、动摇。校长们是这样，学校体系中的任何一个成员包括音乐教师在内，也是这样想的，时间长了，就形成了一个心照不宣的、习惯成自然的常态：思想认识上很重视，行为上只能这样。很显然，这个现象是不正常的，需要改变，那怎么改变？这就是本研究问题意识的一个重要显示。

一些比较悲观的观点认为，关于音乐、音乐课程、音乐活动在中小学的开展，再研究也是没有用的，从改革开放到现在，似乎音乐课的小三门地位并没有得到多大的改善。还有一个更为直接的观点，认为音乐教育研究来研究去，没有任何作用，其实只需要国家一纸令文，把音乐纳入中考、高考的必考科目，一切问题就解决了。对于前者，我们的回答是这样的：改革开放以来，特别是从 1999 年国家兴起的第八次基础教育课程改革开始到现在，中国学校音乐教育从一个需要扫盲和启蒙的初级水平，一跃到当今在世界范围内研究和实践均有可圈可点的辉煌成就，[①] 这一切都因为音乐教育界紧跟国家基础教育课程改革的潮流进行了励精图治的改革。试想，如果不进行科学研究和课程改革，旧的问题不解决，新的问题就更不可能解决。作为义务教育阶段和高中阶段的一门必修课，音乐课程虽然是公认的边缘课程，目前尚存在一些不尽如人意之处，但是从历史唯物观的角度来看，通过理论层面的研究和创新，通过实践层面的改革和求索，学校音乐教育和其他课程一样越来越走向理想的澄明之境。同样，任何一项科学研究，都是在为现实存在的问题贡献理论创新的力量，包括本研究在内。因此，针对第二种观点，我们认为这是一种急于要改变现状的急切心理，出发点非常好，但是非常遗憾的是这种观点没有认识到音乐教育的本质是什么，没有认识到基础教育的本质是什么，也没有认识到考试的本质是什么，如果任何一门课程都需要通过考试来得到价值确认，那就会离教育的本质越来越远。这是一种狭隘的功利主义思想的表现，且对解决问题没有建设性和可持续发展的价值，这种观点也是本研究的一个激发点——既然音乐不能通过考试来确定价值，那又该通过什么来实现其内在价值呢？所以本研究既要倡导在新时代背景下的理论创新，又

① 王安国. 1978—2008：历史的跨越：中国学校音乐教育三十年[J]. 人民音乐，2009（01）：68-74.

要同时兼顾批判和纠正一些偏见和失误，体现本研究追求真理的执着意识。

与现实的不尽如人意相对比，我们选择去更为主动且积极地为解决这个问题做一些尝试。是什么坚定了我们即使看到现实的不尽如人意却对中国基础教育的音乐教育保持坚定的信念并为之执着追求？因为我们看到国家意识对包括音乐在内的艺术教育和学校美育的前所未有的重视。近年来，国家在政策层面对艺术教育和美育的文件发布和改革号召，其力度和决心是有目共睹的。从 2014 年伊始，国家发布的针对美育问题及其课程改革的顶层文件，用"井喷"二字来形容不为过。

2014 年 1 月《教育部关于推进学校艺术教育发展的若干意见》（教体艺〔2014〕1 号）提出，为深入贯彻党的十八大和十八届三中全会精神，落实教育规划纲要，全面贯彻党的教育方针，实施素质教育，改进美育教学，提高学生审美和人文素养，促进学生健康成长，现就推进学校艺术教育发展提出如下意见：明确思路目标，落实立德树人根本任务；抓住重点环节，统筹推进学校艺术教育；建立评价制度，促进艺术教育规范发展；加强组织领导，完善艺术教育保障机制。[①] 当我们现在回过头来看这个文件，会发现它是接下来一连串强有力政策的先声，是新一轮美育改革号角吹响的信号，以至于很多人都认同 2014 年开启了中国艺术教育的春天。2014 年 10 月 15 日，习近平总书记在文艺工作座谈会上发表重要讲话，为我国大美育和大艺术教育的改革确定了指导方向。2015 年 3 月，全国学校艺术教育工作会议在天津召开，会议强调要深入贯彻落实党的十八大，十八届三中、四中全会和习近平总书记系列重要讲话精神，全面落实立德树人根本任务，加快推动学校美育工作，提高学生审美和人文素养，培养德智体美全面发展的社会主义建设者和接班人。时任教育部党组书记、部长袁贵仁出席会议并讲话，他指出：美育是心灵的教育，是提升一个人、一个学校、一个社会基本素质的重要途径。党中央、国务院高度重视学校美育，把美育作为加强社会主义核心价值观教育的重要载体、作为传承创新中华优秀传统文化的重要形式、作为落实立德树人根本任务的重要方面、作为深化教育领域综合改革的重要内容，提

---

① 中华人民共和国教育部. 教育部关于推进学校艺术教育发展的若干意见[EB/OL]. (2014-01-14). http：//www. moe. gov. cn/srcsite/A17/moe_ 794/moe_ 795/201401/t20140114_ 163173. html.

出了新的更高要求和有力的措施，加快推动学校美育工作明显改观。①

2015年5月25日，教育部印发《中小学生艺术素质测评办法》《中小学校艺术教育工作自评办法》《中小学校艺术教育发展年度报告办法》三个文件，它们是《教育部关于推进学校艺术教育发展的若干意见》建立健全学校艺术教育工作评价制度，改进美育教学，提高学生的审美和人文素养，促进学生全面健康成长的具体实施的行动纲领。三个文件非常清楚地告知中小学校如何测评学生艺术素养并给出测评的指标体系。要求学校每学年进行一次艺术教育工作自评，自评工作实行校长负责制，纳入校长考核内容，确保过程规范、结果真实，不弄虚作假。学校应于每年9月底前将学校艺术教育工作自评报表报至当地教育行政部门，各县（区、市）教育行政部门于每年10月底前将本县（区、市）学校艺术教育发展年度报告报送地（州、市）教育行政部门，地（州、市）教育行政部门于每年11月底前将本地（州、市）学校艺术教育发展年度报告报送省级教育行政部门，各省级教育行政部门于每年12月底前将本年度学校艺术教育发展年度报告报送教育部。通过层层报送，形成了层层压实的年度报告制。由此可以看出，这三个文件是国家对基础教育中小学校如何实施美育且如何实施到位的要求，是国家把重视美育的顶层设计思想层层压实到行动的倒逼实锤。从2014年初的《教育部关于推进艺术教育发展若干意见》到2015年中的《中小学生艺术素质测评办法》，这已经是成套的推进机制了，但是国家似乎觉得力度还不够，2015年9月28日，《国务院办公厅关于全面加强和改进学校美育工作的意见》（以下简称"2015版《美育意见》"）发布，请注意，这不是主管教育问题的教育部发文，而是国务院的发文，充分体现了国家决策层对美育实施进行了最高级别的要求。2015版《美育意见》包含了构建科学的美育课程体系、大力改进美育教育教学、统筹整合学校与社会美育资源、保障学校美育健康发展等各方面的具体的目标和实施，是从上至下的实施指南。

2020年10月15日，中共中央办公厅、国务院办公厅联合印发《关于全面加强和改进新时代学校美育工作的意见》（以下简称"2020版《美育意见》"）

---

① 人民网. 加快推动学校美育工作全面落实立德树人根本任务［EB/OL］.（2015-03-03）. http：//edu. people. com. cn/n/2015/0303/c1053-26626233. html.

是 2015 版《美育意见》在新的历史时期对标习近平总书记重要讲话和全国教育大会精神，从更高站位出发对学校美育工作的再认识、再深化、再设计、再推进，是进一步强化学校美育育人功能，构建德智体美劳全面培养的新体系。

如此短时间内高密度重磅推出从宏观指导到微观实施评价的全套学校美育相关文件，这在新中国历史上是很少见的，足见国家对美育的重视程度和实施美育的决心。这个时候，我们作为学术研究的理论工作者如果不跟进国家政策的话，是对不起国家给我们的教育重托的，这是理论研究的时代性要求。科学研究更要加强解决现实问题的能力，比方说要研究如何将这种国家意识转化成真正的教育行动，再变成学校体系中的课程资源，惠及千万青少年，促进教育公平，实现美育的立德树人和培育社会主义核心价值观的功能，回应理论研究的现实价值。本着这一信念，依靠对音乐学科核心素养的研究基础和智库研究的前期积累，"基于新综合素质评价的中学音乐核心素养研究"课题，旨在对接国家政策的导向，为中小学音乐学科核心素养的研究和实践路径贡献自己应有的力量，此为本研究缘起之一。

（二）另辟蹊径的问题溯源和问题解决

改革开放 40 多年，特别是自 21 世纪的第八次基础教育课程改革到现在 20 多年来，我国基础教育阶段的学校音乐教育发生了天翻地覆的变化。学校音乐教育基本从制度和教学实施上解决了如何教、教什么等基本问题，而围绕基础教育阶段如何充分发挥美育课程的强大力量，则需要首先在开齐、开全的基础上，进而开好美育课程来挖掘和实现其育人价值。但很显然，在满足最基本的开齐、开全的要求之后，在深层次的原因分析和解决思路上还没有很满意的答案，这也使得这个问题在新时代背景下愈发显示出紧迫性。在相关调研中，我们发现，关于音乐及其教育的价值确认，比方说音乐有多大的功能，音乐对学生发展有多大的好处，等等，都无法成为学校体系开齐、开全音乐课的原初理由。也就是说，无论我们把音乐的价值说得如何好，都改变不了部分学校对主科课程、必考课程占用音乐课时的默许。这个时候，我们尤其需要冷静分析这背后的原因是什么，是评价的问题，考试的问题，升学的问题，还是上有政策下有对策的问题？而为什么会有这些问题，问题背后又是什么？当我们越往深处去思考的时候，这些思考早已超越音乐之外。如果我们还是一如既往地只在音乐的层面思考音乐教育的问题，确切地说思考学校体系下音乐教育的问题，就会发现这是一个永远都走不出的局，一个试图用音乐有多么重要来说服学校提高音乐课地位的局。能不能改变一下思路，从这个无法解决问题的局里跳出来，比方说跳出音乐来看音乐教育，跳出音乐的价值来看人的发展价值，另辟蹊径来找到一个既能倒逼，又能自然达成的实施路径，依托政策的力量（不一定局限于美育的或者艺术教育的政策）来推动音乐实施的新的学术生长点或者跨学科的支撑体系的搭建等等。在做文献综述的时候，我们发现，国家自 2014 年起大力推出美育改革的同期，也正是国家新高考制度启动的时期。2014 年 9 月 4 号《国务院关于深化考试招生制度改革的实施意见》的发布，意味着新高考制度正式启动。随后 12 月 10 日教育部发布《关于加强和改进普通高中学生综合素质评价的意见》，紧接着 16 日发布《关于普通高中学业水平考试的实施意见》，两个文件作为新高考制度即《国务院关于深化考试招生制度改革的实施意见》的配套政策，明确指出，高校招生录取将由"两依据一参考"即"统一高考成绩"和"高中学业水平考试成绩"作为高校招生录取的依据，"综合素质评价"作为高校招生录取的重要参考。新高考制度是国家意欲革除唯分数论、一考定终身的弊端；缓解学生学业负担过重，影响学生全面发展的状况；期望通过缩短区域、城乡教育资源差距，解决中小学择校问题，乃至高考加分造假、违规招生等乱象；扭转片面应试教育倾向，坚持正确育人导向，践行社会主义核心价值观，深入推进素质教育，培养德智体美全面发展的社会主义建设者和接班人的重大决策，是教育史上的大事。这让我们在研究中发现了新的切入点，逻辑是这样的：这个关系到千千万万学生及其家庭的重大命运的新高考制度，无疑和学校、学生等社会相关利益方构成了高利害性的关联，这个政策不仅仅要看高考成绩和学业水平，还要参考综合素质评价。综合素质评价中有艺术素养维度，而音乐素养是艺术素养之一，能不能通过研究这个维度来找到倒逼学校开全、开齐音乐课程的机制？顺着这个思路出发，我们发现综合素质评价在我国基础教育界并不是一个新话题，早在 2004 年教育部就发布《国家基础教育课程改革实验区 2004 年初中毕业考试与普通高中招生制度改革的指导意见》。从此可以看出，综合素质评价政策一直就在中小学校或多或少地在实施着，只是影响力没有 2014 年国家发布的《关于加强和改进普通高中学生综合素质评价的意见》之大，而后者中，规定综合素质包括"思想品德、学业水平、身心健康、艺术素养、社会实践"五个评价内容，将原来的"审美与表现"改为"艺术素养"，开启了将抽象大概念的审美细化到具体小概念的艺术素养的新综合素质评价时代。这种转变其实预示着包括音乐在内的艺术课程迎来了一个发展机遇，即如何快捷敏感地及时跟进和对接到自身的发展诉求中来，这个是需要有创新性的研究和另类的探索来帮助学校音乐教育利用这个机会求得发展。本研究在这方面期望为学界带来新的研究视域和新的研究内容，通过结合基础教育的综合素质评价、新高考制度改革、国家核心素养理念的提出等这些从字面上看似和音乐没有关系的论域，来研究音乐及其教育的问题，进行音乐教育的理论贡献，此为本研究缘起之二。

（三）必须澄清的误区和乱象

除了因新高考制度和核心素养新时代新形势下对新事物的学理敏感外，促使本研究确定和坚定这个研究方向的还有，近年来一直不断被推向风口浪尖的关于"艺术进中考"的热点和争议问题，以及背后错综复杂的误区和乱象，还有来自新高考制度颁布之后的教育现状的推动。由于综合素质评价中的音乐和敏感的考试建立起了千丝万缕的联系，特别是 2015 版《美育意见》发布后，全国各地积极响应，部分省市结合自己的实际情况和前期的实验结果尝试将美育课程(音乐、美术)纳入中考。例如 2016 年 7 月，江苏省政府办公厅发布《关于全面加强和改进学校美育工作的实施意见》，明确要求将初中毕业生艺术素质测评结果纳入中考成绩；山东省也将艺术类课程纳入中考成绩。一时间艺术课程被推向中考和高考利益相关方的风口浪尖。首先是学生及其家长第一时间就会想到怎么样把音乐等艺术类考试成绩提升上去。其次是来自学校围墙之外的某些社会艺术培训机构出于新政策下的所谓抢占商机的思维，即认为这是一次把学生集中进行艺术培训的机会，通过微博微信等自媒体手段，对国家制定的系列文件进行断章取义的解读，推送诸如"艺术特长考试明年列入加分，让孩子学音乐的家长有远见""音乐、舞蹈不再是培养兴趣！中小学要开展艺术素质测评啦！"等文章进行造势宣传，引爆了社会利益方的焦虑、压力、不知所措的强震，误导了大家对国家的系列政策及基本思想的理解。比方说《中小学生艺术素质测评办法》提出中小学生艺术测评指标体系是由课程学习、课外活动、基础知识、基本技能、校外学习、艺术特长等六个部分组成。其中"校外学习"这一点则成为某些艺术培训班做文章的重灾区，让家长们误以为"校外学习"是指参加校外的社会艺术培训班。其实，教育部体育卫生与艺术教育司负责人明确表示，"校外学习"一不包括学生接受的家庭艺术教育，二不包括学生参加的社会艺术培训机构或个体培训者所组织的艺术培训，而只是指学生"参与社区、乡村文化艺术活动，学习优秀的民族民间艺术，欣赏高雅的文艺演出和展览等"实践性、体验性学习。关于"艺术特长"这一点，《中小学生艺术素质测评办法》明确将其限定为"在学校现场测评中"展现出来的艺术特长（包括声乐、器乐、舞蹈、戏剧、戏曲、绘画、书法等），因而社会艺术考级、艺术竞赛的等级名次证书等不能直接作为艺术特长测评的依据。这些明显带有偏向且具有商业化煽动的艺术培训机构，将焦虑的父母拉入把孩子送到培训班学习，抢占中考分值，进行校外培训班开小灶的应试模式的泥潭，这是把国家要淡化应试教育的本意进行了严重扭曲，造成恶劣影响，对此，我们深表忧心。在 2020 版《美育意见》发布的第二天即 10 月 16 日的教育部新闻发布会上，教育部体育卫生与艺术教育司负责人指出，将艺术类科目纳入中考改革试点，纳入高中阶段学校考试招生录取计分科目，依据课程标准确定考试内容。"音乐美术将进入中考"的消息一出，引发了网友大讨论，"教育落后地区的孩子怎么办？""没有艺术天赋的孩子怎么办？""音乐美术是否会应试化？"……网友们的焦虑是否会上演？时任教育部体育卫生与艺术教育司副司长万丽君接受中国之声《新闻有观点》独家专访，回应社会关切。万丽君强调，并非要求 2022 年全部铺开中考艺术考试，也不要求具体分值，"我们没有一个时间表，就是说 2022 年就要全部都铺开考试"。2022 年的重要目标，是学校美育取得突破性进展，教育教学改革成效显著，资源配备不断优化，评价体系逐步建立，管理机制更加完善。通过三年的行动计划，在 2022 年的基础上向 2035 年的目标进发，形成全覆盖、多样化、高质量的具有中国特色社会主义现代化的学校美育体系。

关于艺术类中考会不会增加学生负担，万丽君副司长表示，艺术教育的目标是保质保量完成 9%~11% 的艺术课时数，考试内容是课程内容，不会给学生增加太多负担。"学校教什么，我们就考什么。不是说家长要送孩子到校外去学习，各个地方都按照这样一个标准来执行。"万丽君还表示，美育进中考政策早在 2012 年开始试点，最大的成效是艺术教师队伍建设取得了很大成效，试点中没有增加学生负担。政策本身也是强调学校责任落实，避免培训机构功利化的炒作，将艺术方面的学业要求严格限定于参加国家规定的音乐、美术、书法等艺术类课程学习，以及参加学校组织的艺术实践活动。"考"的都是学校"教"的内容，学生按照要求正常参加学校艺术类课程及艺术实践活动，就可以完成学业任务，与校外培训内容无关，但是自媒体时代，不经良心检验的唯利是图的发布还是肆无忌惮，再加上一些盲目认同的民众转发更是不可避免地加深了和国家意识相去甚远的解读和传播。

如果说千千万万的家长由于对教育的现象和本质缺乏专业的认识，需要进行正确的引导，那么让我们来看看日常教学的实施者，即将国家预想发挥美育育人强大功能落实到位的课堂实施者——教师，会有怎样的认知。教师如果在这个问题上出现偏差的话，那就意味着距离初心越来越远。非常遗憾，在我们调研当中，恰恰发现有部分老师对此确实存在一些认识偏差。正如自媒体网络上出现的社会培训机构对高校招生断章取义的煽动造成一些认识误区一样，很多音乐教师在没有弄清楚之前转发这些断章取义的文章，相互奔走相告，认为"音乐要纳入中考必考科目了""我们音乐课被占用被排挤的日子可以结束了"，甚至很多音乐教师拥护和支持把音乐不仅仅要纳入中考，而且最好要纳入高考。当问为什么的时候，老师们则认为，只有音乐被纳入中考或者高考的必考科目，才能避免音乐课被占用的情况发生。可以看出其诉求非常朴实，甚至有点无奈，音乐教师的这种扬眉吐气或者压抑已久的诉求，作为长期在中学和老师们一起进行教改的我们感同身受，理解万分。这种来自一线教师的强烈呼声也促使我们思考：为什么音乐教师要这么想，是不是非要通过一个考试才能提高音乐应有的地位？但同时也深表忧虑，从而发问：音乐是什么？音乐课在基础教育学校体系中开设的目的是什么？音乐课难道必须得通过考试来获得尊重和重视吗？如果不需要通过考试，那又有哪些方法让校长们对开齐、开足艺术课程感到释然，让音乐教师需要被学校承认的主体意识得到肯定，需要被重视的心理得到安抚？而学校体系中，音乐的地位抑或音乐教师的地位到底要通过什么来强化？是否有别的方式来促使音乐课程实施和考评的进一步科学化、规范化？如果一线教师的思想和观点都无法统一到国家课程的主流意识层面，那么会是多么的糟糕。这些问题不解决的话，会让本就不清朗的音乐教育问题愈演愈烈，甚至误入与真理相反的歧途，此为本研究缘起之三。

（四）必须处理的"考"与"不考"两难

关于"艺术进中考"，反对者认为：第一，艺术进中考，会成为新的应试教育。家长和孩子以前是为了语、数、外、史、地、生焦虑，现在艺术也要考试，是雪上加霜的事情；第二，考的不是艺术，而是死记硬背；第三，艺术进中考，会加深城乡之间的不公平。赞成者认为：艺术进中考可以带动学校等相关方来重视艺术。现实证明，将艺术纳入中考的一些先行省市确实破除了音乐课频频被占的尴尬，提高了开课率，音乐教师待遇、音乐师资队伍、音乐教师扩编等普遍得到改善，有实质性的推动作用。这说明音乐课程开设和音乐教育的落实需要一些功利性的外力来进行推动，这也是教育部通过"体育艺术2+1""艺术素质测评""国家质量监测"等诸多考评测试项目一步步将艺术评价体系深化的原因。

这就形成了当下关于"艺术进中考"特有的矛盾现象。一方面希望通过艺术进中考来提高美育课程的开课率，确保音乐等艺术类课程不被主科课程占有，缓解应试教育，提高音乐等美育学科的地位；另一方面艺术进中考又可能形成新的应试压力，是应试教育的加码，会加重学生的负担。

我们认为，从本质上来说音乐是无须考的。首先，艺术教育带来的感受、体验、创造为学生营造了一个超越物质世界的心理时空，使其情感生命得以伸展、抒发、成长和提升。审美能力的提高意味着个体人生境界的提升，这是音乐给人带来的无法用语言来描绘，也无法用考试来量化的独特价值。这些东西无法通过考试来考，因此，考试得到高分并不代表这个人就会有很高的美感体验能力和人生感悟能力。

其次，如果要考，也要考查思考音乐的能力、音乐素养及音乐作为滋养人的心灵的一种综合素质。但这种考评是否能够通过现有常见的考试模式比如一份关于音乐知识的试卷，或者上机听一段音乐填答案的形式来考出其真实水平？很显然，这样的考试结果只能证明学生是否记住了一些音乐知识点，如果学生考试得了高分，只能说明这个学生比别人更用功。和思想品德课考试一样，考试分数高的人其思想品德未必就高尚。从这个意义上来说，音乐是无须考试的。

音乐不适合作为考试科目的另外一个理由就是从美育的本质来说，美育也是不需要考试的。因为美育的本质是素质教育，而素质教育与应试教育是对立的。如果要进行美育考试，那就是典型的应试教育理念对素质教育的深度殖民行为，表面上是为了素质教育，实质上是反素质教育的。

从人的全面发展的角度来看，德、智、体、美、劳全面发展的五育并举，并不意味着五育必须一模一样地对待，即五育平举。从人的发展的最高层面讲，德、智、体、美、劳的重要性是不同的，道德、智力、体质、审美在具备基础素养的基础上，其再提高的价值相对于人的发展，特别是社会需要来说，完全不同。体质在达标后的再提高可能只对专业运动员有明显价值，审美素养在基础后的再提高可能对艺术人员价值更高。① 也就是说，对于基础教育阶段的中小学生来说，体育的意义在于促进其身心的健康发展，而美育的意义是促进其心灵和谐发展，这两项是兜底性质的基础性要求。如果在这个基础上再去做更高要求，那就是要朝专业人士，比方说专业运动员或者艺术专业人士来培养了，而这样的职业化的培养显然不是基础教育的要求。但是德育、智育就完全不一样。道德素养的再提高会更有益于社会整体文明水平的发展，也就是道德素养是越高越好。基础教育阶段，正是青少年价值观形成的关键期，更应该对其道德素养提出更高要求。智育也一样，是基础教育阶段的关键点，通过教育提升智能，确定好未来职业发展和终身发展的基础。智力的提升对任何一类职业人群或者是社会发展都有很高价值，这也是智育长期以来被高度重视的原因。体、美的核心价值在于保底，智育的核心价值在于拔高。②

智育可以通过考试来确定知识掌握的广度和深度，在某种意义上来说是可以用数据来相对衡量的，可以用选拔的方式来进行甄选，而美育和德育是

① 闲墨书斋. 全面发展不是平均发展，五育并举不等于五育平举[EB/OL]. (2020-10-26)[2022-08-08]. https://www.sohu.com/a/427289471_177272.

② 闲墨书斋. 全面发展不是平均发展，五育并举不等于五育平举[EB/OL]. (2020-10-26)[2022-08-08]. https://www.sohu.com/a/427289471_177272.

无法通过分数衡量的。

我们都能认同人的道德是最重要的东西，也习惯了道德是不需要用考试来确定其重要性的。所以，很少有人会提议把思想品德放到高考科目，用高考的指挥棒来确认谁的道德品质高、谁的道德品质低。我们认为，从本质上来说，音乐也是一样，正如一个人的道德品质没有被搬到高考的天平上去衡量，但不能说道德品质就不重要，音乐作为审美的学科，它和道德品质一样是无法用考分来衡量的，是不需要挤破门槛纳入考试来体现价值感的。这是我们讨论音乐课程和教学要持有的一个哲学角度。如果没有这个角度，整天用音乐有利于右脑开发的工具论腔调来体现存在感，或者要通过考试来确定其存在意义，或者硬要说音乐比语文、数学重要，都是没有意义的。音乐教育价值的确定如果要通过考试来确定，这反而是其悲哀。

音乐和很多重要的学科知识一样，对人的全面发展有着不可替代的价值，是伴随一个人的一生最有基础性的核心素养之一。在人的能力或者修养当中，很多东西不是通过考试可以考出来的。比如说，一个人的道德，一个人的素养，一个人的精神风貌，都是不能用考试来进行测量的。梁启超先生说："用理解来引导人，顶多能叫人知道哪件是应该做的，哪件是怎么做法，但是被引导的人到底去不去做，没有什么关系。有时候所知道的越发多，所做的越发少，如果用情感用美来激发人，就好像磁力吸铁一样，有多大分量的磁便吸引多大分量的铁，丝毫容不得躲闪。所以情感审美这东西，可以说是一种催眠术，是人类一切动作的原动力。"①在我们看来，音乐要解决的就是磁性的问题，和考与不考真的没有多大的关系。

周海宏教授认为，关于音乐进考试这个问题，首先要谨防成为新一轮应试考试的负担，防止审美教育落入新一轮应试教育的误区。审美的核心是感性的素质，与理性的素质不同，它是以人的感觉能力、知觉能力为基础，以体验美、表现美能力为目标的身心能力。因此，从本质上来说，要考核的是以审美体验与审美表现能力为核心的感觉能力、知觉能力，以及对审美体验与审美表现有支撑作用的必要的乐理与艺术文化、历史知识。其次，我们要防止的是将知识与技能当作审美能力，将机械记忆性知识（包括主题音调识

---

①　夏晓虹. 梁启超文选：下集［M］. 北京：中国广播电视出版社，1992：22.

别、曲名与作曲家名对应记忆)当作审美能力。而要做到"不跑偏"，就要扎实做好以下工作：一是充分了解艺术审美素质的结构是什么。二是了解基础教育的目标是什么，在各学段应该达到什么样的水平。在这里还要特别强调的是，评测的水平应该与学校教育的水平挂钩，评测内容不能超出学校教育水平。三是要设计以审美体验与审美表现为核心的科学评测指标体系。最后，周海宏认为艺术教育已经迎来这个大发展的好时机，期待每一个在教育领域辛苦耕耘的人，共同发现问题，与时俱进。①

郭声健因为注意到音乐之类的美育进中考可能带来的负面的、事与愿违的影响，所以在《中国音乐教育》发文说明2020版《美育意见》并没有对"美育进中考"设定时间表。这说明即便是政策的制定者也只是对音乐教育进行评价，而对音乐进中考的问题持谨慎态度。音乐教育评价包括多方面的内容，但课程考试显然是其中最核心、最敏感的方面。"音乐进中考"是一把双刃剑，我们在探索的过程中必须慎之又慎，要以维护学生利益和身心健康为前提来稳步推进。可以说，稳妥地解决了这个关键性问题，整个音乐教育评价问题都会迎刃而解。音乐进中考，到底考什么和怎么考，这是我们必须首先回答的问题。考什么？要从两个方面去理解，一是考的内容是什么，简单说就是教什么、学什么就考什么，而所教所学内容必须是课程标准所规定的、在学校所教所学的内容；二是考学生什么，简单说就是考学生的能力素养，包括基础知识基本技能的掌握、音乐审美体验与实践应用的能力、音乐专项特长等。怎么考？既包括考试方式，也包括计分办法和所占分值等，这需要各省市根据自身情况进行探索创新。但有两点必须坚持：一是在考试方式上要遵循音乐教育评价规律，杜绝应试教育倾向以确保尽可能少增加甚至不增加学生负担；二是在计分办法上要考虑过程性评价与终结性评价相结合，不应是一次考试定分数，包括音乐科目所占分值也要根据各地实际情况科学、慎重论证。当然，只要是考试，就有可能增加学生精神压力和学业负担，如何减轻考试带给学生的压力，这是我们必须思考的第二个问题。对于考试，学生的压力到底来自哪些方面，我们要设身处地去想，比如怕考死记硬背的东西，怕考那些他们认为毫无用处的东西，怕考有可能让他们丢人现眼、伤

---

① 周海宏. 美育就是培养孩子的"魅力"[N]. 光明日报，2020-12-01(15).

害自尊的东西，怕死板枯燥的考试形式，怕高高在上的专业化标准，等等，这些有可能给学生带来压力的方面我们就必须尽可能回避。为此，音乐考试要努力做到以下三点：一是要尽可能将考试评价与音乐实践活动结合起来，测评学生在真实音乐生活情境中应用音乐并解决问题的能力；二是要尽可能回避那些有可能让学生担惊受怕的内容与形式，运用现代化技术手段创新考试形式和方法；三是要尽可能考虑和尊重学生在音乐上的个体差异与个性特点，确保每个学生都有展现音乐才能和学习成果的机会。如果我们把考试目标定位为激发学生创造性、满足表现欲、提升成就感等方面，把课程考试打造成为学生展现自我风采的舞台，那么，让学生喜爱与期待音乐考试就不再是奢望。[①]

对于考还是不考，我们基本上可以这样来总结，音乐等艺术类课程只有进入高利益关系的考试，才有可能解决开课难、开课不全的历史顽疾，但是音乐进入中考，又可能给学生带来压力，沦为新增的应试教育而和初衷相违背。学界专家对此的建议也是比较折中的，预想通过一种方式推动，而又不能陷入应试。素养是不需要考的，如果教育都忘掉初心，那丢掉的将会是他们自己。既然音乐进入考试不是一个非常合理的方式，那还有一个思路，就是音乐是可以评的，纳入综合素质评价来评，用评来代替考，或者通过考和评之间的张力关系来处理"一考就沦为应试，一评就可能流于形式"的问题。而预期找到这个问题的答案是本研究缘起之四。

总而言之，2014年开启的艺术教育的春天，和春天的本性一样，不会总是春暖花开，阳光明媚的，可能有雷雨风暴，甚至有倒春寒。现实也就是这样，我们看到：一边是教育部连续发布的重磅文件，一边是一如既往地把艺术课时占用来复习文化课的教育现状；一边是社会教育机构一边倒地片面化甚至是歪曲本意的摇旗呐喊，一边是家长的焦虑和学生的压力。谁是对的，谁是错的？该不该考？怎么考？如此多的问题，说明其间还是差了一个基础理论研究的距离。需要有大量理论研究的及时跟进，以便能在教育实施中达成共识。什么是国家政策背后的真正意图？什么是音乐课程在基础教育阶段

---

① 郭声健. 以美育《意见》为行动指南 推进学校音乐教育改革发展[J]. 中国音乐教育，2021（01）：5-9.

的根本价值？音乐必须要通过考试才能受到重视吗？音乐到底要如何实现国家所倡导的立德树人根本任务？等等。诸如此类的思考和对答案的苦苦追寻，成为本研究的总体起源。

二、论域限定

在社会科学领域，对某种社会事物（组织、关系或活动）性质的认识不可避免地打上认识者本人及其所在社会立场、文化传统和价值偏好的烙印。有关社会事物性质的表述既带有描述性——揭示认识对象的事实性特征，也带有规范性——表达认识者自己对该社会事物在理想状态下应如何的价值期望与要求。个人的认识在一般情况下均是局部的、选择性的，而非全面的、客观性的，基于此，在探讨某一问题时，必须有一个定义的界定和论域的说明，以构成可以在同一个角度和平台上探讨问题的可能性。哪怕是面对一个简单的关键词，都需要在一定范围、一定层面、一定角度来进行说明，或曰概念的界定或曰论域限定，以便沟通的畅通。针对无法用语言诠释清楚和解释完整的音乐，对音乐的本质、性质及其功能的认识，对音乐作品的个人欣赏和体验更是掺和了个人的认识和主观立场，而关系到人的教育研究尤其难，那么相应地，人的音乐教育问题也就是难上加难了。

在现代社会，几乎没有人不与音乐打交道，不仅在生活常态中与之交集，而且对它的相关话题都会有自己的观点，音乐及其教育的问题不可避免就成了一个庞杂和边界感很弱的话题。每一个人对音乐是什么、功能是什么、意义是什么，对音乐要给下一代带来的价值是什么等都有自己的观点和看法，都能多多少少地说上几句。而学界对于这个问题，也是有多层面多角度的分析，每一种分析都有从分析者个人的价值倾向和学术惯性角度出发来诠释。因此，在本研究中，有必要先说明一下本研究的角度、层面和逻辑起点，因为我们深知，从不同角度来解释音乐和音乐教育会有不一样的答案，甚至可能会走向两个极端。加之本研究不想对音乐及其功能无所不包地逐一论证，也无法穷尽这个以无语义性、抽象性著称的艺术表征形式的所有层面，所以，本研究关于音乐的功能和意义是什么，音乐怎么教、怎么学、怎么评、怎么考等诸多问题也就有了一个需要提前限定的立场和前提，以使科学探讨构建在同一个话语平台，使科学研究更有针对性、实效性和问题解决功能。

（一）普通学校音乐教育是工具与本体双重性的统一

普通学校的音乐教育，或者说中小学的音乐课程具备双重性。一个是通过音乐的教育，即以音乐为手段，实施育人。这个时候教育是目的，是促进学生身心或者是德智体美劳的全面发展，用现行音乐课堂教学的三维目标来界定的话就是对接情感态度价值观，是音乐教育的工具性体现。另一个是通过教育的音乐，即以学音乐为目的，以教育为手段让学生习得音乐知识和技能，对接三维目标的知识与技能，是音乐教育的本体性体现。在现实学校音乐课堂中，音乐教学的开展是两者兼顾，是工具性和本体性的统一。正如一堂好的音乐课要达成三维目标即情感态度价值观、过程与方法、知识与技能的全实现，从而使音乐教育的工具和本体的双重性特质得到统一。① 在这里，"知识与技能"是基础知识与基本技能，也就是 21 世纪我国基础教育课程改革之前的教学大纲时代俗称的"双基"，是针对基础教育阶段以素质教育为目的、能提高学生审美能力从而促进其德智体美劳全面发展的那部分知识和技能而言的。以培养全面发展为指向的基础教育的音乐教育和培养以专业音乐人士为指向的音乐学院附小、附中，虽然彼此都在进行着同一个行为——音乐教育活动，但是各自的培养目标、课程价值取向、教学内容、评价方式手段却有着天壤之别，所以一定要明确边界。本研究关注基础教育阶段，精确地说是研究普通学校的中学阶段包括初中和高中的音乐教育问题，以培养音乐专业人才的专业音乐教育不在本研究的范围之内。当然，我们必须承认，尽管专业音乐教育与普通教育的不同，在当下已经是常识，但是普通学校音乐教育同时也兼有发现和为专业音乐教育做前期铺垫的作用。因为专业的艺术苗子也是最初在普通学校里崭露头角的，也是需要我们普通学校的音乐老师发现并去培养的，中小学音乐教育也兼有发现和培养未来专业音乐人才的基础性义务。我们这样强调的原因是要说明普通学校音乐教育的探讨是建立在人的全面发展和素质教育的基础上的，人是终极目的。

---

① 资利萍. 音乐课程实施：工具论与本质论的统一[J]. 人民音乐，2006(12)：63-65.

（二）普通学校音乐教育是社本性和人本性的统一

本研究为了解决音乐学科教育问题，必然会从学科特殊性来找到学科独特的规律，所以论证的出发点是预想找到普通学校体系内音乐教育的独特价值及其独特实施方式。这种独特性预想可从社本性和人本性两个角度来研究。

第一，从社本性的角度，我们知道，学校体系的每一门课程都是国家为培养未来接班人精选出来的、带有浓厚主流意识形态的知识体系。音乐课程也是一样，必然与国家意识或者说主流意识保持一致。无论是义务教育阶段的音乐课程还是高中阶段的音乐课程，不再是随便放松一下身心，我想听什么音乐就听什么音乐这么简单的事；不再是像通过电视、电影、电脑和当今自媒体等多种传播手段接受音乐那么自由；也不能像在家里那样随时可听、随时可换，非常松散和随意。无论是社会音乐教育，还是家庭音乐教育，都是音乐给人们带来娱乐休闲的生活方式，但是在学校体系，音乐则成为承载国家意识的注入和主流思想的渗透的知识形态，带有浓浓的社本主义的工具性，这是由学校课程体系本质所决定的。

《中华人民共和国教育法》（2021年修订版）第五条规定，我国的教育方针是：教育必须为社会主义现代化建设服务、为人民服务，必须与生产劳动和社会实践相结合，培养德智体美劳方面全面发展的社会主义建设者和接班人。党的十八大提出的教育方针为：坚持教育为社会主义现代化建设服务、为人民服务，把立德树人作为教育的根本任务，全面实施素质教育，培养德智体美全面发展的社会主义建设者和接班人，努力办好人民满意的教育。学校体系的任何课程都要服务于这一教育宗旨。我国的音乐教育和其他美育课程一样自古以来就承载着以美育人的教化价值，是中国文化的传统基因在音乐课程中的体现，党的十八大提出把立德树人作为教育的根本任务。从2014年到现在，国家一直在加大对学校美育的支持，无论是在政策，还是人力、物力、财力方面都倾注了大量资源来推动，这是因为国家清晰地知道包括音乐在内的艺术课程在强化主流价值和实现立德树人根本任务方面具有得天独厚的条件，即确定了美育在"培养什么样的人""为谁培养人"方面有着独特的、润物细无声的功能，这也是新时代赋予音乐教育和音乐课程的一个无法回避的使命，即从立德树人的角度，音乐课在对国家意识形态实现的工具性意义是什么？其最独特的功能是什么？当今，我们研究的重点就是把这个功能的内涵揭示出来，对接现实的问题解决。从这一点看，本研究是极力想把音乐教育的工具性意义进行挖掘和实现，即通过音乐可以为国家培养什么样的人，带来什么作用。重点聚焦于音乐教育的工具性，体现的是音乐教育的他律性。

第二，从人本性角度来思考，就是音乐如何带来学生自身的发展，包括当下以及面向未来的发展。除此之外，在当今智能时代，学生面对当下和无法预知的未来，其在基础教育阶段能够发展的必备品格和关键能力即核心素养是什么，带给学生个人发展方面的意义是什么，这也是音乐教育无法回避的重要课题。

需要明确的是，尽管本研究重点是关注音乐教育的工具性价值实现，但是在实现的手段和策略上，实现的价值观抑或说音乐教育哲学观上，却是希望从音乐的本质、音乐教育的本质出发，即用音乐本质规律来实施音乐教育，才能实现音乐教育的工具性价值。如果我们用非音乐的手段去教音乐、考音乐、评音乐，结果是不尽如人意的，我们秉承的一个前提就是用音乐的本体性去实现音乐的工具性，强调音乐课程在服务社会的同时也关注个人发展，是社本性和人本性的统一。

（三）以综合素质评价为抓手的问题解决方式

"立德树人"，是党的十八大以来教育领域的一个高频词。很显然，作为学校课程的必修课程，音乐课一样要为立德树人发挥好自己的功能。但是音乐课有其基于音乐学科本体性的规律，在立德树人方面，要结合自己的学科特点做到既能发挥其他学科没有的优势，也能凸显自己的学科基本立场而不至于成为基础教育中的一个可有可无的学科。

长期以来，中学校长、音乐教师，他们认识到音乐等艺术类课程确实对学生的全面发展和立德树人方面有重要作用，但是当面对应试压力、升学率时，可能会自动遮蔽艺术类课程的功能，把音乐课让给要考试的重要科目进行补课，这在当今已经形成了缄默的合理性。这样势必造成音乐在立德树人和全面发展中的意义无法全面释放，从学校课程实施的角度来看，实质上就是课程潜在资源的浪费。例如尽管在 2015 年 5 月 25 日，教育部印发了《中小学生艺术素质测评办法》等三个文件，明文规定了校长的职责等，但是似乎推动作用并不明显，不排除在基础教育改革的道路上，围绕各种教育教学和课程创新时，关于美育类课程实施的制度搭建和实施的跟进机制被疏忽或被中断。从根本上看，这说明音乐及其教育还没有一个非常具体的、对利益多方能造成深度冲击且能在现实中作为抓手来推动的东西出现。

从教育研究的规律来看，教育问题除了要研究学校体系的课程本质、课程实施的必然规律等以外，还需要研究教育评价问题。因为评价对教育活动起到非常重要的导向作用，是教育行为内驱力和动力机制的重要来源，所以，要想把音乐立德树人的功能全部有效释放出来，还需要加入教育评价的维度来进行研究。本研究认为，前文所述的那个对利益多方能造成深度冲击且能在现实中作为抓手来推动的东西，并不是直接把音乐作为评价中的必考科目，但是又能在考试和评价体系中拥有一定分量的评判份额。那么，这个能将学校、校长、教师、家长、学生等利益相关方都联结起来的力量，能推动音乐课程价值的释放和外显的开课秩序、开课率正常化的东西，究竟是什么？一直以来我们的思考伴随着国家政策的信号在进行着选择和研究，2014年国家启动了"两依据一参考"的新高考制度改革，"两依据"是依据学业水平考试，依据高考成绩；"一参考"就是参考综合素质评价。综合素质评价作为一参考成为考试制度中的配套要素，而音乐是综合素质评价整体机制中的一个维度，那么，能否通过发挥综合素质评价这个机制来倒逼音乐课程在中学的正常开课从而发挥其立德树人的教育功效？本研究就是这样假设和预想的，将以综合素质评价为抓手来进行研究。为什么综合素质评价可以担负起这个重大使命？关于这部分的详细论述将会有专题来进行论证。

需要指出的是，尽管 2002 年 12 月发布的《教育部关于积极推进中小学评价与考试制度改革的通知》是包含了小学的综合素质评价的，但小学阶段由于没有关乎升学问题，所以不在本研究范围。还需澄清的一个问题是本研究虽然是将音乐纳入综合素质测评这个维度下进行研究，但是艺术生和艺术特长生这两个特殊群体是不包含在内的，即只关注普通中学的普通学生，是基于普通学生的音乐学习问题。艺术类特长生是指在艺术方面有特长但不会把艺术作为专业来准备高考的学生，例如，这个学生有音乐特长，其专业能力甚至可以通过音乐学院的选拔，但是他选择了非音乐专业，去读金融、历史、物理、化学等。截至 2020 年，国家有 53 所高校还保留艺术特长生的招生，但是不再叫艺术特长生，而改为更为科学和规范的叫法——高水平艺术团招收特长生（如招生人数控制在 1% 以内，投档线少 20 分录取等）。而艺术生就是报考了艺术类专业的学生。这两类学生都不在本研究范围之内。

（四）基于核心素养的音乐教育理念和音乐课堂教学转型

20 世纪以来，西方社会面对经济、社会、政治生活、技术、全球化进程等急速变化的时代，个体、社区、企业、机构、国家如何面对这个瞬息万变且无法预知的未来，发出了仅仅关注知识与技能的教育是远远不够的呼声。1997 年经济合作与发展组织（OECD）启动"素质的鉴定与遴选"寻找如何让教育和培训更加有质量和效益。1999 年，经合组织的 DeSeCo 项目组发布研究报告 Definition and Selection of Competencies：Projects on Competencies in the OECD Context，该报告称核心素养与知识、技能是并列的概念，并不是轻视知识和技能，而是强调通过教学让学生具备综合运用所学知识和技能解决复杂问题的修养和能力，并将其视为基础教育的 DNA，人才培养的指针。DeSeCo 项目组提出了 3 大类、9 种核心素养的指标体系。[①]

此后，欧盟、联合国教科文组织等国际组织纷纷开展核心素养的研究，随后各国先后将核心素养研究纳入国家课程改革，如英国于 2007 年到 2010 年、德国于 2003 年、瑞士于 2007 年、澳大利亚于 2009 年、美国于 2007 年、芬兰于 2014 年、新加坡于 2010 年。

国内关于核心素养的研究开始于 2011 年，而官方文件中出现"核心素养"是 2014 年 3 月印发的《教育部关于全面深化课程改革落实立德树人根本任务的意见》，该文件要求研制各学段学生发展核心素养，明确学生应具备的适应终身发展和社会发展需要的必备品格和关键能力。[②] 核心素养成为国家基础教育课程改革的顶层设计和战略要求，课程标准不再基于三维目标来修订，而是由核心素养来统领各学科精选课程内容，研制学业质量标准，提

[①] 张娜. DeSeCo 项目关于核心素养的研究及启示[J]. 教育科学研究，2013(10)：43.

[②] 中华人民共和国教育部. 教育部关于全面深化课程改革落实立德树人根本任务的意见[EB/OL].（2014-04-08）. http：//www. moe. gov. cn/srcsite/A26/s7054/201404/t20140408_ 167226. html.

出教学实施、考试评价和教材编写建议，这标志着我国基础教育阶段的课程改革进入核心素养时期。中国学生核心素养分为三大领域：文化基础、自主发展、社会参与；六大核心素养；18 个基本要点。例如文化基础分为人文底蕴、科学精神两大素养。人文底蕴又包含人文积淀、人文情怀、审美情趣 3 个要点。① 中国学生发展核心素养的培养是需要在其人生最重要的基础教育阶段，通过学校的各类课程来给予实施的，每一门课程都会在这个总体框架中找到自己应有的功能实现。和所有的其他的艺术类课程一样，音乐课是在"人文底蕴"核心素养中找到了"审美情趣"这一基本要点：具有艺术知识、技能与方法的积累；能理解和尊重艺术文化的多样性，具有发现、感知、欣赏、评价美的意识和基本能力；具有健康的审美价值取向；具有艺术表达和创意表现的兴趣和意识，能在生活中拓展和升华美。②

尽管 2014 年 3 月印发的《教育部关于全面深化课程改革 落实立德树人根本任务的意见》指出以核心素养来统领课程标准修订，而实际的工作早就开展了。2012 年起，教育部召集以高校学科专家、课程专家，各学科教研员等组成的各学科课程标准修订组的团队从调研起步，进行各高中课程标准的修订工作，音乐学科也是把音乐学科专家、音乐课程专家、音乐教研员、一线音乐教师等组成研究队伍，对高中音乐课程标准进行修订。2012 年开始调研，2014 年启动修订，历经近五年时间，从提炼音乐学科核心素养、进一步明确普通高中音乐教育的定位、研制音乐学业质量标准、优化音乐课程内容结构、促进普通高中教育与高考改革对接、增强课标的可操作性、力争"好用、管用"等方面下功夫修订高中课程标准。

2018 年 1 月《普通高中课程方案和语文等学科课程标准（2017 年版）》发布，高中阶段的 20 门基础课程的课程标准出台，标志着核心素养的课程框架以国家课程标准的形式得以确定，"核心素养"这个关键词成为基础教育改革的高频词，围绕其理念、概念、意义，结合各学科的课程实施的路径、课堂教学革命等成为教育学和课程研究的显学。2022 年 4 月，核心素养导向的《义务教育艺术课程标准（2022 年版）》发布，一直到现在，核心素养还是热

---

① 林崇德. 21 世纪学生发展核心素养研究[M]. 北京：北京师范大学出版社，2016：29.
② 核心素养研究课题组. 中国学生发展核心素养[J]. 中国教育学刊，2016(10)：2.

绪论

021

点问题。

本研究试图从综合素质评价中找到音乐教育的抓手，恰逢国家对基础教育课程改革这一顶层设计的时机，自然会将综合素质评价视域下的音乐课程实施与音乐学科核心素养、中国学生发展核心素养联系在一起，因此，本研究预期发现新问题、找到新方法、追踪新规律。

从 1999 年国家掀起基础教育课程改革到现在已经 20 多年了，这个历程是基础教育课程改革的核心问题，即怎么样尽可能地扭转纯粹知识本位和应试教育的弊端，让教育回归到教育的本真。如果说 20 多年前，课程改革是以素质教育向知识本位宣战，那么今天，课程改革就是以核心素养向知识本位宣战，在这个不断抗争的过程中，基于综合素质评价的中学音乐核心素养的研究将不辜负这个时代赋予的责任，将契合这个热点进行执着追求。

综上所述，本研究的论域限定其实也是在讲本研究的问题意识和问题解决，即研究的思路和预设的方案。首先来自对现实存在问题的反思——为什么在国家重视美育的背景下，学校体系里却存在音乐课开不齐全的现象，且一直作为一个历史顽疾存在着。如何解决这个问题，用考试的方式是否就能解决一切？问题的解决需要有一个抓手，这个抓手不能是，也不可能是类似于语数外那样的主流学科的考试，而是一个与学生全面发展息息相关又能起到侧面推动和促进的东西，这个东西就是新高考制度改革背景下的新的综合素质评价，也就是可以通过综合素质评价来间接却能实质性地推动音乐课程的顺利开展和基础音乐教育的整体发展。而在新时代，为了解决音乐课程及其教育要如何在培养学生适应未来社会发展和个人发展的必备品格和关键能力中发挥作用的问题，核心素养就成了本研究的内容。

上 编

理 论

第一章 综合素质评价下音乐及音乐教育的价值重申

在人类文明的进程中，知识随着文明的步伐日益积累，有部分知识伴随着现代意义的学校体系的建立被甄选出来作为课程，它们之所以被学校选择是因为对人类再生产有着重要意义和价值。同样的道理，音乐的价值和意义是现代学校教育体系在庞大的知识体系中甄选出来将其纳入学校课程的理由，这个理由使得有关音乐教育的研究始终是离不开音乐价值和意义探讨。对于本研究而言，重申不仅仅是在强调音乐教育或者音乐课程的重要性，更是因为随着智慧时代的来临，人们对周遭世界的认识包括对音乐本质的认识必然会有不一样的角度和参照，在以前被认为很重要的东西现在可能不再被看重，以前被忽略的或许在当下能发挥出别样光芒。在全球教育界都指向核心素养研究，在核心素养统领着义务教育阶段和高中阶段的课程标准的当下，有必要对经典意义上的价值进行时代性的重新诠释。因此，本研究虽然不是关于音乐及其教育的意义和价值研究，但是由于价值是教育主张和课程取向的起点，所以本研究也必须对音乐及其教育价值做历史维度的梳理和当代价值内容上的重申。

音乐作为大众生活的一个平常性、常态性、合理性的存在，在人们的思维当中几乎不会去有意识地为探究其意义和作用而费时劳神，因为它的意义和价值每天在和人们的日常生活发生着关联。当然，学术研究要求我们在此方面要小心求证，如果想在教育领域来解决音乐学科的上课率问题，或者想把音乐作为小三门的定位稍微做一个恰当的调整，将其地位做一个比较大的提升，就需要挖掘一些尚未被发现或者发现了却没有太被重视的规律来创新这一方面的思考。其中很重要的一点就是要从人的思想认识和主观意识方面来对音乐及其教育、音乐课程的重要的价值做不同以往的重申、纠偏、分析。

本章从音乐的价值和意义开始讨论，进而再讨论音乐教育和音乐课程的价值和意义。很显然，音乐的价值和意义是不能等同于音乐教育或者音乐课程的价值和意义的。很多人把两者混为一谈，混淆了其间重要的区分，进而遮蔽了解决问题的关键要素。

第一节　音乐的意义和价值

一、那些无须解释的意义

人们通常会认可音乐有很多的意义和价值，会给人们带来很多用处，所谓无须解释的意义就是指这些众所周知的、看起来很对的、约定俗成的意义。例如音乐是具有审美功能的，音乐是可以提升道德修养的，而在诸如审美功能、辅德功能等意义和价值当中，最不需要解释、毋庸置疑的就是人们往往都会认为学音乐可以让孩子变得更聪明，这种非常流行也似乎成为公众所认可的观点，在理论上可以称为"益智说"。我国音乐教育学者刘沛教授在 20 世纪 90 年代就曾经把美国关于音乐可以促进儿童智力发展的成果介绍到中国。1994 年 8 月 13 日，加利福尼亚大学的罗斯彻博士在美国心理学学会第 102 次年会上，宣布了她的有关音乐学习与儿童智力和儿童发展的实证研究成果：音乐教学能改善儿童的空间智力，并维持时间很长，甚至是永久的。[1]

另外在 1993 年，加利福尼亚大学物理学家戈登·肖博士和威斯康星大学心理学家弗兰西斯·劳舍尔博士在实验中发现莫扎特的音乐可以提高人的空间-时间能力测验的成绩[2]，这个被称为"莫扎特效应"，后来成为论证音乐能使人变聪明的重要论据之一。我们可以把这个称为音乐"益智说"的 1.0 版。20 世纪 90 年代以来一直到现在，随着人们对创造力、创新意识的关注不断增加，很多研究开始聚焦于音乐或者艺术与创造力的关系，从而研究艺术教育可以促进人的创造力的发展及其实现路径，相关研究有王懿颖《艺术

---

① 刘沛. 音乐与儿童智慧及儿童发展：国外有关研究述评[J]. 中国音乐教育，1995（06）：33-35.

② 李并倪. 音乐教育与儿童大脑发育[J]. 中国音乐教育，1998（05）：34-45.

教育与儿童创造力的发展》①、黄沙玫《奥尔夫音乐教学课堂中创造力氛围的实证研究》②等。也就是说，音乐不仅仅可以使人变得聪明，还可以带来创造力的发展，所以这个姑且可以称为音乐"益智说"的 2.0 版——是音乐使人变得聪明的升级版。

我们确实应当认可上述这些研究是可以说明音乐的价值和意义之所在，但是这些实验数据和研究成果不应该成为宣扬"因为音乐可以使人变聪明，所以我们要号召大家来重视音乐教育"的论调。正如刊发在《华盛顿邮报》的《钢琴课能让我的孩子变得更聪明吗?》一文所说："有很多理由让我们给儿童教授音乐，提高大脑功能只是其中一个理由。如果这个理由成了音乐教育的主要目的，那会是令人遗憾的。"③音乐的这些功能都不能成为我们呼吁重视音乐的令人信服的理由，但是非常遗憾的是，音乐的这种"益智说"又常常被作为这样一种让孩子学习音乐的理由，这种理由又助长着以营利为目的的社会音乐培训机构的繁荣发展。在音乐教育理论界，也曾经有一个倾向就是把"益智说"作为提高音乐教育地位的理由来进行强调，来呼吁社会各界重视音乐教育。

如果不涉及形而上的理论分析和严谨的学术研究，而仅仅从日常生活层面和人们的基础性认识来说，多数人非常执着地认可和承认音乐可以使人变聪明，音乐可以抒发和表达情感。这对音乐及其教育来说也不是坏事，似乎可以让更多人来重视音乐教育，但是如果想要从学理上来重申音乐的意义和价值，或者从根本的思想认识上来认可音乐的价值，这个显然是不具备说服力的。因为一个事物的价值绝对不能凭借非本质、非主体性的他物来印证自己，预想通过音乐可以使人变得聪明的说辞顶多只能是边角余料的非主体价值，真正的价值是来自物自体的内在价值和非工具性价值，而借助于非本体的工具性价值来强调自己的重要性，是自我价值体现的原初阶段，是学科非自信的表现。在学科发展的低级阶段，由于要借助他者来突出自己，这个时候用音乐可以带给人一些看得见的功能性的东西尚能理解，但是当学科发展

① 王懿颖. 艺术教育与儿童创造力的发展[J]. 教育研究，2005(08)：72-77.
② 黄沙玫. 奥尔夫音乐教学课堂中创造力氛围的实证研究[D]. 广州：星海音乐学院，2009.
③ 郭声健. 艺术教育论[M]. 广州：暨南大学出版社，2012：37.

到现有阶段，发展到需要用关键能力和必备品格来思考教育的重新架构的当下，如果还要借助音乐的非本体功能来论证自己的重要性，则越是这样证明自己，越是自卑的表现，越会得不到重视。以自身独特性来彰显价值才是学科自信的标志，即我就是音乐课程，我具备独一无二的价值，我为音乐本身而立言，只有这样才能唤醒学科自信，最终走向学科的自觉。

关于音乐的意义和价值，还有一个认同感极为广泛的观点就是音乐与情感的关系——音乐可以抒发情感、可以表达情感，这个观点不仅是我们在听音乐时的切身体验而产生的共识，而且也是由来已久的观点。从古希腊的柏拉图和中国的孔子，到现在的学界专家都秉持这样的"情感说"，人们在乐音和节奏中体会一种喜怒哀乐的情感共鸣，这不仅是一个学术观点，显然也是我们日常的切身感受。虽然音乐与情感关系密切，但是仅仅把音乐当成是情感的抒发显然无法穷尽音乐的本质。

与音乐带来的情感共鸣相伴而行的还有音乐审美的观点。1750年鲍姆嘉通的著作《美学》出版后，美学作为一门正式学科被独立了出来，他认为音乐作为一种感性认识的特殊形式，能够通向审美的真谛。席勒在《美育书简》中，不仅将审美视作艺术问题，更是认为审美教育使人性达到完满，道德境界得以升华，从而促使建成理想国家。其相关论述曾一度成为我国学者论证"音乐即审美"的理论基础。而在当代，贝内特·雷默被国内学界公认为音乐审美教育的代表性人物，其力作《音乐教育的哲学》分别以绝对表现主义为思想基础，从认知心理学角度全面阐释了音乐教育对事物的审美品质发展所起的重要作用，其构建的审美音乐教育哲学影响深远。从本土语境来说，近代王国维、梁启超、蔡元培、萧友梅、丰子恺等发展而来的美育思想及实践，吸收了西方康德、席勒、叔本华的"审美无利害性"思想，强调艺术的自律性的同时，结合中国本土语境创造性地铸就了颇具中国思想特色的"审美功利主义"①，肯定艺术的人生论价值诉求。注重审美人生观的培养是我国美育思想传统最显著的特征，20世纪以来，王国维、蔡元培、朱光潜都深刻论述过美育纯洁人心、美化人生的重要作用。音乐审美的观点成为当今音乐教育的主流观点。

---

① 杜卫. 审美功利主义：中国现代美育理论研究［M］. 北京：人民出版社，2004：193.

二、思想史上音乐意义的流变

音乐的价值到底在哪里？古今中外，无数哲学家、美学家、教育家也都一直乐此不疲地在探究，将音乐的意义和价值作为艺术本质的一个分论题，在思想史的变迁中带入一个不断诠释意义和不断彰显功能的过程之中，且一直延续到现在。他们都不是职业音乐家，也不是音乐教育工作者，而是以研究世界本源问题为中心的哲学家们，这或许可说明，音乐真的很重要，也可说明，音乐等艺术学科和世界的本原以及人的终极性问题是有关系的。让我们看看在思想史的长河中，音乐抑或是艺术的意义是如何一一彰显的。

恩格斯曾经说过："在希腊哲学那种博杂形态中包含着一切宇宙观的幼芽和起源。"①正如我们现在讨论这个话题自然要回到柏拉图等古希腊哲学先哲们的思想。柏拉图的艺术观点见于《理想国》中，他在"理想国"中勾勒出了一幅文艺教育的目标蓝图。他认为艺术的本质在于为政治理想和哲学诉求服务，艺术教育的目的也在于通过道德教化的手段为城邦培养合格公民，因而强调以政治评价标准服务社会，不惜压抑感性以片面追求理性。正是这种将音乐视为政治附庸的音乐观遭致后世持"审美超功利性"的康德等人的批判。亚里士多德作为柏拉图的弟子，对其老师的音乐观并不完全赞同。他扬弃柏拉图式的神秘哲学思辨即柏拉图的"理式"，在肯定艺术的道德功能的基础上强调艺术的真实性及其审美功能，认为音乐具有释放人的情感及升华人的精神的作用，充分肯定了艺术美本身，并主张用科学的观点和方法对文艺进行客观分析。

德国哲学家黑格尔认为"美是理性的感性显现"，为从哲学层面来探讨理解音乐的本质提供了理论依据。音乐之所以有那么多的界定，是因为它表达了深刻的理念，这种理念是以音乐特有的感性的方式被显现出来的。黑格尔认为理念是世界的本质，哲学和宗教是理念或者说纯粹精神或绝对精神的展现，而艺术是理念另外一种不同的显现方式，他把艺术放到与宗教和哲学并列的地位上。显然，艺术不仅仅是一种情感表达，它还表达了深刻的理念，只是在艺术中理念以感性的方式被显现出来。

---

① [德]恩格斯. 自然辩证法[M]. 郑易里，译. 北京：三联书店，1950：35.

马克思的哲学体系离不开"实践""劳动"这些关键词，其从认识论角度认为，艺术是一种独特的把握和认识世界的实践方式，是参与社会实践的一种特别的通道。著名的"艺术来源于生活并高于生活"就是马克思艺术观的重要写照。

西方哲学发生语言转向之后，对包括音乐在内的艺术的本质和功能的探讨也发生了根本的变化，即从艺术是什么的表现形式、艺术是什么的呈现方式或者音乐可以给外界带来什么功能和好处等工具性，转换到艺术就是本原的观点，即从工具性意义转变为本体论意义。

海德格尔认为"艺术就是真理的生成与发生，艺术是真理的发现"，他著名的"去蔽论"认为，在现实的世界中，存在的真理被遮蔽了，而艺术的功能就是把被遮蔽的东西重新揭示出来，可见在海德格尔心目中艺术的强大力量。

伽达默尔则认为艺术发现的是科学真理的另外一种真理，即不同于自然科学的另外一种意义上的真理。马尔库塞在其著作《单向度的人：发达工业社会意识形态研究》中指出艺术的改造即是解放[1]，提出了著名的"审美救赎说"。他认为，在发达的资本主义工业社会中，人受技术理性的统治，内心的批判性受到抑制而成为单向度的人，美学成为人最后的栖息之所。在这个技术理性日益猖獗的现代工业化社会，艺术作为一种审美感性因其具有独特的自律性，有着某种对技术理性（工具理性）的反叛功能，是现代性异化下人性救赎的重要方式，具有解放人性从而拯救社会的功能。

人类没有哪个时期像今天这样更渴望精神家园，艺术不可避免成为思考世界本原的另一个角度和向度。而同时，人类也在不断反躬自问自己是谁，要如何安身立命。上述哲学家和思想家都把包含音乐在内的艺术看作是一种发现真理、探索世界的方式，其思维的内在理路远远超越了音乐仅仅关乎情感关乎形式、色调这些感官性和形式性的东西，上升到更深刻、更高层面的精神、理念，乃至历史、时代、人性等这些更为宏阔的命题。虽然音乐和情感表达的关系特别紧密，但说音乐表达情感好像还不足以界定音乐的本质。

---

① [美]马尔库塞. 单向度的人：发达工业社会意识形态研究[M]. 刘继，译. 上海：上海译文出版社，2006：203.

杨燕迪认为，音乐的真正本质在于它是用音响材料进行人性探索的艺术，是步入"真"的通道，音乐和其他艺术门类一样，它根本的职责和任务是表达人性中前所未闻的向度，勘测人性世界中前所未知的方面①。杨燕迪为我们对音乐意义的探讨打开一个新的视野，使得我们对音乐的意义和价值的理解超越日常生活的体验和感知，揭示出了音乐的无以言说的深邃意义。当我们越是往深处想，越是能感觉到音乐可以使人聪明、音乐可以抒发情感、音乐可以引起共鸣等审美心理的苍白。如果我们把音乐不可言传只能意会的多重意义借助"审美"这个词语来指代，那审美也就变成了一个超级符号——无须给众生解释就能迅速理解和记住，感同身受其间多重的隐喻和意义，根据语境、际遇、角度、向度的不同，呈现出不一样的意义。

关于音乐的功能和价值成为思想史无限流变中的一束时间流，也日益演变成不可言喻的意识流，以致任何一种解释，当面对音乐魅力的时候，都会显得黯然失色。生命哲学家帕格森认为：当聆听音乐的时候，我们感到除了音乐暗示给我们的东西以外，我们似乎别无他求，假如我们放任自己去倾听的话，这正是我们自然和必然采取的行动。无论音乐表达的是欢乐抑或是悲伤，怜悯抑或爱情，每一时刻我们都是音乐所表达的东西。不仅我们自己，而且很多其他的人，不，甚至可以说所有其他的人，都是如此。当音乐啜泣的时候，全人类、整个自然都在与之一道啜泣。道德先知正像音乐家一样开始行动：生命为他们无可怀疑的情感调子，就像某些崭新的交响曲音调一样，他们吸引我们追随他们进入音乐之中，以致我们可以在行动中表达这音乐！②

思想史中音乐意义和价值的流变呈现的是音乐从外在工具性到内在本体性的样态，使得音乐与人的关系变成一种必然的存在，具有生存论上的意义。正如杨燕迪在其文章《通过音乐的人性发现》中所说："我认为音乐和其他艺术在本质上是相通的，在艺术功能上，音乐应当承担起揭示人性真实的职责，或者说音乐是一种探索人性、探究世界的方式。"③这种超脱于平庸之

① 杨燕迪. 通过音乐的人性发现[J]. 书城，2017(12)：5-16.
② [法]亨利·帕格森. 宗教和道德的两个来源[M]. 王作虹，成穷，译. 贵阳：贵州人民出版社，2000：31-32.
③ 杨燕迪. 通过音乐的人性发现[J]. 书城，2017(12)：5-16.

上的音乐对于人的意义，特别是对于青少年的意义，很遗憾并不大，因为它并没有真正走入教育，确切地说没有走入学校教育层面，而这种意义和价值恰恰又是学校艺术教育的本真之所在。音乐课程与教学就是要挖掘这些东西来达成对学生核心素养(关键能力和必备品格)的培养，这也促使我们进而思考音乐在学校体系中意义的彰显还应该有更多的层面和空间。

第二节　音乐教育及其课程的意义和价值

哲学先贤关于音乐意义和价值的形而上的解释和日常生活中人们对音乐约定俗成的认可，以及自己欣赏音乐的体验，都是我们研究音乐教育及其课程的基础。音乐的意义和价值是音乐教育及课程的原生出发点，而上述众多的解释分析，证明音乐其实是备受关注的。但是这个事实的存在并不能证明它在学校体系的音乐课上就必然受到重视，因为音乐教育及其课程的意义和价值不等于音乐的意义和价值。在此，很有必要特别强调它们不是同一回事。从时间上说，如果说音乐起源那一刻起就有了音乐的意义和价值，那么音乐教育则要晚很多。首先，现代建制的学校其本身的出现就是近代的事情。其次，作为学校体系的一门课程，音乐课程更是近代的事情，如果以1918年美国课程理论家博比特出版的第一本专门讨论课程的书《课程》①为标志，至今也才100多年的历史。

从广度上讲，由于被固定于学校体系，因此要在音乐教育中或者音乐课程中把音乐的意义和价值全部挖掘和释放出来，是会受限于时间和空间的约束。从时间上来说，基础教育阶段是有时间规定的，即0—18岁这个心理学术语中的"儿童"阶段。义务教育阶段9年，高中3年，这12年期间学校又不是只开设一门音乐课，音乐这些价值和意义无法在学生有限的基础教育阶段得到彰显。从空间上来说，它受制于一周1—2个课时的音乐课堂教学、不定期的校内课外音乐活动或者少量校外音乐实践活动等。课程资源有限，课时有限，是学校体系的实然，所以如果把音乐的意义和价值比喻成海洋的话，那学校音乐教育和音乐课程顶多也只能说是这个海洋中的某个小的海

---

① [美]约翰·法兰克林·博比特. 课程[M]. 刘幸，译. 北京：科学教育出版社，2017.

域，音乐很多深层次的价值意义在学校体系中无法得到全面体现。从另外一个角度来说，也没有必要将音乐的意义和价值全部交给基础教育中小学阶段来实现，音乐的意义和价值值得人用一辈子的时间来诠释和享用，换成教育学的术语就是它应该是终身教育。难怪当终身教育的理念出现后，很快在艺术教育诸多学科中形成共识。

音乐教育受制于学校体系的时空之限，于是在面对音乐这么多意义的时候，国家主流意识的代言人——学校、教师、课程编制者就要对音乐的意义和价值做出孰重孰轻、孰先孰后的选择，进而论证如何进行课程实施。因为音乐的意义是一个问题，意义的有效实现即落实又是另一个问题，还需要论证是否需要把一堂课做得很满，抑或说是否需要借助一节课来实现尽可能多的功能。音乐课程研究者也会参与论证赋予音乐课很多的功能是否可能将音乐教育带入功利主义的泥潭，他们还会不断地提醒，当你倾注太多的功能于音乐教育时，往往收效会不尽如人意的。所以那些被选择到了学校体系之内的课程内容，在其意义的实现上还得要一样一样地来。正因为出于这样的考虑，学校音乐教育就必然不同于社会音乐教育和家庭音乐教育，他们各自的目的和导向都是不相同的，所以从这个方面来讲，学校音乐教育的意义和价值是不能完全等同于音乐的意义和价值。

音乐的意义和价值与音乐教育或者音乐课程的意义和价值是不同的两个概念，这一点在《义务教育音乐课程标准（2011年版）》也写得很清楚。其中关于音乐的解释是这样的："音乐是人类最古老、最具普遍性和感染力的艺术形式之一，是人类通过有组织的音响实现思想和感情的表现与交流必不可少的听觉艺术，是人类精神生活的有机组成部分；作为人类文化的一种重要形态和载体，音乐蕴含着丰富的文化和历史内涵，以其独特的艺术魅力伴随人类历史的发展，满足人们的精神文化需求。对音乐的感悟、表现和创造，是人类的一种基本素质和能力。"①这段话是对音乐是什么及音乐的意义和价值的解释，而关于音乐课程的价值的表述是："音乐课程的价值在于：为学生提供审美体验，陶冶情操，启迪智慧；开发创造性发展潜能，提升创造

① 中华人民共和国教育部. 义务教育音乐课程标准（2011年版）[S]. 北京：北京师范大学出版社，2012：1.

力；传承民族优秀文化，增进对世界音乐文化丰富性和多样性的认识和理解；促进人际交往、情感沟通及和谐社会的构建。"①客观地说，音乐价值的研究成果，确实带来民众对音乐的价值性的认识和应用，人们越来越能在与音乐或者艺术打交道的过程中获得精神的愉悦、提高生活品质、体验人生的美好，因此，人们都很重视音乐。但是音乐被认为很重要是一回事，在学校里重视音乐课又是另外一回事。长期以来的音乐的价值研究在推动学校体系哪怕是最低要求，即开齐开满音乐课上效果甚微。音乐教育和音乐课程的价值和意义遭到了遮蔽，只能说人们不重视的是学校体系里的音乐教育，即中小学的音乐课，才会出现连起码的音乐课都开不齐的现象。而研究者常常把音乐的重要性和音乐教育的重要性打混，没有太关注两者之间的区别。音乐和音乐教育是要分开进行关注和研究的。

一、音乐教育及其课程的独特性

音乐人类学家梅里亚姆曾经总结出音乐具有的十个功能即情绪表现、审美欣赏、娱乐、交流、符号象征、身体反应、强化对社会规范的符合、树立社会机构和宗教仪式的权威、为文化的延续和稳定服务、增加社会的凝聚力。②

在日常生活中，人们在和音乐有意识打交道和无意识打交道中，只要一想到音乐的好处和功能，就会有这样的多重的切身体会。如果我们做相关的音乐学学术研究，这里的每一条功能都能成为音乐学术研究的理论基础，人们会根据自己的关注要点和论域限定来就其每一个价值做理论基础和学理分析。但是当问及到底是什么成为学校体系音乐课程的独特价值，到底什么是音乐教育最本质的特点和功能的时候，这些功能就不具备唯一性了。我们不得不去思考在音乐进入到学校体系之前，是它的哪个功能促成它准入学校课程，成为众多知识体系中被选入学校课程的幸运者。这是一个原点性的问题，从这个原点才能单纯且不受干扰地论证音乐教育的特殊性和不被别的学

---

① 中华人民共和国教育部. 义务教育音乐课程标准（2011年版［S］）. 北京：北京师范大学出版社，2012：1.

② 李渝梅，李方元. 音乐课程编制中有关课程知识的几个理论问题的讨论［J］. 音乐研究，2004（02）：25.

科所替代的独特价值。

或许美国公立学校教育史上的音乐课程的发轫可以帮助我们来切入这个问题的讨论。一方面我们现在的学校音乐教育体系属于西方现代学校的范畴，另一方面作为建国历史才两百多年的新大陆国家，美国的制度包括其公立学校教育史是一个相对比较独立和单纯的体系。从这个线索来探讨音乐是因为什么被准入学校体系会距离事物的本质更接近，更纯粹一些，所以我们把论据放到了这里。

1837年波士顿音乐学院在许多社会名流的支持下向波士顿学校委员会递交了开设学校音乐课程的论证报告。这是一份说明音乐为什么能在学校争得一席之地的最早记录。报告开篇就论证了音乐的启智、育德、强身的功能，接着非常仔细地从提高阅读能力、消除疲劳、提供趣味高尚的情感享受等方面给予论证。"特别委员会提请学校委员会认真注意另一点，我们的公立学校要求学校成为训练奉献精神的场所。而唱歌又是怎样自然而优美地融于这种训练，形成团结、和谐和有意义的气氛的啊？""我们公立学校体制的伟大目标是什么？我们的学校仅仅是依赖严酷的法规和繁重乏味的课业来改造兽性的教养所吗？绝对不是！学校是高尚品行的教育场所。它的主要价值在于为未来生活中的年轻人的有用本领和幸福提供准备和训练。目前我们的教育制度在于，它仅旨在发展人性的智力部分，而忽视了五光十色的生活和真正的生活目的中，不仅要有广博的思考，更重要的还要有趣味高尚的情感享受……歌唱课的巨大力量就在于它能够悄然而肯定地使社会的人文因素得到升华。"最后论证报告说："如果说，特别委员会对歌唱课作为公立学校课程的重要性评价有误的话，那么，只能说毕达哥拉斯、柏拉图、弥尔顿、路德、裴斯泰洛齐和费伦贝格是错的。在我们的世界中，没有任何精神比音乐更为完美。有了音乐的伴随，人类生活才能获得最高安慰。"[①]这篇报告通篇论证了音乐教育的工具性价值、实用性功能，而品德的塑造功能占了绝对的首要的意义。1837年11月，波士顿学校委员会通过将音乐课纳入本市公立学校课程的决议。1838年到1860年南北战争前夕，学校音乐教育在全美各地逐步得以确立，50多座城市先后把音乐课纳入学校课程。

---

① 刘沛. 美国音乐教育概况［M］. 上海：上海教育出版社，1998：312-317.

从这里可以看出，音乐的工具性要素是其能进入学校体系的重要原因，而这个工具性是通过塑造道德、满足精神的需要而彰显的。但是如果将工具性作为音乐教育的独特性还是无法穷尽音乐教育的本质，因为工具性的东西有很多，为什么偏偏要选择将音乐纳入课程？这个最不被斯宾塞看重的艺术类学科为什么能存在于学校体系且作为核心课程地位一百多年巍然不动？这种独特性就是音乐教育和其他艺术教育一样是"审美带有让人解放的性质"。这句"审美带有让人解放的性质"①出自黑格尔。他特别强调美的自由和无限，艺术作为美的观照，具有脱离现实世界一切关系而存在的超然独立性。正是由于审美并不直接关乎人的功利欲求，人们可以通过审美艺术活动摆脱现实生活中工具理性的压抑与逼迫，获得精神自由，从而实现人的解放。

对于音乐教育而言，这种"让人解放"的性质是其工具性本质之外那一道令人向往的光，它吸引着人们接近它，伴随着感性的超然，却浑然不知工具性带来规训的约束，哪怕是工具的实现，也具有"让人解放"的自由感。这就是音乐教育的特色，其独特性就是工具性外部的"让人解放"的色彩，是通过令人解放的外部形式来达到实现规训的教育性的实质。"让人解放"的性质是音乐给予音乐教育的，工具性规训是教育给予音乐教育的。

音乐教育的意义和价值因为有了"教育"两个字，就与音乐的意义和价值产生了区别。也就是说音乐教育的独特性一定是工具性上的独特性，音乐一旦成为学校的一门课程后，它的音乐性的成分中就加入了相当多的教育性成分。音乐教育就成为教育学概念，而不再是纯粹的音乐学概念或者美学概念。

"教育"这个词带着深深的伦理学工具意义。首先，教育本身的出现就被赋予着强烈的伦理取向。200多年前，德国伟大的教育学家赫尔巴特超越洛克、卢梭、裴斯泰洛齐等人通过"漫话"或教育小说的形式来论述教育思想的层次，将教育学从近代的学科知识体系中分离出来，成为相对独立的一门科学，使教育学不再是从属类似于教育培训的技能、技巧的民间松散话语，而成为一门科学。这种创举来源于两个学科基础：伦理学与心理学。赫尔巴特的教育思想集中体现在他的两本著作中——《普通教育学》（1806）和《教育学

① ［德］黑格尔. 美学：第一卷［M］. 朱光潜，译. 北京：商务印书馆，1979：147.

讲授纲要》(1835)。他根据自己从感觉经验出发的认识论路线来设计自己的实践哲学，并以实践哲学来改造本体论的伦理学，建立实践伦理学作为教育学的根本目的。用他自己的话说就是，"教育的唯一工作与全部工作可以总结在这一个概念之中——道德"①。在心理学方面，赫尔巴特反对亚里士多德学派的官能心理学，认为人的心灵是统一的整体，是通过后天对事物的接触和通过获得经验(心的观念)而发展起来的。在教育学科学化的道路上，他把心理学作为教育学的工具，进而使认识论变得工具化，依从于他的伦理学目的。因此，赫尔巴特通过使教育学心理学化的弯曲路线来使教育学伦理学化。

在赫尔巴特那里，人是伦理的实体，因而他的结论是伦理之人、规矩之人。为此，他建立了一套从教育目的、课程内容、教学方法、求知方式到课程管理等相对完整的理论。这套理论不仅促成了教育学学科本身的成立，也影响其发展。到了杜威那里，教育目的是能够起到促进民主社会进步的功能——是一种社会伦理功能的诉求，只不过他的教育理论是建构性的、非解释学的，是建立在生物机能主义心理学的一套话语体系。从教育伦理的工具性这个意义上说，他与赫尔巴特的理论并无本质上的区别。相反，在杜威的"教育即生活"的命题背后，隐藏着他的真实意图——为理想的民主社会的民主生活做准备，即"育民主社会合格的人"。伦理学的工具性意义不仅仅影响着教育学本身，也影响着它下位的学科教育学，影响着学科体系中各学科的课程论与教学论。音乐教育作为学科教育的一种，在它产生的那一刻起，它的教育学的伦理基因已经是与生俱来了。

音乐教育是借助音乐的感性来实现规训伦理性的教化工具，这一点在我国传统文化的艺术精神和乐教传统里早已成了我们血脉中的基因。中国文化以儒道禅为主干，尤其是儒道两家，对中国艺术影响至深。儒家的理想，是以礼乐化成天下，形成上下相安、和谐有序的社会秩序。它注重艺术对于完善人格的养成，主张以礼节情，强调艺术的伦理价值，要求美善合一。儒家对于中国艺术精神有重要影响，特别是宫廷艺术、民间艺术以及面向公众的戏曲、小说等通俗艺术，皆突出艺术的道德教化意义，在精神取向上大多中

---

① [德]赫尔巴特. 普通教育学[M]. 李其龙, 译. 北京：人民教育出版社, 1989：264.

正平和、温柔敦厚，不过分宣泄情感①。

西周时期产生的乐教传统更是强调音乐等艺术教育的教化功能。所以，如果要说音乐教育的独特功能，我们还是不能回避其带着感性色彩的工具性特征。

育人是教育的目的，人格或品格的陶冶是所有教育实践的共同追求。普通学校教育对功利的追求不能以牺牲人格陶冶为代价，必须把培养和造就具有丰富人性和良好品格的人作为自己的责任和使命。所以音乐成为一门课程后，其教育的使命就会凸显出来，也就是说，它是要成为工具的。

二、音乐教育及其课程的有限性

有限性是指一个事物内在的功能在一定条件下其功能的显现和发挥是有限的。对于这个问题的认识，首先是要承认音乐的意义和价值是一回事，音乐教育的意义和价值是另外一回事。前者的功能广泛，但不一定都在学校教育体系中；后者的功能不可避免会受限于学校体系的要求和约束。

正如上所述，因为学校教育体系里的音乐课历来不受重视，为了增加人们对音乐教育重要性的认识，相关研究一直在极力地论证音乐非常重要，但是现实是人们确实承认音乐非常有意义，然而当主课需要占课的时候，音乐课和美术课就理所当然地靠边站了。这除了我们上述所说的音乐的意义是一回事，音乐教育和音乐课程又是另外一回事之外，还有深层次的原因。我们不妨换位思考一下，如果你是一位肩负中考升学或高考升学压力的校长，当中考、高考的指挥棒让你不得不挤兑艺术课时，当学生和家长都默认这种挤兑可以腾出时间给学子补课和复习时，你会怎么样？在要实现应试教育的艰巨任务的同时，还要兼顾非应试科目的课程实施，估计是每一所学校每一位校长都会碰到的难题。

现在的应试教育还在往科学化公平化量变的过程中，我们整天还花费不少精力去论证音乐要和那些必考科目一样重要就没有太多意义了，但我们又需要解决音乐课被占的问题，那么办？我们可以先暂时换个思路，以避免

① 韩子勇，祝东力，李修建，等. 关于中国艺术学"三大体系"建设的若干问题[J]. 文艺研究，2019（12）：10.

钻牛角尖而无济于事。这个思路就是把音乐做一个脑洞大开的反向思维——如果不把音乐看得那么重要会怎样？如果音乐没有我们想象中的那么有能耐会怎么样呢？

在课程论的历史上，把音乐等艺术类课程放在最不重要的，排在最后一位的还真有其人。早在 1859 年，英国功能主义教育家斯宾塞提出"什么知识最有价值"这个课程论命题，且将课程分为五类：第一类是生理学、解剖学，对应于直接保全生命的教育；第二类是读、写、算、逻辑学、几何、力学、物理学、化学、天文学、地质学、生物学等，与间接保全生命相关；第三类则是为准备做父母的人安排的课程，如心理学、教育学；第四类是历史、社会学，与维持正常社会政治关系有关；第五类由雕刻、绘画、音乐、诗歌等组成，是为生活中各项文化活动所准备的。斯宾塞将与保全生命没有直接关系的艺术放在最不受待见的地位。

难怪斯宾塞被称为功利主义课程论者，从这可见一斑。我们是否可以这样说，在生产力及其低下的时代，当生命的保全还成问题的时候，当然是保住和维持生命的知识最重要。与保全生命相比，音乐是满足了生命基本需求之后的精神层面的东西，非生存基本必需品，或者也可认为是锦上添花的东西。人本主义心理学家马斯洛著名的人的需要层次论"金字塔"，也从另外一个角度说明人的生存需要在需要层次中的塔底。当我们回归到人的原初生存，需要重点保障物质生产来看问题的时候，似乎也找不出斯宾塞的观点有什么毛病，所以相应地奠定主科课程如读写算的重要性超过音乐等艺术类课程的重要性，这应该也是我们重申音乐及其课程价值时要考虑的另外一个角度。我们或许会批判斯宾塞是没有看到生产力早已成几何倍数增长的当下时代，这个被鼓吹艺术是多么重要的所谓的"艺术时代"，但是放眼世界任何一个国家，无论人们如何推崇精神的重要性和艺术的超越性，也没有见到哪个国家的教育政策、教育制度、课程实施，会把艺术放到学校课程体系的最顶端、最重要的地方，或者把艺术的重要性放在和语数外、读写算平起平坐的地位。即便是在艺术教育占有历史传统重要性的欧美国家，如果政府不得不削减教育经费预算，对不起，首先被减去的还是艺术类课程。我国德智体美劳全面发展的教育方针，除了德育之外，智育是要放在优先重视的地位，因为谁都知道智育是关乎到生产力的发展，无论如何进行拔高都不为过，而美育是保底的，是必须要有的，但也没必要非理性拔高。

如此说来，本书花费诸多笔墨，还振振有词地长篇累赘进行论证，来承认音乐在课程体系中并不那么重要，这不是胳膊肘往外扭吗？是不是偏题了？是不是就不要往下研究了？当然不是这样。我们要强调：第一，不要把音乐的重要性和音乐课程的重要性打混，欲用音乐的重要性来论证学校体系的音乐教育的重要性，或者用音乐可以带来什么功利性的作用来论证音乐教育的重要性，这是学科不自信的表现。音乐教育的重要性来自音乐教育本身的本然价值，不需要通过实现和成全他者的作用来突出自己的工具性价值，音乐教育不是因为成为别人的工具而重要，而是因为自己的本体重要而重要，它为自己立言。正如在前面讲述音乐的意义和价值时，思想史上的哲学先贤和各种哲学流派在对艺术本质进行探究时，出现从工具性到本体性的转向，预示着音乐不是作为工具为他者带来什么功能才有意义，而是音乐其本身就是有意义的，这实际也预示着音乐教育将从工具性向本体性转向。第二，理性认识学校体系框架下的音乐教育价值的存在和价值的释放是有针对性、目的性、限制性和意识形态性的。首先是切记学校体系之内的价值和社会音乐教育体系或者家庭音乐教育体系中的价值是不同的，前者受到学校体系的结构性限制，从量上来说没有后两者那么广泛和多样。其次，既不夸大，也不泛化，更无须妄自菲薄，只要把音乐课程在学校体系之内拥有的那份意义和价值实实在在地实现和落实，即只要我们把在学校体系中的那个价值和意义发挥出来就可以了，现在的情况是这部分价值和意义我们发挥得并不充分。我们为什么不能大胆地承认音乐在学校体系中它确实没有主科课程重要，但是它同时拥有主科课程的不可替代价值，它在育人中拥有它自己的特性和强项，是其他学科课程所没有的？我们要聚焦的就是挖掘这部分独有的价值，把这个价值实现到极致，这就是在用实际行动而不是用空洞理论来证明音乐课程的价值和意义。音乐课的重要性不是要奋力为自己找到和语文、数学那样的存在感，而是要清楚自己在学校体系中的定位和本质到底是什么，做好自己作为课程的价值实现就非常好了。然而，怎样清楚自己的定位和本质，进而实现音乐课程的价值，并没有在理论研究和行动实施上形成共识。所以，本研究认为，先勇敢地说出音乐教育在学校体系中的有限性，才能自信地阐述和落实音乐课程在学校体系中的独特性。音乐的功能摆在那里，你说与不说都在那里，只有这样，才能不卑不亢，心态好才能行动好，才能解决事儿，才不会做无用功，最终才能彰显学科自信。

第三节　音乐教育意义的新挖掘

党的十八大报告明确指出，把立德树人作为教育的根本任务，培养德智体美全面发展的社会主义建设者和接班人（注：2018年9月10日全国教育大会上提出德智体美劳全面发展，补充了劳育），党的十八届三中全会再次重申了这一点。为把党的十八大和十八届三中全会关于立德树人的要求落实到实处，2014年3月，教育部发布了《关于全面深化课程改革 落实立德树人根本任务的意见》，并做了全面的部署。该文件明确指出："立德树人是发展中国特色社会主义教育事业的核心所在，是培养德智体美全面发展的社会主义建设者和接班人的本质要求。"①文件要求研制各学段学生发展核心素养体系，明确学生应具备的适应终身发展和社会发展需要的必备品格和关键能力。核心素养成为国家课程改革的顶层设计和战略要求，课程标准不再基于三维目标来修订，而是由核心素养来统领各学科精选课程内容，研制学业质量标准，提出教学实施、考试评价和教材编写建议。该文件已成为基础教育进入核心素养时代的标志性文件。不可否认，一个时代有一个时代的对教育的期待，那么，核心素养时代下又会对音乐教育提出怎样的新诉求呢？

一、音乐教育与学生发展核心素养的对接

关于核心素养研究，国内影响力较大的是教育部委托北京师范大学林崇德教授为首席，联合国内高校近百位专家成立的专门的课题组，课题组历时3年，在2016年9月13号发布了《中国学生发展核心素养》。"核心素养是学生在接受相应学段的教育过程中，逐步形成的适应个人终身发展和社会发展需要的必备品格和关键能力。"②课题组将中国学生发展核心素养分为三大领

---

① 中华人民共和国教育部. 教育部关于全面深化课程改革 落实立德树人根本任务的意见［EB/OL］.（2014-04-08）. http：//www. moe. gov. cn/srcsite/A26/jcj_ kcjcgh/201404/t20140408_ 167226. html.

② 林崇德. 21世纪学生发展核心素养研究［M］. 北京：北京师范大学出版社，2016：29.

域：文化基础、自主发展、社会参与。分别对应六大核心素养：人文底蕴、科学精神、学会学习、健康生活、责任担当、实践创新。再分别对应 18 个基本要点。人文底蕴包含人文积淀、人文情怀、审美情趣；科学精神包含理性思维、评判质疑、勇于探究；学会学习包含乐学善学、勤于反思、信息意识；健康生活包括珍爱生命、健全人格、自我管理；责任担当包括社会责任、国家认同、国际理解；实践创新包括劳动意识、问题解决、技术应用。如图 1-1 所示。

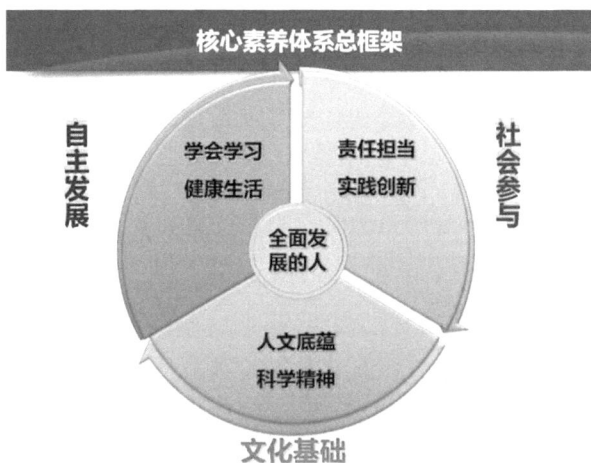

图 1-1 核心素养体系总框架

可见，核心素养是一个结构体系，各分支要点统领着个人自我发展和社会健康发展的关键能力和必备品格，是人的终身发展、可持续发展的基因、种子，为人的进一步成长提供基础和可能。抓住了核心素养也就抓住了实现教育育人的根本。从学校教育角度来说，核心素养的养成是经由学校体系中的各学科来实现的，可以说每一门学科都在这个框架中找到自己能够贡献力量的相关点，每一个核心素养的培育都不可能只对接一门学科，而每一门学科也都无法包含和实现核心素养的全部。但可以肯定的是，每一门学科都可以在这个结构中找到自己针对某个核心素养或素养要点的强项。如音乐学科属于"人文底蕴"核心素养中的"审美情趣"这一基本要点，它"具有艺术知识、技能与方法的积累；能理解和尊重艺术文化的多样性，具有发现、感知、欣赏、评价美的意识和基本能力；具有健康的审美价值取向；具有艺术表达和创意表现的兴趣和意识，能在生活中拓展和升华美等"①。

这就对学校体系中的音乐课堂教学和课外音乐活动提出了新的要求，即在核心素养时代，音乐要和其他艺术学科一样为实现新时代下学生的"人文底蕴"做贡献，要去思考和研究音乐学科怎么样来让学生具有音乐知识、技能与方法的积累，能理解和尊重音乐文化的多样性，培养学生发现、感知、欣赏、评价音乐美的意识和能力，具有健康的审美价值取向；具有音乐表达和创意表现的意识和兴趣，能在生活中拓展和升华美来达成"审美情趣"这一核心素养。

以核心素养为统领的基础教育阶段各学科课程标准修订，首先是从普通高中阶段启动的。2017 年完成了高中阶段的全部课程标准修订，而义务教育阶段的课程标准修订在 2022 年 4 月也已完成。从《普通高中音乐课程标准（2017 年版）》可以得知，高中音乐课程的三个核心素养即"审美感知""艺术表现""文化理解"，而《义务教育艺术课程标准（2022 年版）》提炼出"审美感知""艺术表现""创意实践""文化理解"四个核心素养。在高中音乐课标的基础上，义务教育艺术课标依据该阶段学生的身心发展特点及其对艺术的认知特性、音乐教育的本质规律，增加了"创意实践"。不难看出，提炼出来的核心素养都是为对接中国学生发展核心素养来服务的，最终指向全面发展的人。音乐教育作为健全人格的一个重要支持性课程，在人的全面发展的素质教育中起着重要的作用。那什么是健全人格？健全人格是指人格的生理、心理、道德、社会各要素完美统一、平等、协调，能使人的才能得到充分发挥，其特征包括积极客观的自我认识、对社会具有理性认识、健康的体魄、愉快乐观的情绪体验和积极向上的人生目标。音乐课程应该表现出学校的核心价值追求和学生蓬勃的生命活力，通过音乐、舞蹈、话剧、微电影等多种手段表现和思索人类对于和谐价值的永恒追求、现实困境与未来之路。

国学大师钱穆说："至如音乐之类，在中国学者亦只当成一种人文修养，期求达到一种内心与人格上理想境界之一种工具。孔子最看重音乐，他对音乐看法即如此。放开一步，则用在人与人交际上，社会风俗陶铸上，还是一

① 核心素养研究课题组. 中国学生发展核心素养[J]. 中国教育学刊，2016(10)：1-3.

种工具，一种以人文精神为中心向往之工具。"①音乐教育的研究和实施路径的探讨，一定要超越以前狭义的学科教育的固化观点，以开放视域和跨学科思维、有效的教学手段在对接"自主发展"的"学会学习""健康生活"；"社会参与"的"责任担当""实践创新"；"文化基础"的"人文底蕴""科学精神"方面贡献自己的独特价值。

二、音乐教育从"育人"到"立德树人"的提升

音乐教育的育人性正如前文所述，首先来自它的教育学伦理基因。教育是什么？教育就是育人，育人就是把人培养成为有知识、有文化、有道德的人。从儿童发展的角度来说，儿童当下学习生活的动力与质量、未来生活的和谐与幸福都取决于他们是否接受了良好的"做人"方面的教育。离开"育人"，无以言"教书"，这是教育学无须论证的自然法，而伦理是教育最重要的价值属性。

音乐教育具有"音乐性"和"教育性"的双重性特点。"音乐性"体现了音乐的学科特征，在教学中表现为使学生学到有关于音乐的学科知识。例如基本的乐理知识的识记和习得、节奏节拍的感受、识谱、即兴创作、打击乐器的创编和音乐游戏等等，几乎不涉及伦理色彩。但这些几乎不涉及伦理色彩、价值无涉的纯学术的知识是为了更好地实现"教育性"的目的。因为普通学校音乐教育不是像专业音乐教育那样培养音乐专业人员，而是为了使学生更好地理解音乐作品。换句话说就是使学生更好地理解音乐作品带来的教育意义，包含道德伦理教育意义和政治伦理教育意义。由此可见，"教育性"是基础教育阶段音乐课的重要属性，"教育性"可以说就是"育人性"。

核心素养时代对育人性提出了更为具体化和紧迫性的升级要求，讲核心素养实际上就是立德树人，而从一般的育人到立德树人的价值认识，首先要知道这个核心素养时代背后所隐含的新时代的政治意义。那么什么是新时代？"我们新时代的含义就是从全面小康进入到全面现代化，而教育的新时代的含义就是从基本实现现代化到全面实现现代化的过程。这里面也就对教育如

---

① 钱穆. 国史新论［M］. 北京：生活·读书·新知三联书店，2012：138.

何实现立德树人的根本任务做出了一个硬性的要求，也就是说按照习近平总书记在全国教育大会上讲话的要求，教育要建立德智体美劳全面培养的教育体系，而这个全面培养，我们从来就是这样坚持的，但是在新时代它的最具典型特征的就是要从全面培养进入到全面培养加全面评价的新阶段"①。

如果把 2014 年 3 月教育部发布的《关于全面深化课程改革 落实立德树人根本任务的意见》作为我国基础教育核心素养时代开启的时间节点，那么2015 版《美育意见》就是学校美育课程对接核心素养要求的第一次回应，2020版《美育意见》则是 2018 年全国教育大会后美育在新时代对核心素养要求的第二次回应。两个文件都确立了新时代学校美育工作的总体要求即美育课程以立德树人为根本的指导思想：提出以社会主义核心价值观为引领，以提高学生审美和人文素养为目标，弘扬中华美育精神，以美育人、以美化人、以美培元，把美育纳入学校人才培养全过程，贯穿学校教育各学段。这个指导思想实际上是学校体系中各学科的所有政治属性，即承载国家意志。而作为学校体系的必修课程，音乐也同样承担着这样的政治功能。

两版《美育意见》在强调立德树人的基础上，强调美是纯洁道德、丰富精神的重要源泉，从审美教育、情操教育、心灵教育、丰富想象力和培养创新意识的教育四个维度进一步强调美育的价值功能。从这里可以看出，音乐作为学校美育的一个重要部分，同样肩负着审美教育、情操教育、心灵教育、丰富想象力和培养创新意识这四个维度的价值。同时，两版《美育意见》还确立了美育的工作原则，即"坚持正确方向"——引领学生树立正确的历史观、民族观、国家观、文化观，陶冶高尚情操，塑造美好心灵，增强文化自信；"坚持面向全体"——健全面向人人的学校美育育人机制，缩小城乡差距和校际差距，让所有在校学生都享有接受美育的机会；"坚持改革创新"——全面深化学校美育综合改革，形成充满活力、多方协作、开放高效的学校美育新格局。另外还确立了美育工作的目标，按照 2022 年和 2035 年两个重要时间节点提出目标要求。到 2022 年，学校美育取得突破性进展，育人成效显著增强。到 2035 年基本实现社会主义现代化时，学校美育基本形成全覆盖、

---

① 中华人民共和国教育部. 教育部体育卫生与艺术教育司司长王登峰介绍《关于全面加强和改进新时代学校体育工作的意见》和《关于全面加强和改进新时代学校美育工作的意见》有关情况［EB/OL］.（2020-10-16）［2022-08-08］. http：//www. moe. gov. cn/fbh/live/2020/52555/.

多样化、高质量的具有中国特色的现代化学校美育体系。

教育部体育卫生与艺术教育司负责人在介绍 2020 版《美育意见》的新闻发布会上说："对美育的界定，美育的价值是什么？习近平总书记在全国教育大会上的重要讲话，包括这次关于美育的文件里面也说得非常清晰，通过美育教育提高学生的审美和人文素养。"[①]

国家对美育十分重视并明确提出提高学生的审美和人文素养的要求，这给我们理论研究者的启示就是，怎么样尽可能在打开音乐本身深邃意义的同时，结合核心素养的时代要求，来探讨基础学校体系中的音乐教育的意义，这也是音乐教育要回应国家立德树人教育方针下"音乐何为"的问题。基础教育阶段的音乐教育不仅仅是让一代新人学会唱几首歌、学会几门乐器，还应该有更加关键和重要的意义和价值。关于音乐本身深邃的意义，有专家说得好："音乐中的精神内涵是一种深层的文化内容，它蕴含着深刻的思想性。从本质上来说，精神内涵是作曲家的思想意识和所处时代特征的反映；从审美感知上来说，是理性思维和理解认识基础上的音乐审美内容，并且它的内容具体性只可意会不可言传；从社会审美心理角度来看，音乐中的精神内涵体现了一个人或者一个社会的格调，它是一种境界。既是一种来自普世大众的人类境界，也是一种远离尘世的超越境界。"[②]中学音乐教育的重要任务，就是让中学生们感悟这些深邃的意义，并形成他们的审美和人文素养。

核心素养体系的核心是"立德树人"。这是由学生身心发展规律、社会发展与科技进步对人才的需要所决定的，也是国家对学生德智体美劳全面发展的总体要求和社会主义核心价值观有关内容在教育领域的具体化和细化。这关系到"培养什么人、怎样培养人"的问题，来不得半点马虎。中华传统文化重视人文精神的塑造，强调做人第一的教育原则。欲成才，先成人；欲成人，先立德；立德再树人。《左传·襄公二十四年》载："豹闻之，'太上有立德，其次有立功，其次有立言'，虽久不废，此之谓三不朽。若夫保姓受氏，以守宗祊，世不绝祀，无国无之，禄之大者，不可谓不朽。"何谓德、功、

---

① 中华人民共和国教育部. 教育部体育卫生与艺术教育司司长王登峰介绍《关于全面加强和改进新时代学校体育工作的意见》和《关于全面加强和改进新时代学校美育工作的意见》有关情况［EB/OL］.（2020-10-16）. http：//www. moe. gov. cn/fbh/live/2020/52555/.

② 王次炤. 论音乐中的精神内涵［J］. 中央音乐学院学报，2020（04）：28-35，122.

言？唐人孔颖达是这样解释的，"立德谓创制垂法，博施济众"；"立功谓拯厄除难，功济于时"；"立言谓言得其要，理足可传"。中国自古教育就是把立德放在第一位，这说明，立德是人生第一要务。例如，子以四教：文、行、忠、信。孔子教育的宗旨，就是文、行、忠、信。对于学生知识、学问的成就，还是第二步的要求。受教育第一步就是要打好品德的基础。几千年来中国人的道德之所以如此敦厚，就是实施德行教育的结果。① 曾子《大学》开篇写道："大学之道，在明明德，在亲民，在止于至善。"诸葛亮在《诫子书》中开宗明义地写道："夫君子之行，静以修身，俭以养德。"宋朝大儒张载把读书教育的目的表述为："为天地立心，为生民立命，为往圣继绝学，为万世开太平。"可见，立德是中国教育的优良传统，是中国教育文化的特质。这是我们的"传家宝"，不能丢。德育为先是中国传统教育文化应有的概念，立德树人是对中华优秀传统文化的继承和发扬。

如何实现音乐教育在"立德树人"方面的独特性，是我们做音乐教育研究，做学校音乐教育教学不得不去研究、弄懂的问题。音乐教育及其课程在风云变幻的基础教育课程改革和教育变革的背景下是不可能独善其身的，也就是说必须要关注时代背景、政治话语、国家意识对学校音乐教育及其课程实施所提出的新要求。所以，当我们现在谈到育人的时候，一定是升级版的育人。

就中学音乐教育而言，如何把核心素养的要求结合自己的专业特色落实到日常课堂教学和课外音乐活动中去；如何把社会主义核心价值观融入到音乐教育教学中去，贯彻到音乐课程与教学中去，渗透到音乐课外活动当中去，已成为当务之急。

上述关于音乐意义的重申、音乐与音乐教育之间的区别、学校音乐教育及其课程的独特性和有限性、核心素养时代下音乐教育意义的新挖掘、音乐教育如何对接学生发展核心素养、音乐教育从"育人"到"立德树人"的提升等论题，合在一起得出的结论就是音乐具有音乐本身的意蕴和意义；而音乐教育的意义具有工具性，承担着国家意识，在核心素养的时代背景下，被赋予了立德树人的深厚意义。这要求我们对音乐教育意义和价值的认识要时刻把

① 怀师文化编委会. 师道：南怀瑾"心要"[M]. 北京：国际文化出版公司，2015.

握好其本体性和工具性的内在张力和力量平衡。同时，还提醒我们既不能把学校的音乐课仅仅当成是工具，忽视音乐本身意义的深邃性、复杂性、非语义性，致使无法让学生感受到音乐丰富的内在张力和对未知领域的期待；也不能把音乐课上得和社会音乐教育和家庭音乐教育那样随意，不做要求。我们要确定既符合音乐本体又符合教育规律的价值理性的开启，切实把握矛盾关系中的张力，在进行音乐教育的价值重申的同时开启我们的行动实施。

第二章　中学音乐核心素养的阐释

教育涉及未来人力质量和效率的产出，而人力是推动社会发展的原动力，因此教育从来都不仅仅是教育学者研究的学术问题，也不仅仅是教育界独自面对的现实问题。进入现代社会后，有关教育问题的提出、反思和解决往往是由与生产力联系最紧密的经济界提出，核心素养的提出就是一个例子。21 世纪是一个信息化、智能化、知识经济的时代，各国之间的竞争已由过去表层生产力水平竞争转化为深层人才的竞争。因此，传统的"流水线"生产商品的封闭"工厂"模式早已不能适应人才培养的需求。西方的一些机构如联合国教科文组织（UNESCO）、经济合作与发展组织（OECD）、欧盟（EU）就在反思什么是应对未来社会最重要的能力和素养。随后演变成为教育问题：怎样的教育能使学生构成科学的知识体系和养成良好的精神素养，既能帮助学生适应和面对现在，也能助其迎接不可预设的未来？"21 世纪技能运动"在全球迅速蔓延，"核心素养"这一概念成为各国教育面对的新问题，各国启动了基于本国教育发展现状的构建学生发展核心素养体系的"本土化"研究，并以此推动了基于核心素养的教育改革，最终将抽象的教育目标转化为教育政策、课程标准、改革与行动等一系列过程。教育政策成为经济政策的一个"子集"，世界各地以教育的转型为起点，探求积极发展的新模式，以适应世界的新发展、新趋势。

2014 年 3 月，教育部发布《关于全面深化课程改革 落实立德树人根本任务的意见》，要求研制各学段学生发展核心素养，明确学生应具备的适应终身发展和社会发展需要的必备品格和关键能力。核心素养成为我国基础教育课程改革的顶层设计，课程标准不再基于三维目标来修订，而是由核心素养来统领各学科精选课程内容，研制学业质量标准，提出教学实施、考试评价和教材编写建议。

在教育部的统一部署下，各学科在 2014 年开始高中各学科课程标准的修订，聚焦在如何转变育人模式、核心素养怎么落实"立德树人"的根本任务等问题的解决。新一轮高中课程改革在核心素养的框架下正式兴起。与第八次基础教育课程改革从义务教育阶段开始延伸到高中的实施路径不一样，这一次以核心素养统领的课程标准修订是从普通高中开始再进入义务教育阶段，2017年1月，《普通高中课程方案（2017年版）》和各学科的课程标准发布；2022年4月，《义务教育课程方案（2022年版）》和各学科课程标准发布。

第一节　音乐核心素养的内涵

依据《普通高中课程方案（2017年版）》，我国普通高中核心课程为21门，这些课程全部支撑中国学生在高中阶段核心素养的养成。学科的贡献大多是依靠学科对立德树人的支持度以及不被其他学科替代的特色和强项凸显出来的。所以，学科不是为了迎合核心素养的要求变成面面俱到的大杂烩，而是要提炼和研究自身的学科核心素养，描述本学科对人的发展的价值和意义，体现本学科对学生成长的独特贡献，通过厘清学科核心素养，来形成对核心素养框架的强支撑、中级支撑或者弱支撑。学科核心素养达成了也就实现了对核心素养发展的独特贡献；抓住了学科核心素养，也就抓住了实现核心素养养成的根本。

高中音乐课程标准的修订，是由教育部召集的以高校音乐学科专家、音乐课程专家、音乐教研员、一线音乐教师为研究队伍组成的高中音乐课程标准修订组完成的。修订组从2012年起开始调研，2014年开始修订，历经近五年时间，从提炼音乐学科核心素养、进一步明确普通高中音乐教育的定位、研制音乐学业质量标准、优化音乐课程内容结构、促进普通高中教育与高考改革对接、增强课标的可操作性、力争"好用、管用"等方面下功夫，修订高中音乐课程标准。2017年12月《普通高中音乐课程标准（2017年版）》通过《普通高中课程方案和语文等学科课程标准（2017年版）》，和其他学科一起集体面世。

一、音乐核心素养的含义

音乐学科核心素养是在音乐学习过程中形成的具有音乐学科特点的关键

成就，是音乐学科育人价值的集中体现，衡量其育人价值或者说对中国学生发展核心素养的贡献，需要我们对音乐学科核心素养本质进行内省，且不断对其进行明晰和提炼，才能避免音乐教育的泛化和随意性。正如《普通高中音乐课程标准（2017 年版）》中所说："学科核心素养是学科育人价值的集中体现，是学生通过学科学习而逐步形成的正确价值观念、必备品格和关键能力。"①这一次音乐课程标准的制定，难度最大的就是音乐核心素养的提炼，其最突出的贡献和创新点也就是所提炼的审美感知、艺术表现、文化理解这三个核心素养。

1. 审美感知

"审美感知是指对音乐艺术听觉特性、表现形式、表现要素、表现手段及其独特美感的理解和把握。"②审美感知这一条核心素养强调音乐是声音的艺术，具备音乐艺术的听觉特点，它使音乐的形式、要素、手段和独特美感等基因性质凸现出来，确定了其原点性、起点性和元素性的基础位置，强化了音乐本体和学科独特性。审美感知体现的音乐课程与教学观就是使学生掌握音乐知识和音乐基本技能，强化学生对音乐的听觉敏感、提升学生对音乐的形式要素和人文内涵的综合感受能力。音乐知识和技能是音乐学习的基础，正如语文的字词句和听读写一样是基础知识和基本技能。"双基"不是拓展性知识，它们不会随着时代的进步而更新，它们永远都在那里，是学科屹立不倒的根基和元素，对待"双基"就应该用永恒主义课程论和元素主义课程论思想，把知识做实做到位，让学生掌握。

"双基"也是音乐核心素养要处理好的原点问题，是学生进入艺术审美的门户，任何过分弱化或者鄙弃学科知识的说法都是一种虚化学科、削弱根基的泛谈。

2. 艺术表现

"艺术表现是指歌唱、演奏、综合艺术表演和音乐编创等表达音乐艺术

---

① 中华人民共和国教育部. 普通高中音乐课程标准（2017 年版）［S］. 北京：人民教育出版社，2017：5.

② 中华人民共和国教育部. 普通高中音乐课程标准（2017 年版）［S］. 北京：人民教育出版社，2017：5.

美感和情感内涵的实践能力。"[1]这一学科核心素养聚焦于音乐的实践性。实践是音乐学科的本质特点，音乐从起源那一刻起，模仿大自然声响的模仿起源说，哀歌祈祷、炫舞问天的巫术起源说，发泄多余精力的游戏起源说，劳动起源学说，都显现出音乐的实践性，音乐与实践是如影随行的。音乐学科发展史也是一部实践史、行动发生史、艺术表现史。音乐的实践性确立了音乐教育的实践性，这个核心不抓住，如同思想止于行动，是落不了地的。艺术表现与音乐课程和教学的对接就是认为音乐课是有音、有乐的课，是要唱出来、听起来、舞起来、动起来的课，是"歌之不足，舞之蹈之"的课，没有这些，音乐课就会上成非音乐课。从课程论的角度来看，艺术表现体现了杜威的"做中学"的实用主义课程论思想和美国音乐教育家艾利奥特的实践论哲学思想。关于艺术表现与核心素养体系的对接，课标里也阐述得很清楚："学生在其中接受熏陶，把握规律，感受乐趣，并在特定的艺术表现情境中丰富情感，充实心灵，激发想象力，发挥创造力，培养自信心，获得成就感。"[2]一方面，音乐的艺术表现通过艺术实践对接审美行为的达成和审美能力提高，从而实现育人功能。另一方面，它作为实践的一种，直接对接归属于中国学生发展核心素养结构中的"社会参与"领域下位的"实践创新"这一核心素养。

3. 文化理解

"文化理解是指通过音乐感知和艺术表现等途径，理解不同文化语境中音乐艺术的人文内涵。"[3]音乐学科属性中有文化性，音乐是文化的一种，音乐作为本我传承音乐本身，也作为工具传承文化，音乐和文化是不可分割的。文化理解作为高中学生的音乐核心素养，是为了"让学生认识中国民族音乐文化的博大精深及丰富的精神文化内涵，坚定文化自信；让学生了解其

① 中华人民共和国教育部. 普通高中音乐课程标准(2017年版)[S]. 北京：人民教育出版社，2017：6.
② 中华人民共和国教育部. 普通高中音乐课程标准(2017年版)[S]. 北京：人民教育出版社，2017：6.
③ 中华人民共和国教育部. 普通高中音乐课程标准(2017年版)[S]. 北京：人民教育出版社，2017：6.

他国家的音乐文化，以平等的文化价值观理解世界音乐多样性"①。文化理解与核心素养框架中的"文化基础"领域中的"人文底蕴"相通，并表现在"人文积淀""人文情怀""审美情趣"这三个基本要点当中。

二、音乐核心素养的特点分析

《普通高中音乐课程标准(2017年版)》内容从主张"以音乐为本"到主张"以育人为本"，从传统的重视双基的培养，再到三维目标的确立，最后发展成现在的核心素养。正如"世事洞明皆学问，人情练达即文章"，学生在音乐学习过程中，"世事洞明"类比于音乐理论基础(学科)的学习，"人情练达"类比于审美综合能力(素养)的养成，"世事洞明"与"人情练达"的融合，正是我们追寻音乐核心素养的一种境界，它作为一个人全面发展的关键能力，是中国学生发展社会主义核心价值观的主要措施，更是学生德智体美劳全面发展所不可缺少的部分。因此，明晰音乐核心素养的特征是什么，它与其他学科核心素养的区别在哪里，是首要前提。我们认为，三个音乐学科核心素养体现了以下特点。

(一)综合性

1. 从核心素养本身的综合性方面界定

核心素养并不指向某一单独学科知识，也并不针对具体领域的具体问题，而是强调个体能够积极主动并且具备一定的方法来获得相应的知识与技能。② 施久铭在他的论文中提到，核心素养是一门跨学科的素养，它强调各学科都有可以发展的、对学生最有用的东西；核心素养不是只适用于特定情境、特定学科或特定人群的特殊素养，而是适用于一切情境和所有人的普遍素养，这就是核心的含义。③ 更有学者提道："核心素养与知识、能力、态度

---

① 中华人民共和国教育部. 普通高中音乐课程标准(2017年版)[S]. 北京：人民教育出版社，2017：6.

② 辛涛，姜宇，刘霞. 我国义务教育阶段学生核心素养模型的构建[J]. 全球教育展望，2013(12)：89-102.

③ 施久铭. 核心素养：为了培养"全面发展的人"[J]. 人民教育，2014(10)：13-15.

等概念的不同在于，它强调知识、能力、态度的统整。"①

核心素养的全面性决定了音乐核心素养的综合性，它是一个多维度、多元的概念，不仅仅是由单纯的音乐知识或者能力构成，还包括对学生的音乐思维及能力的培养，通过跨学科、跨领域的整合，从而来面对教学情境中所遇到的各种复杂问题。音乐学科核心素养所涉及的不是单一的音乐层面，而是知识、能力与情感等多元态度的集合，它是一门跨学科的综合素养，其本身就具备了综合性特征。

2. 从音乐教学方面界定

从教学目标来看，传统的音乐教学更为突出"双基"目标，教师在教学过程中注重知识、能力的掌握与发展多过于注重学生情感、态度、价值观的建构，难免出现轻视"过程与方法"的现象，导致我国中小学音乐教学弱化了"人的全面发展"这一基本要求，偏向了应试教育的轨道。基于核心素养理念下的音乐学科核心素养，在教学目标的设定上更注重其整体性，强调学生需在掌握教学知识的同时，注重自身多种能力的提升与发展，注重学生学习方法的习得与审美感知的培养。从这一意义来说，基于音乐学科核心素养的教学目标设计与制定，从根本上突出了学生综合能力培养的重要性，适应了学生全面发展的要求。

从教学过程来看，依据《普通高中音乐课程标准（2017年版）》，学生于音乐学科中的全面发展要求主要概括为审美感知、艺术表现、文化理解这三个核心素养。总的来说，在中学音乐教学中，学生核心素养的体现是在音乐教学过程中统一体现的，而不是依次实现。学生习得音乐基础知识与技能的同时，也是其发展自身能力、培养审美感知的过程，教师需通过音乐课堂潜移默化地将学生的情感体验、态度培养、价值观构建结合在一起。在此过程中，如果学生只掌握了音乐理论知识，不注重提升自身的音乐审美能力，那么将会阻碍音乐二度创作产生。反之，若学生单单掌握了音乐审美素养，却忽视了理论基础的学习，那么也将达不到预期，表演能力与创造能力也会随之降低。从此意义上来看，音乐学科核心素养的培养与发展，其实就是学生

---

① 柳夕浪. 从"素质"到"核心素养"：关于"培养什么样的人"的进一步追问[J]. 教育科学研究，2014(03)：5-11.

不同身心素养的统一发展过程，也是学生将音乐能力与基础知识合二为一共同发展的过程，这种融合发展正体现了音乐核心素养的综合性。

（二）实践性

《普通高中音乐课程标准（2017年版）》中的"艺术表现"，即学生通过"歌唱、演奏、综合艺术表演和音乐编创等活动，表达音乐艺术美感和情感内涵的实践能力"①。实践性是音乐核心素养的基本特点，音乐核心素养也正是通过这种途径得以提高。

第一，音乐从其起源之初就具备了实践性。模仿起源说认为音乐起源于人类对动物鸣叫声的模仿；游戏起源说注重人类在音乐活动中过剩精力的发泄；劳动起源说则认为音乐起源于人的劳动过程，劳动给予音乐以内容，劳动时的呼声给予音乐以节奏，劳动中的姿态给予音乐以形象。可见，不论是模仿、游戏还是劳动，各类有关音乐起源的学说都或多或少地呈现出了实践的特点。

第二，音乐本体的实践性特征决定了音乐教育的实践性。《普通高中音乐课程标准（2017年版）》中也有提道："旨在激发学生参与音乐表演和创作实践的兴趣，提高艺术表现水平。"②在教师"教"与学生"学"的过程中，通过不断的聆听、欣赏、发现、沉淀，学生的音乐素养得以升华。在音乐学习过程中，学生需掌握一定的思维能力与操作技能，他们不仅需要学会体验，学会欣赏，同时还需要"歌之舞之"，掌握一定的演唱演奏技能，只有做到了这些，才是一堂真正的音乐课。

第三，音乐核心素养的提升与发展，离不开实践的过程。音乐核心素养的体现主要是学生个人音乐能力的提升，而音乐能力又需要通过相应的实践技能、思维能力来表现。因此，学生在理解掌握音乐内涵的同时，还需提升自身的音乐技能。音乐核心素养是知识、技能、态度等的综合体现，而技能的提升就需要增加学生平时参与音乐活动与表演的机会，在理解与掌握音乐

---

① 中华人民共和国教育部. 普通高中音乐课程标准（2017年版）[S]. 北京：人民教育出版社，2017：6.

② 中华人民共和国教育部. 普通高中音乐课程标准（2017年版）[S]. 北京：人民教育出版社，2017：6.

基础知识的前提下，在实践应用中相互交叉整合，从而共同发挥作用。

（三）发展性

素质教育的实施主要是为了让学生适应社会发展与其自身发展的需要，发展是素质教育的一贯主旨。核心素养具备终身发展性，也具有阶段性，它的发展性体现在学习过程中，除应习得的知识与技能外，学生的情感、态度、价值观的长期发展，是一个不断丰富、不断优化的动态发展过程。

音乐教育与国民素质的提升息息相关，音乐核心素养也是学生所必不可少的关键能力，它并不是学生与生俱来的，而是通过各教育阶段的长期培养得来的。不同的学习阶段，学生所呈现出的素养、阶段性特征，通过不断的深化与完善，形成一个不断提升、循序渐进的发展过程。它具体体现在以下两个方面。

其一，从个体层面来看，人的素养并不是与生俱来的，学生素养的构建与形成需要一定时间一定量的积累，才能逐渐趋于成熟，这是一个动态过程，即个体的音乐核心素养是在动态的音乐教育过程中不断丰富与优化起来的。音乐核心素养在个体的不同发展阶段中的着重点是不同的，不同教育阶段对于学生所需具备的能力也存在不同的要求，一部分核心素养只有在特定的教育阶段下才能得到更好的培养与发展，学生通过循序渐进的、不断持续的素养培养，从而成为一个"全面的人"。

其二，从社会层面来看，社会的发展是不断超越、不断递进的过程，历史上不同时期不同人所持观点有所不同，对于"教育应该培养什么样的人"这一问题同样存在着不同的答案。在古代社会环境背景下，农业经济为主，这一时期的人们认为道德品行和生存技能是最为重要的；在现代社会背景下，工业经济发达，人才培养更为注重人的个人能力；而在当代社会，信息化大背景时代，对于"教育应该培养什么样的人"这一问题，核心素养即是答案，它成了当今社会发展的一种潮流。同一问题，在不同时代背景有着不同的答案，反观当下，国家对于音乐教育人才的需求同样一直在不断更新，而音乐核心素养，聚焦于学生的全面发展，它的内涵同样需要与时代接轨，与社会需求齐头并进，它具备鲜明的时代特征，有着指向未来、不断完善的动态发展性。

第二节 核心素养背后的意义

一、国家意志

音乐课程与其他课程一样是肩负着国家意志的国家治理的权力媒介，"国家意志与战略目标的实现有必要借助一定的制度结构——教育制度体系、课程制度体系、教材制度体系以及教学制度体系等才能实现"[①]。

毋庸置疑，核心素养的提出是为了落实立德树人根本任务，都是为育人而服务的，但是这个育人背后的意蕴是需要进一步挖掘以便明确每一个学科背后所承担的育人任务，再进一步来挖掘这样的育人任务如何通过有效和高效的课堂教学转化为每一位学生的核心素养。如果以 2014 年 3 月教育部发布《关于全面深化课程改革 落实立德树人根本任务的意见》作为中国核心素养时代的开启标志，我们会发现，这个时间节点之后，国家一步步将立德树人的改革使命做成了步步为营的格局。这一点在 2020 年《普通高中课程方案(2017 年版)》的修订中体现得最为明确。

2017 年底，教育部官网公布了《普通高中课程方案和语文等学科课程标准(2017 年版)》，该文件是为落实党的十八大和十九大关于立德树人根本任务的要求，根据进一步深化普通高中课程改革的需要修订而成的，体现了课程服务国家意志的育人导向，其思想性、科学性、时代性、整体性等明显增强。2018 年 9 月 10 日全国教育大会和 2019 年 10 月十九届四中全会的召开，对教育改革的体系建设和目标方向等又有了新的要求。为及时将党中央国务院的精神部署落实到中小学课程教材中，教育部组织专家梳理、对标各项新要求、新任务，同时对 2017 年版的课程方案和相关学科课程标准进行补充完善。2020 年 6 月《教育部关于印发普通高中课程方案和语文等学科课程标准(2017 年版 2020 年修订)的通知》(教材〔2020〕3 号)出台，这是为贯彻全国教育大会精神和党的十九届四中全会精神，为落实立德树人根本任务，进

---

① 张振，刘学智. 新时代中小学教材制度的解构和重构[J]. 课程·教材·教法，2020(2)：51-57.

一步完善中小学课程体系做的再次微调。与《普通高中课程方案和学科课程标准(2017年版)》相比较，改动的地方包括前言，以及思想政治、语文、历史和生物学课程标准的正文的个别地方。

(一)完善了"德智体美劳"教育体系

2018年9月10日，全国教育大会在北京召开。大会围绕立德树人根本任务，提出要努力构建德智体美劳全面培养的教育体系。德智体美劳全面培养的教育体系的提出，确立了劳动教育作为"五育"之一纳入我国人才培养体系。而在这之前的所有文件，包括2017年版高中课程方案及课程标准中都使用的是"德智体美"的说法。因此，在2020年修订版中，依据全国教育大会的精神统一了相关表述。如2020年版的普通高中课程方案及各学科课程标准的前言部分，涉及普通高中教育定位、指导思想和培养目标等相关表述中，都将"培养德智体美全面发展的社会主义建设者和接班人"调整为"培养德智体美劳全面发展的社会主义建设者和接班人"。《普通高中音乐课程标准(2017年版)》的前言部分第一段是："党的十九大明确提出：'要全面贯彻党的教育方针，落实立德树人根本任务，发展素质教育，推进教育公平，培养德智体美全面发展的社会主义建设者和接班人。'"而在《普通高中音乐课程标准(2017年版2020年修订)》的前言部分也是开宗明义："习近平总书记在全国教育大会上强调，要在党的坚强领导下，全面贯彻党的教育方针，坚持马克思主义指导地位，坚持中国特色社会主义教育发展道路，坚持社会主义办学方向，立足基本国情，遵循教育规律，坚持改革创新，以凝聚人心、完善人格、开发人力、培育人才、造福人民为工作目标，培养德智体美劳全面发展的社会主义建设者和接班人，加快推进教育现代化、建设教育强国、办好人民满意的教育。"①

---

① 中华人民共和国教育部. 普通高中音乐课程标准(2017年版2020年修订)[S]. 北京：人民教育出版社，2020：1.

(二)强化了政治指导

1. 坚持了中国特色社会主义制度和"四个自信"

2019 年 10 月 28 日至 31 日召开的中国共产党第十九届中央委员会第四次全体会议,以研究坚持和完善中国特色社会主义制度、推进国家治理体系和治理能力现代化若干重大问题为主题。2020 年版课程标准的部分修订,旗帜鲜明地体现了将习近平总书记新时代中国特色社会主义思想以及十九届四中全会精神在课程中的密切融入。例如普通高中思想政治的课程性质、基本理念、政治学科核心素养"政治认同"的内涵解释,内容要求部分,都新增了这些内容。对于"四个自信",2020 修订版课标也做了有机融入。如历史课程标准在"国家制度与社会治理"部分,增加了"理解中国政治道路发展的独特性"的要求。思想政治课程标准在"文化传承与文化创新"教学提示部分,增加了"理解坚持马克思主义在意识形态领域指导地位这一根本制度的意义"的要求;"中国特色社会主义的开创与发展"部分,将"阐明中国特色社会主义是党和人民长期奋斗、创造、积累的根本成就"修改为"阐明中国特色社会主义道路、理论、制度、文化是党和人民长期奋斗、创造、积累的根本成就",明确点出了"四个自信"的四个方面,强化了理解要求。

2. 体现了加强党的领导

按照习近平总书记对"加强党对教育工作的全面领导,是办好教育的根本保证"的指示,普通高中思想政治课程标准在"对地方和学校实施本课程的建议"部分专门增加了一段强化党对教育工作的领导的要求。具体内容为:"加强党对课程实施的全面领导。要坚持统一性和多样性相统一,落实教学目标、课程设置、教材使用、教学管理等方面的统一要求,又因地制宜、因时制宜、因材施教。建立党委统一领导、党政齐抓共管、有关部门各负其责、全社会协同配合的工作格局,推动形成全党全社会努力办好思想政治课的良好氛围。学校党委要坚持把从严管理和科学治理结合起来。学校党委书记、校长要带头走进课堂,带头推动思想政治课建设,带头联系思想政治课教师。"

3. 突出了对思想政治课教师的要求

2019 年 3 月 18 日，习近平总书记在北京主持召开学校思想政治理论课教师座谈会并发表重要讲话，强调"办好思想政治理论课关键在教师"。2020年版的思想政治课程标准也突出了习总书记对思想政治教师的相关要求，如在课程标准"教学与评价建议"部分增加了一段表述："讲好思想政治课关键在教师。思想政治课教师应发挥积极性、主动性、创造性，按照政治要强、情怀要深、思维要新、视野要广、自律要严、人格要正的要求，不断提高自己的专业素养，坚持政治性和学理性相统一、价值性和知识性相统一、建设性和批判性相统一、理论性和实践性相统一、统一性和多样性相统一、主导性和主体性相统一、灌输性和启发性相统一、显性教育和隐性教育相统一，增强思想政治课的思想性、理论性和亲和力、针对性。"对于音乐教师来说，虽然没有此要求，但是对如何发挥音乐学科的特点和专长来渗透育人或者说如何在音乐课程中渗透思政要素，实现思政进课堂则是新时期音乐教师要思考的新问题。

4. 进一步清晰、规范了普通高中三类课程的属性

音乐课和普通高中其他课程一样，分为必修、选择性必修、选修三类。三类课程各有独特的课程功能和定位。2017 年版课程方案中只是点明"普通高中课程由必修、选择性必修、选修三类课程构成"。为进一步明确课程实施中的权责与性质，2020 年版增加了"必修、选择性必修为国家课程，选修为校本课程"的表述，明确了不同课程的属性。还有"选修课程，由学校根据学生的多样化需求，当地社会、经济、文化发展的需要，学科课程标准的建议以及学校办学特色等开发设置，学生自主选择修习"，删去了 2017 年版中"选修课程……一部分是国家在必修和选择性必修基础上设计的拓展、提高及整合性课程"的表述。

明确选修课程不属于国家课程，开发主体是学校，纳入校本课程管理。根据教育部《中小学教材管理办法》，原则上不主张学校编写出版教材，确需编写出版的应报主管部门备案，按照国家和地方有关规定进行严格审核。因此建议教师在选修教学中灵活使用活页夹、讲义 PPT 等辅助资源。音乐校本课程在普通高中课程特色化中占有重要地位，这些规定为音乐课程开发指明

了方向。

2020年版课程方案修订的一大变化是将劳动作为国家必修课程独立了出来，大大强化了劳动教育的地位，确立了劳动教育作为国家必修课程的正式地位，并落实"德智体美劳"五育并举的教育体系建设。具体体现在普通高中课程方案的"开设科目与学分"部分，国家课程中明确单独设立"劳动"必修课程，并赋予6个学分。2017年版课程方案中的劳动教育内容是延续2003年普通高中课程方案（实验）版的设计，将劳动与技术教育放在综合实践活动课程中实施。2020年版课程方案将劳动教育从综合实践活动课程中独立出来，有关学分做了相应调整，即普通高中的综合实践活动课程从2017年版的14个学分变为8个学分，包括研究性学习、党团活动、军训、社会考察等，其中研究性学习占6个学分，劳动课程占6个学分。2020年版课程方案还特别强调，劳动课程学分中志愿服务为2个学分，在课外时间进行，三年不少于40小时；其余4个学分内容与通用技术的选择性必修内容以及校本课程内容统筹实施。尽管劳动教育重新进入教育体系和音乐教育没有直接关系，但是毋庸置疑，将会影响到音乐课堂实施中如何对学生进行价值引领。

5. 体现了时代新热点、新要求

2020年版的修订，另一重大特色就是及时增补了相关时代新热点、新要求，最突出的就是增加了防控新冠病毒肺炎的相关内容。如生物学课程标准中"教师在教学活动中要通过案例，让学生掌握'病原体''感染''传染源''传染'等重要概念的内涵和区别，重点介绍对人类影响巨大的传染病案例，如鼠疫、天花、艾滋病和严重急性呼吸系统综合征（SARS）和新型冠状病毒肺炎（COVID-19）等的流行及防控"的表述。"新型冠状病毒肺炎（COVID-19）"是新增内容。在提示学生对选取转基因植物、试管婴儿、克隆哺乳动物、艾滋病、禽流感、SARS、埃博拉疫情等主题加以论述的要求中，也新添加了"COVID-19"的议题。

尽管2020年的修订涉及高中音乐课程标准的地方从字面上来讲并不是很多，但是作为高中核心课程之一，音乐课程和其他课程一样都统归于《普通高中课程方案（2017年版2020年修订）》之内，国家加大了对基础教育课程体系的把控力度，对培养什么人，怎样培养人，呈现了很强的国家意志。哪怕是艺术类课程，也强化了要发挥其立德树人的关键功能，另外，其他课程的相应调整和改变也对音乐课程的实施不可避免会有很多间接性的影响，这些都是音乐教育研究不得不去关注的问题。

二、文化意蕴与思想性

我国学者关于核心素养结构内涵的研究主要集中在借鉴国外核心素养研究成果，并融入立德树人根本任务和社会主义核心价值观，构建具有中国特色的核心素养结构体系。核心素养的培养目标、结构内涵并不是价值中立的，它为特定的社会、特定发展阶段的社会服务，它是一个具有社会性、文化性、发展性的体系。就我国而言，学生发展核心素养框架是落实立德树人根本任务，构建以社会主义核心价值观为统领的一般性核心素养体系。通过该体系，把国家的教育方针、社会主义核心价值观和素质教育这一系列的教育思想和政策具体化、明确化，通过学校教育教学深刻地回答教育究竟要培养什么样的人，体现浓浓的国家意志。

其实，任何国家在涉及未来一代人的培养和教育问题上，都是一样的，即都是国家意志在教育政策上的体现。每个国家在核心素养的设计上既有共性，又有建立在国家特色和文化取向上形成的个性。例如，美国相对其他发达国家而言，更强调创造力与创新能力、灵活性与适应性、社会与跨文化技能、领导与责任心等，这与美国欲求主导世界社会秩序的价值趋向相吻合。美国受知识经济智能化、全球竞争加剧、技术自动化、新的职业需求等因素的影响，为提升国际竞争力，保持世界经济的领导地位，美国教育领域自下而上兴起21世纪技能运动（21st Century Skills Movement），核心竞争力愈发成为美国教育政策讨论的中心，讨论者遍及美国教育系统的最高领导层到一线教师。[1] 美国的21世纪技能运动的兴起既顺应了21世纪技能运动的趋势，也体现着其对人才类型的具体需求。美国对核心素养的研究是由商业界、政界和教育界等决策者和领袖联合成立的"21世纪学习合作组织"（The Partnership for 21st Century Learning)（简称"P21"）进行研制，这也说明了美

---

[1] Stephen Sawchuk. Backers of — 21st-Century Skills' Take Flak [EB/OL]. https：//www. edweek. org/ew/articles/2009/03/04/23pushback_ ep. h28. html.

国对 21 世纪技能（核心素养）的关注源自社会各界对劳动力所要具备的更高阶能力的需求，而反映到教育上，即显现了美国学生所学的传统学科与所具备的传统基础技能"3R"（reading、writing 和 arithmetic）早已不能满足当今社会发展的需求。"21 世纪教育是竞争力的基础，是经济的引擎。"经济危机即教育危机，身处于人工智能时代与计算机化知识经济的浪潮中，为了不丧失经济领导地位和在全球竞争中的领导地位，美国的 21 世纪技能研究和发展整合进入到中小学课程与教学也就成为必然。

德国作为一个技术立国的国家，其对核心素养的界定更突出使用技术的基本知识与能力。而日本，由于身处相对孤立的岛国，地理生存环境特殊，自然灾害频发，资源单一，"生存"则成为其核心素养的关键词，加之近年日本人口老龄化、社会劳动力的匮乏，日本人更深刻意识到生存的重要性。日本自 2008 年颁布《学习指导要领·生存能力》起，便着重强调了生存能力在学生培养中的重要性。2013 年 3 月，日本国立教育政策研究所公布的《培养适应社会变化的素质与能力的教育课程编制的基本原理》中，更加进一步提出：要明确以培养能够应对社会变化的通用素质和能力为教育目标，要将具备与他人相处关系中解决问题的能力，以及直接与社会生存相关的能力作为教育目标的必要组成部分。至此，日本正式提出了立足社会情况与教育背景之下的核心素养——"21 世纪能力"。日本"21 世纪能力"以切实实现生存能力为目标，强调素质与能力兼顾，以培养生存能力为核心的教育理念，从构成生存能力的知、德、体三要素中提炼、构建，形成了思考力、基础力、实践力三个维度，实际上也是生存能力在 21 世纪的具体体现。

芬兰是一个国土面积狭小、资源有限、人口较少的北欧国家，加之百年来经历了独立、战争、经济危机等，形成了教育理念要聚焦于是否有利于每一个公民找准适合自己的位置，并发挥自身价值最大化，以成为对社会、对国家有用的人，其更注重未来公民应该具备的关键能力这一方面。首先，芬兰历史上每一次教育改革都植根于芬兰公民如何适应社会需要的考量，因此其教育目标是以学生生活能力为宗旨，一直以培养健康的、具有独立生活能力和创新精神的人为目的，教人学会如何生活，即助力人内化多种关键能力。2016 年最新版的芬兰国家核心标准将生存的关键能力总结为 7 个方面，并将学生发展核心素养称为横贯能力。其次，在课程标准中明确提到实施具有跨学科性质的"现象教学"，让学生在真实的生活情境中运用所学的知识解决问题，促进横贯能力的发展。再次，国家对于各类学校的评估赋权于各学校主体进行自我评估；家长授予学校负责孩子的生活与学习；教师无考核，掌握着对课程的教材、教法、测验的自主权；对学生(低年级学生)基本无测验，更多关注形成性评价、表现性评价。芬兰的这种做法换成另外一个国家就不一定适用和实用，因为信任是芬兰人的文化基因，无论是从人的思想认识层面，还是国家公民管理层面都形成了政府对学校的信任—家长对学校的信任—学校对教师的信任—教师对学生的信任这一信任链条，这样一环连接一环的信任链条，非常清晰和明确，使芬兰式的教育模式得以科学且长效地进行。

艺术承载文化意蕴之外还同时承载思想性，艺术教育也就相应承载了思想性教育。特别在我国，思想性教育是主流美学和审美教育的一个重要范畴，在不同的历史时期，思想性的教育要素总是用一种或隐或显的方式贯穿于教育的整个过程。那么，核心素养时代下的"思想性"要怎么理解呢？

首先，我们能够感受到对艺术教育来说，现在比较少地独立使用"思想性"这个带有浓厚政治色彩的词语了，因为"思想性"这个词语很容易带来对音乐教育的工具性的理解，毕竟"音乐课就是政治课"这样的说法是失之偏颇的。在 20 世纪 90 年代的教学大纲时代(注：我们认为，可以以 1999 年为分界点，以该年颁布的《中共中央 国务院关于深化教育改革全面推进素质教育的决定》为标志启动的第八次基础教育课程改革为界限，前面的时期可以统称为教学大纲时代，后面的时期为课程标准时代)，思想性是写入大纲并要在课堂教学中突出强调的显性标准。在课程标准时代，思想性日渐转变为融入课程与教学"艺术性"的隐性标准，渗透在课堂教学三维目标中的"情感态度价值观"这个维度里。艺术课程为思想政治教育服务的工具性价值有所柔化。

学科课程作为科学化的知识，在承担国家意志育人的同时，也同样传递知识本身，特别是音乐课程，承担过多的政治任务不是它的强项，音乐曾经走过的政治化的道路被很多专家做过反思性分析[1]。在现在的音乐课堂，不

---

① 郭声健. 艺术教育论［M］. 广州：暨南大学出版社，2012：27-35.

太可能再出现一堂音乐课就是一堂政治课的教育控制的场景，但是作为实现国家立德树人根本任务的国家课程，政治意识形态和主流文化的传播是音乐课程功能之一，所以关键的问题是怎么样让这些教化呈现出艺术的感性本质和艺术教育的规律，这是需要我们去思考的。

在学习习近平总书记在文艺工作座谈会重要讲话的时候，我们发现，国家领导人对于文艺工作的引领，非常注重艺术性和思想性的结合。如在文艺作品的政治服务功能这方面，是以"中华文化繁荣兴盛"的重大理论问题来强化文化功能，并提出了新时代文艺作品应以"思想精深、艺术精湛、制作精良"作为评价标准。这个标准将文艺作品的艺术本体性因素凸显，在一定意义上是用文化兴盛来提高政治标准，强调"文化"和"思想"互蕴，这里的"思想"重在强调"传播当代中国价值观念、体现中华文化精神、反映中国人审美追求"，① 具有中华文化深度的思想，是在以人为本思想指导下，反映人民精神世界的思想。这实际上为我们理解核心素养框架下的音乐课程与教学如何处理思想性问题提供了启示，即更加突出强调通过音乐课程培养学生的文化认同、文化自信，将文化理解作为音乐、美术等艺术类课程共同的学科核心素养。在新的课程标准这一导向的指引下，各学科的中小学教材大幅度增加了有关中华优秀传统文化的内容的比重，思想性从字面上来看似乎是淡化了，实际上是以更加柔性感性且符合艺术规律的隐性方式进行了强化。

第三节　核心素养与美育、素质教育的关系

由于音乐课是国家教育方针"德智体美劳全面发展"中的美育的重要支撑课程和体系的重要组成部分，因此学校体系的音乐课程与教学除了要遵循课程标准以外，还要遵循我国不同时期的美育方针，美育相关的文件蕴含了音乐教育的哲学理念和时代性要求。

美育不仅是党的教育方针的重要组成部分，还被当作立德树人、培根铸魂的事业。党的十八大以来，以习近平同志为核心的党中央高度重视学校美

---

① 新华网. 习近平在文艺工作座谈会上的讲话［EB/OL］.（2014－10－15）［2021－07－03］. http：//www. xinhuanet. com/politics/2015－10/14/c_ 1116825558. htm.

育工作，把学校美育工作摆在更加突出位置，做出一系列重大决策部署，确定了学校美育体系的一线教学发展趋势和遵守原则。

音乐课程标准和美育政策是构成我国教育制度宏观指引下的中观对策，都强调要加强和改进学校美育。音乐教育是学校美育的主要内容和重要实施载体，2015 年版《美育意见》和 2020 年《美育意见》的印发，可以说是为新时代学校音乐教育的改革发展提供了行动指南。

2015 年版《美育意见》和 2020 年《美育意见》分别于 2015 年 9 月和 2020 年 10 月印发。为什么时隔短短五年会有《美育意见》的重新修订呢？原因正如教育部美育专家郭声健教授所说的，一是以习近平总书记重要讲话和全国教育大会精神统领学校美育工作，顶层设计站位高；二是以 2022 年和 2035 年为时间节点明确学校美育发展的近期和中期目标，发展目标定位准；三是聚焦现阶段学校美育改革发展中存在的突出问题，确定改革路径，问题导向思路清；四是提出若干全面加强和改进新时代学校美育工作的真招实招和硬招，实施路径措施实。[①] 可见，2020 年版《美育意见》是为了对标习近平总书记重要讲话和全国教育大会精神，从更高站位出发对学校美育工作进行再认识、再深化、再设计、再推进，进一步强化学校美育育人功能，构建德智体美劳全面培养的教育体系，明确新时代的学校美育工作为什么做、做什么、怎么做，进一步凸显美育的价值功能，进一步完善美育的系统设计，进一步拓展美育的实施路径，进一步强化美育的组织保障。

就美育育人的核心来说，2020 年版《美育意见》对学校美育内涵的解释更加丰富，对育人价值进行了进一步拓展，对学校音乐教育也提出了更高的要求。在美育内涵的界定上增加了"也是丰富想象力和培养创新意识的教育"。在对美育育人价值功能的表述上增加了"激发创新创造活力"，其对美育内涵的丰富和对育人价值的拓展，具有重要的理论意义和现实意义。创新是一个民族进步的灵魂，是一个国家兴旺发达的不竭动力，也是中华民族最深沉的民族禀赋。学校美育在丰富想象力和培养创新意识、激发创新创造活力方面具有独特而不可替代的优势，可以说，2020 年版《美育意见》不仅充分肯定了美育的这种作用，更是赋予了学校美育在新时代背景下新的历史使命。除了

① 郭声健. 全面推进新时代学校美育改革发展[N]. 中国教育报，2020-11-06(2).

新增了创新的价值，2020 年版《美育意见》的另外一个关键词就是"育人"。明确提出"育人成效显著增强，学生审美和人文素养明显提升"。

美育是审美教育、情操教育、心灵教育，也是丰富想象力和培养创新意识的教育，能够体现审美、情操、心灵、创造性教育等基本属性，能够承载、实现和提升审美素养、陶冶情操、温润心灵、激发创新创造活力。音乐教育是美育，因此，当音乐所应有的价值功能不仅能提升审美素养，还能陶冶情操、温润心灵、激发创新创造活力的时候，音乐教育才是真正意义上的美育，音乐教育才是真正在育人。①

美术教育家尹少淳教授也认为 2020 年版《美育意见》对美和美育有新的认识和表述，"美是纯洁道德、丰富精神的重要源泉。美育是审美教育、情操教育、心灵教育，也是丰富想象力和培养创新意识的教育，能提升审美素养、陶冶情操、温润心灵、激发创新创造活力"。从这段话中可以看到，除了对美育的传统理解，即美育是审美教育之外，还提出了美育是情操教育、心灵教育、丰富想象力和培养创新意识的教育，更加全面地阐释了美育的价值，体现了育人价值的温暖和豁达，具有拓展性和主动性。这是当代中国文化和社会背景下，对美育的最新认识和表述，体现了新的高度和更为丰富的内涵。②

从政策管理的角度，教育部新闻办认为，2020 版的《美育意见》的出台，主要是实现以下两个方面的目的：一是加强顶层设计，以习近平新时代中国特色社会主义思想统领学校美育改革发展；二是聚焦突出问题，明确改革发展的重点任务，推进新时代学校美育迈上新台阶。党的十八大以来，学校美育实现了跨越式发展，取得了历史性成就。但总体上看，美育仍然是整个教育事业中的薄弱环节，学校美育在改革发展中表现出了三个不适应：与素质教育的要求还不相适应，与推进教育现代化的要求还不相适应，与全面实现小康社会和两个百年目标还不相适应。因此，需要找准突破口和落脚点，力争在课程教学、教师队伍、条件改善、评价机制等方面做好现有工作，并提

---

① 郭声健. 以美育《意见》为行动指南　推进学校音乐教育改革发展[J]. 中国音乐教育，2021（01）：5-9.

② 尹少淳. 对美育的最新认识和刚性要求[N]. 光明日报，2020-11-24（13）.

出进一步的改革举措。①

核心素养概念提出来后，很多人误认为基础教育改革不要素质教育了，是核心素养代替了素质教育，以后就不用搞素质教育了。这实际上是对核心素养的误解，也是对素质教育理解的偏差。

时任国家教委副主任柳斌在 1987 年发表的《努力提高基础教育的质量》一文中提到"素质教育"一词。② 1997 年，原国家教委在烟台召开了全国素质教育现场会，这算是正式向全国发出了素质教育的号召，会议对全国关于素质教育的一些实验进行了总结，形成了很多共识。在此基础上形成了《关于深化教育改革全面推进素质教育的决定》，把素质教育作为教育改革走向深处的推手。文件下发之后，大家就开始比较明确规范地、有步骤地、有计划地实施素质教育了。③

1999 年第三次全国教育工作会议通过《中共中央 国务院关于深化教育改革全面推进素质教育的决定》，标志着我国从国家层面正式开始推行素质教育，施行素质教育成为教育领域的"基本国策"。该文件明确提出：要让学生感受、理解知识产生和发展的过程，培养学生的科学精神和创新思维习惯，重视培养学生收集处理信息的能力、获取新知识的能力、分析和解决问题的能力、语言文字表达能力以及团结协作和社会活动的能力。④ 可见素质教育是以提高国民素质为宗旨，以培养创新精神和实践能力为着重点，面向全体学生，力求德智体美劳全面发展，把知、情、意、行融合起来，学会做人、学会求知、学会办事、学会健体、学会审美、学会创造贯穿于教育过程的始终，这就是素质养成。2006 年新修订的《义务教育法》把"实施素质教育"写入第一章第三条。2017 年，习近平总书记指出，素质教育是教育的核心。党的十九大报告提出"要全面贯彻党的教育方针，落实立德树人根本任务，发

① 教育部新闻办公室. 如何全面加强和改进新时代学校美育工作？教育部解读来了[EB/OL]. (2020-10-16) [2021-07-03]. https：//baijiahao. baidu. com/s? id=1680764235100239101&wfr=spider&for=pc&searchword=.

② 柳斌. 努力提高基础教育的质量[J]. 课程. 教材. 教法，1987(10)：1-5.

③ 余慧娟，施久铭. 素质教育咋发展？先听听原国家教委副主任柳斌谈当年为什么提素质教育[EB/OL]. (2018-03-09) [2022-08-14]. http：//www. yidianzixun. com/article/0IVfjNTZ.

④ 湖南省教育厅. 中共中央、国务院关于深化教育改革全面推进素质教育的决定[EB/OL]. (1999-06-13) [2021-07-03]. http：//jyt. hunan. gov. cn/sjyt/xxgk/zcfg/flfg/201702/t20170214_3989930. html.

展素质教育，推进教育公平，培养德智体美全面发展的社会主义建设者和接班人"。可见素质教育从来都是一以贯之的政策，承载着中国人对"好的教育"的愿望，是最简练、最适切的表述。

而核心素养的提出是当今世界各国在面对全球新的政治、经济、文化等极具变化发展以及无可预测的未来，对"培养什么样的人"而引发的新的思考、提出的新的应对方式。在这个生态环境发生历史性变化、全球化趋势不断加强、科学技术迅速变革的时代，正确理解"什么可被视为最有创造力的知识"显得尤其重要。从最早提出核心素养概念的经济合作与发展组织（OECD）来看，传统的仅仅关注知识与技能的教育是远远不够的，想让教育和培训更加有质量和效益，必须关注"核心素养"的培养问题。

从我们中国学生发展核心素养的框架以及学界对学科核心素养的研究，可以看出，我们国家的核心素养不是否定素质教育，不是不要素质教育了，而是认同核心素养是素质教育在新的历史时期和时代背景下的新的发展。无论是从中国的教育政策的角度还是国家顶层设计的角度，核心素养与素质教育都形成了政策"文本的互联性"。[1] 素质教育中提出的这些思维习惯和解决问题能力的建立并不是过时了，而是在自身发展过程中的不断深化和拓展。也正因为这一点，有专家提出：素质教育需要改革，一是改革教育的内容结构，培养学生完善的素质结构，即落实核心素养的内容要求；二是改革教育手段、教学态度，培养孩子爱学习的品质，即推进与落实快乐教育。这也是赞同核心素养是对素质教育中的培养学生完善的素质结构的内容型要素。[2]

从基础教育课程改革来看，学生发展核心素养的提出和具体的阐述是对目前素质教育过程中存在问题的反思与改进。核心素养理论让我们重新找到了课程研究与实践的基点，具有指导课程改革实践的科学意义，提法更具有系统性、可操作性。

---

① Fairclough N. Discoursw and Socail Change[M]. Cambridge：Polity Press，1992：102.

② 周海宏. 美育就是培养孩子的"魅力"[N]. 光明日报，2020-12-01(15).

中 编

评 价

第三章　综合素质评价下的音乐考评

既然考与不考是一个两难且现在无法很快得到解决的问题，那么我们尝试取其各自的先进性因素，探讨一个折中的办法来进行调和，用"考评"这个词语来替代"考试"，来试一试这其中的可能性。考评既有考试的意味，又可以形成与考试特别是应试的区别；考评还兼有评价的意味，但又可以避免不痛不痒的留于形式的评价，让其具备一定的高利害关联。基于该预设，就不得不提综合素质评价这个课程改革的新生事物。

第一节　综合素质评价沿革中的音乐

"考考考，老师的法宝；分分分，学生的命根"，学生以考试的成绩作为学习的目标，教师以考试的成绩作为唯一的评判指标，学校片面追求升学率，是应试教育最大的"毒瘤"，也是"素质教育"最大的阻碍。国家政策层面、学界理论研究层面、民间教育研究与教学实验层面都在围绕应试教育的弊端苦苦寻找解决方案，其中，综合素质评价就是一个平衡和应对的方案。

综合素质评价并不是为了音乐教育的改革而出现的，它的产生和所承担的职责是伴随应试教育的弊端而进行教育创新的结果，是我国实现素质教育理念，培养全面发展的人，改变"一考定终身"的单一评价，实现评价制度改革的创新成果。研究综合素质评价是为了挖掘音乐教育在其中所起到的作用和如何利用综合素质评价来改善音乐教育教学，是从评价的角度来寻找和思考音乐教育改革发展的问题。

为了解决应试教育给教育本质和人的发展本质带来异化的问题，或者说用制度来平衡应试教育的负面影响，国家一直都在做努力，在不断探索与素质教育相适应的考试与评价制度，改变"一考定终身"的教育现状，实施多元招生录取机制，其中综合素质评价介入基础教育改革就是一个明显的例子。

综合素质评价不仅仅是一个考试与评价制度，同时也成为我国伴随基础教育课程改革和各种考试制度改革而产生的评价理念。而作为一个评价理念，它作用于每个学科，并渗透于每个学科。更何况综合素质评价与学校艺术教育实施有关，所以透过综合素质测评变迁及其相关问题的研究，从音乐及其教育之外的另一条路径来研究音乐开课率的问题。我们试图用政策文本分析的方法来分析综合素质评价的政策嬗变，音乐作为其中的一份子，产生了怎样的发展变化，教育政策文本分析是我们深切体认、洞察教育政策之内在精神与价值诉求的基本路径，也是我们积极贯彻落实教育政策，进而推动教育深度变革的重要前提。对政策文本的分析并不是仅局限于文本本身，而是要"通过与文本相关的历史、制度和政策实践的对话来揭示文本的深层意涵"①。同时，通过对综合素质评价的现有的学术成果综述，分析综合素质评价研究现状和对音乐教育的启示。

一、政策的研究

1999 年 6 月中共中央 国务院颁布《关于深化教育改革全面推进素质教育的决定》。该文件提出："加快改革招生考试和评价制度，改变'一次考试定终身'的状况……高考科目设置和内容的改革应进一步突出对能力和综合素质的考查。"②此政策文本提出要"突出"对学生综合素质的考查。

2001 年 5 月《国务院关于基础教育改革与发展的决定》提出："加强对学生能力和素质的考查，改革高等学校招生考试内容，探索多次机会、双向选择、综合评价的考试、选拔方式。"③该文件明确提出要"加强"对学生(综合)素质的考查，较之 1999 年《关于深化教育改革全面推进素质教育的决定》提出的"突出"，语气更为坚定，并重点在于探索"综合评价方式"如何作为招生考试制度变革的力量，开创了综合评价进入考试体系的先河，意义重大。

---

① 王洪席. 我国综合素质评价政策的演进历程及特征分析：基于(1999—2014 年)政策文本的分析[J]. 课程·教材·教法，2016，36(12)：28-34.

② 中国教育新闻网. 中共中央国务院关于深化教育改革，全面推进素质教育的决定[EB/OL].(2016-11-09)[2022-08-08]. http：//m. jyb. cn/zyk/jyzcfg/200602/t20060219_ 55334_ wap. html.

③ 中华人民共和国中央人民政府. 国务院关于基础教育改革与发展的决定[EB/OL]. (2001-05-29)[2022-08-08]. http：//www. gov. cn/gongbao/content/2001/content_ 60920. htm.

2001 年 6 月，教育部印发的《基础教育课程改革纲要（试行）》提出："建立促进学生全面发展的评价体系。评价不仅要关注学生的学业成绩，而且要发现和发展学生多方面的潜能，了解学生发展中的需求，帮助学生认识自我，建立自信。发挥评价的教育功能，促进学生在原有水平上的发展。"①此政策文本充分彰显了评价促进学生全面发展的教育、激励和指导功能，并进一步拓展既要关注学业成绩，又要充分挖掘学生潜能的评价理念。

2002 年 12 月，教育部颁布的《关于积极推进中小学评价与考试制度改革的通知》提出："现行中小学评价与考试制度与全面推进素质教育的要求还不相适应，突出反映在强调甄别与选拔功能，忽视改进与激励的功能；注重学习成绩，忽视学生全面发展和个体差异；关注结果而忽视过程，评价方法单一；尚未形成健全的教师、学校评价制度等。"②该文件还提出，"以促进学生发展为目标的评价体系"，将学生发展目标分为基础性发展目标和学科学习目标，其中基础性发展目标包括道德品质、公民素养、学习能力、交流与合作能力、运动与健康、审美与表现等，为学生综合素质评价提供了基本的内容结构与框架。文件还提道："审美与表现。能感受并欣赏生活、自然、艺术和科学中的美，具有健康的审美情趣；积极参加艺术活动，用多种方式进行艺术表现。"③由于该文件明确了审美与表现是作为艺术素质考评的维度，是新中国成立以来第一份将艺术纳入考试与评价制度中的文件。研究该文件，我们可知"审美与表现"不是仅仅针对音乐等艺术类课程，它还包含艺术学科之外兼有审美与表现功能的其他学科，如语文、历史等，是大美学概念，但是并不影响其开启了音乐作为审美与表现中的重要指标成为综合素质评价中无法或缺的组成部分并走进学校考评的转折点意义。

2004 年教育部印发的《国家基础教育课程改革实验区 2004 年初中毕业考

---

① 中华人民共和国中央人民政府. 教育部关于印发《基础教育课程改革纲要（试行）》的通知 [EB/OL]. （2001 - 06 - 08）[2022 - 08 - 08]. http：//www. gov. cn/gongbao/content/2002/content_61386. htm.

② 中华人民共和国教育部. 关于积极推进中小学评价与考试制度改革的通知[EB/OL]. （2002-12- 18）[2022 - 08 - 08]. http：//www. moe. gov. cn/srcsite/A26/s7054/200212/t20021218_78509. html.

③ 中华人民共和国教育部. 关于积极推进中小学评价与考试制度改革的通知[EB/OL]. （2002-12- 18）[2022 - 08 - 08]. http：//www. moe. gov. cn/srcsite/A26/s7054/200212/t20021218_78509. html.

试与普通高中招生制度改革的指导意见》正式将道德品质、公民素养、学习能力、交流与合作、运动与健康、审美与表现等六个方面作为综合素质评价的一级维度。至此，音乐(艺术)成为综合素质评价制度的评价范畴，逐步进入与学生升学"高利害"关联范畴。之后，2006 年各省开始相继出台中小学生综合素质评价实施方案，如表 3-1 所示，大部分省市的"审美与表现"维度，是以艺术教育(音乐、美术)为主要考评内容。

表 3-1 部分省市综合素质评价的政策文件

省市	文件名称	评价指标	关于艺术的评价内容
浙江	《浙江省教育厅关于学生成长记录与综合素质评价的意见》(浙教基〔2006〕242号)	(1)综合评语：主要对学生的道德品质、公民素质、情感态度、合作精神、日常表现等方面进行定性描述，也为后续教育提供参考。(2)课程修习与学业评价：主要如实记录学生高中课程的修习状况、所获得的学分、高中会考等等。(3)项目测评：主要对能够体现学生素质发展水平的部分项目进行定量测评。测评分审美与艺术、运动与健康、探究与实践、劳动与技能等四个项目。	高中艺术领域的课程修习情况测评；参与教育行政部门认可的、与艺术相关的教育教学活动情况。
广东	《广东省普通高中学生综合素质评价方案(试行)》(粤教研〔2006〕10号)	(1)模块修习记录：记录学生学习的过程以及学业成绩。(2)基本素质评价：道德素养、文化素养、综合实践、身心健康、艺术素养。(3)考查内容：物理、化学实验。	艺术素养包括学校艺术课程和参加艺术活动的表现及作品，客观反映学生的艺术审美能力与表现能力。
哈尔滨	《哈尔滨市初中学生综合素质评价实施意见(试行)》(哈教发〔2006〕66号)	道德品质、公民素养、学习能力、交流与合作、运动与健康、审美与表现。	音乐课表现，在各级艺术活动中获奖的证明。
江苏	《江苏省普通高中综合素质评价方案》(苏教基〔2006〕30号)	道德品质、学习能力、运动与健康、审美与表现。	参与大型文艺活动并有突出表现，参加省教育部门或认可的音乐、美术等比赛中获得一、二等奖以上的(含集体项目)。

省市	文件名称	评价指标	关于艺术的评价内容
辽宁	《辽宁省义务教育阶段学生综合素质评价实施指导意见(试行)》的通知(辽教发〔2008〕29 号)	按照基础性发展目标包括的道德品质与公民素养、学习能力、交流与合作、运动与健康、审美与表现、创新与实践等方面建立评价标准和指标体系,对学生的思想品德和公民素养、学生的身体和心理健康水平、学生的学业水平和学习素养、学生的艺术素养、学生的实践能力和创新意识等方面进行综合评价。学科学习目标评价要按照国家课程标准对不同学段的学生在"知识与技能,过程与方法,情感、态度、价值观"方面的基本要求衡量学生的达成情况,学科学习目标和基础性发展目标不能截然分开,在评价实施的过程中应尽量做到两者的有机融合。	学科成绩、参与的艺术活动。
江西	《江西省普通学生综合素质评价实施方案(试行)》的通知(赣教基字〔2008〕65 号)	道德品质、公民素养、学习能力、交流与合作、运动与健康、审美与表现。	学科成绩、参与的艺术活动。

2010 年 7 月,中共中央 国务院印发的《国家中长期教育改革和发展规划纲要(2010—2020 年)》提出要"建立科学的教育质量评价体系,全面实施高中学业水平考试和综合素质评价","以考试招生制度改革为突破口,克服一考定终身的弊端,……逐步形成分类考试、综合评价、多元录取的考试招生制度","普通高等学校本科招生以统一入学考试为基本方式,结合学业水平考试和综合素质评价,择优录取"。①

2013 年 11 月,《中共中央关于全面深化改革若干重大问题的决定》发布,它从推进教育领域综合改革的高度,明确指出要"推行初高中学业水平考试

① 中华人民共和国教育部. 国家中长期教育改革和发展规划纲要(2010-2020 年)[EB/OL].(2010-07-29)[2022-08-08]. http://www. moe. gov. cn/srcsite/A01/s7048/201007/t20100729_171904. html.

和综合素质评价""逐步推行普通高校基于统一高考和高中学业水平考试成绩的综合评价多元录取机制"。①

2014年9月，《国务院关于深化考试招生制度改革的实施意见》提出要"建立规范的学生综合素质档案，客观记录学生成长过程中的突出表现，注重社会责任感、创新精神和实践能力"，"探索基于统一高考和高中学业水平考试成绩、参考综合素质评价的多元录取机制"。② 这是我国当前和今后一个时期指导考试招生制度改革的一个统领性文件，标志着新一轮考试招生制度改革正式拉开帷幕。12月，为贯彻落实国务院实施意见，发布了《教育部关于加强和改进普通高中学生综合素质评价的意见》，首次以"下定义式"的语言形式对综合素质评价作了概念界定，即"综合素质评价是对学生全面发展状况的观察、记录、分析，是发现和培育学生良好个性的重要手段，是深入推进素质教育的一项重要制度"。③ 可以说，这两个政策文本是我国全面实施学生综合素质评价的直接政策依据，标志着我国推进的综合素质评价工作已步入新的发展阶段。其中，和音乐息息相关的是这个文件将2004年教育部《国家基础教育课程改革实验区2004年初中毕业考试与普通高中招生制度改革的指导意见》中出现的"审美与表现"改成了"艺术修养"。这一个可能不被太多人关注的改变却能给综合素质评价下的音乐教育带来新的机遇，下文会有专门论述。

二、学界的研究

"综合素质评价"一词作为学术概念④在世纪之交的第八次基础教育课程改革酝酿时期就有提及，如1999年姜英杰等著《小学生综合素质评价调查报告》《初中学生综合素质调查报告》；沈丽艳等著《高中学生综合素质评价调查

① 中央关于全面深化改革若干重大问题的决定[N]. 人民日报，2013-11-16(001).
② 中华人民共和国中央人民政府. 国务院关于深化考试招生制度改革的实施意见[EB/OL]. (2014-09-04)[2022-08-08]. http：//www. gov. cn/zhengce/content/2014-09/04/content_ 9065. htm.
③ 中华人民共和国教育部. 教育部关于加强和改进普通高中学生综合素质评价的意见[EB/OL]. (2014-12-16)[2022-08-08]. http：//www. moe. gov. cn/srcsite/A06/s3732/201808/t20180807 _ 344612. html.
④ 王洪席. 我国综合素质评价政策的演进历程及特征分析：基于(1999—2014年)政策文本的分析[J]. 课程・教材・教法，2016，36(12)：28-34.

报告》，此时的"综合素质评价"是基础教育工作者、教育学学者们的学术研究与理论创新，是关于综合素质评价改革的先声。

2010年之后，随着基础教育改革的推进，综合素质评价的研究日益增多，呈现以下动态：第一，综合素质评价的本质研究（李雁冰，2011）。第二，偏向于综合素质评价的问题与策略，方法与改进等宏观研究（靳玉乐，2014；杨九诠，2013；罗祖兵，2015）。如学者罗祖兵、程龙（2015）以高中综合素质的内涵研究、评价体系研究、问题研究、改进建议为主题，对已有研究进行了系统的梳理，并提出了加强基本理论研究、重视实施操作研究和深化结果利用等建议。第三，综合素质评价和高考关系的研究（罗祖兵，2011；郑海红，2012），包括2014年新高考制度下综合素质评价问题研究（袁振国，2015；赵利萍，2015）。第四，综合素质评价的困境和出路（杨九诠，2013）。第五，区域内综合评价体系的比较研究（孙彩霞，2014），如关于上海、浙江、江苏等综合素质评价实施较好的省市的个案研究（陆璟，2015；高霞，2012；沈启正，2011）。第六，综合素质与学生发展关系研究（柳夕浪，2016）。在这些研究中，有学者已经发现围绕艺术学科的综合素质评价研究的重要性并指出"运动与健康""审美与表现"作为获得评价优势的着力点，将综合素质发展理解为特长发展，那么社会中的"弱势群体"就必然会处于教育不公平的情境（靳玉乐，2012）等问题。

经过20多年的发展，综合素质评价形成较为厚实的研究成果，给本研究构建了结实的基础，使得我们当下围绕以学科为具体考评内容的研究和具体实施路径的研究有了一个可依赖、可参考的大方向和大背景。就音乐学科而言，即到底怎么评、怎么考，测评的结果、考评的结果如何反馈于音乐的课程与教学的改进，考评应用到综合素质评价中该如何弱化应试教育的弊端等。

三、从"审美与表现"到"艺术素养"政策术语的变化分析

2014年《教育部关于加强和改进普通高中学生综合素质评价的意见》将10年前，也就是2004年的《国家基础教育课程改革实验区2004年初中毕业考试与普通高中招生制度改革的指导意见》中出现的"审美与表现"改成了"艺

术素养"，在我们看来，这不仅仅是政策术语表象的改变，而且是更加重视艺术在学校课程实施中的独特性，除了内涵上更加具体化之外，评价方法、实施地位等都有明显的变化，为音乐等美育类课程对国家基础教育总体政策制定发挥更大的作用奠定了基础。

（一）从"审美与表现"的宏观抽象到"艺术素养"的微观具体

2004 年教育部《国家基础教育课程改革实验区 2004 年初中毕业考试与普通高中招生制度改革的指导意见》正式将道德品质、公民素养、学习能力、交流与合作、运动与健康、审美与表现等六个方面作为综合素质评价的一级维度，很明显，音乐等艺术课程负责审美与表现这一维度。到了 2014 年《教育部关于加强和改进普通高中学生综合素质评价的意见》，把"审美与表现"变成了"艺术素养"，这个微妙的变化，体现了从宏观的抽象到学科的微观具体，让我们先从审美素质与艺术素养的含义来分析。

"审美素质指主体对美的事物(自然美、社会美、艺术美、科学美)等进行感知、理解体验、评价、表现和创造的基本品质与能力的综合。它包括审美认知能力、审美体验(美感)、审美表现能力、审美创造能力等四个维度。"[1]也就是说，审美素质是自然、社会、艺术、科学共同的属性，在学校课程体系上来说，就是除了音乐、美术等课程以外，语文、数学、物理、生物、地理、历史等其他课程都具有审美素质教育的功能，"审美与表现"这一指标被赋予了拥有自然美、社会美、艺术美、科学美的所有学科，这体现了一种试图让所有学科都能实现美育功能的理想状态，但是，实际的情况是每一门课程有自己主导的课程价值取向和课程功能，泛泛而谈的附属功能不可能在课程实施中具有可行性。从评价的角度来看，由于"审美与表现"成为一个泛指一切关于"美"的事物的抽象的词语，也就使得其评价范围过于宽泛，难以落地。

艺术素养是"指主体对音乐、美术、舞蹈、影视、戏剧等艺术作品与艺

① 赵伶俐. 以目标与课程为支点的美育质量测评：为了有效实施《国务院办公厅关于全面加强和改进学校美育工作的意见》[J]. 华东师范大学学报(教育科学版)，2017，35(05)：87-99，161.

术活动进行感知、理解、体验、表现和创造的基本品质与能力综合"①，在这里，艺术素质是特指音乐、美术、舞蹈等艺术活动对主体带来的艺术基本品质与能力的综合。从学校体系来看，艺术素养的培养要求直接赋予了音乐、美术、舞蹈等艺术类课程职责，成为艺术学科专有的共同追求，是音乐、美术的主场，使得学校美育的实施有了具体的可行的课程依托。

2014 年的综合素质评价制度中将"审美与表现"改为"艺术素养"，体现了美育的泛化到美育具体化的转变，将音乐、美术、舞蹈、戏剧、戏曲等课程纳入"艺术素养"培养的范畴，且明确了考察学生的"审美感受、理解、鉴赏和表现的能力"以及课外艺术活动的具体任务，使得"艺术素养"这一维度的评价可以落地，而落地的评价才是有效的合理的评价范式。

（二）"审美与表现"与"艺术素养"的同质异构关系

上述从"审美与表现"到"艺术素养"的改变，从历史维度纵向层面来看，是政策层面的综合素质评价艺术考评从泛化到具体科学化发展趋向；从横向的内在实质来看，则是艺术考评实践发展过程中所形成的一对同质异构的内在关系。

其同质性表现在两者的共同属性和课程价值取向共同性。同质性是指不同事物之间具有相同或较为类似的本质属性，无论是"审美与表现"，还是"艺术素养"，两者从本体的质的规定性上都有着鲜明的"审美"属性。从学校体系范畴的课程价值取向上来看，两者都承担着学校体系中的审美教育的功能，不仅仅承担着每一位学生的审美知识的学习、审美能力的形成和审美心理结构的构筑，而且还同时为培养德智体美劳全面发展的人贡献着最具有说服力的课程实施的机制；两者都是为了促进学生的全面发展，成为抗衡"应试教育"弊端的最有利的课程力量。

两者的异构性产生于其各自在本体性内涵定义中的差异，以及人们在理解层面、操作的方式方法和实施运用上的不同。从内涵定义上看"审美与表

---

① 中华人民共和国教育部. 教育部关于加强和改进普通高中学生综合素质评价的意见[EB/OL]. (2014-12-16)[2022-08-08]. http：//www. moe. gov. cn/srcsite/A06/s3732/201808/t20180807_344612. html.

现"包含"艺术素养"，"审美与表现"外延比"艺术素养"更宽广，因此从评价角度来看，"审美与表现"不仅仅包括艺术学科的考评，另外还包括对其他自然、科学、社会等领域内广泛存在的、一切可以体现美的事物的评价。

无论是从历史维度上看，还是从两者的关系来分析，从"审美与表现"到"艺术素养"的改变，实际上是在综合素质评价中越来越彰显音乐等艺术类课程的地位，是音乐等艺术类课程发展的一个新机遇，这使得我们不得不去探索这一条隐蔽在综合素质评价中"音乐教育何为"的学术潜流，贡献于当下中国学生的核心素养培育。

第二节　纳入综合素质评价的音乐考评

通过评价来倒逼艺术类课程与教学的正常化，并不是教育部近几年才有的举措，音乐考评是伴随世纪之交素质教育的提出以及我国第八次基础教育课程改革就已开始的探索。本节以时间脉络梳理"体育、艺术2+1项目"、中小学艺术素质测评等可以统一纳入综合素质评价的音乐考评形式，来寻找基于综合素质评价的音乐核心素养研究的举证材料，并发现规律以解决相关问题。

一、"体育、艺术2+1项目"

2004年8月，教育部办公厅发布《关于开展"体育、艺术2+1项目"实验工作的通知》（教体厅函〔2004〕33号），提出要"通过学校组织的课内外体育教育和艺术教育活动，让每个学生在九年义务教育阶段能够掌握两项体育运动技能和一项艺术特长，为学生的全面发展奠定良好的基础。组织实施'体育、艺术2+1项目'是深入推进素质教育的一项重要措施，对于促进人的全面发展、提高全民族的整体素质具有重要的意义"[①]。从这里可以看出该项目是推行素质教育的一项重要改革举措。

① 中华人民共和国教育部. 教育部办公厅关于开展"体育、艺术2+1项目"实验工作的通知 [EB/OL].（2004-08-02）[2022-08-08]. http://www.moe.gov.cn/s78/A17/twys_ left/moe_ 938/ moe_ 939/s3276/201001/t20100128_ 80891. html.

2007 年教育部办公厅发布的《教育部关于加强和改进中小学艺术教育活动的意见》(教体艺〔2007〕16 号)中提出:"开展艺术教育活动要以学校为基础,以班级为重点,在开齐、上好音乐、美术等课程的同时,大力推广'体育、艺术 2+1 项目',让每一个中小学生在校期间掌握一种自己喜爱的艺术技能。"①2010 年教育部办公厅发布的《国家中长期教育改革和发展规划纲要(2010—2020 年)》(以下简称《纲要》)中强调了"坚持全面发展。全面加强和改进德育、智育、体育、美育"的要求,并特别提出要"配齐音乐、体育、美术等学科教师,开足开好规定课程"②。因此,为贯彻落实《纲要》中的要求,2011 年教育部办公厅发布了《关于在义务教育阶段中小学实施"体育、艺术 2+1 项目"的通知》,教育部在总结 2004—2010 年之间"体育、艺术 2+1"试验区实践经验的基础上,决定在全国义务教育阶段学校实施"体育、艺术 2 + 1 项目",即通过学校组织的课内外体育、艺术教育的教学和活动,让每个学生至少学习掌握两项体育运动技能和一项艺术特长,为学生的终身发展奠定良好的基础。并提出"体育、艺术 2+1 项目"的认定标准和评定办法要简易可行,有利于鼓励全体学生积极参与活动。要做好考核登记、档案管理工作,将学生参加项目活动的情况和取得的成绩记录到学生综合素质评价体系。③

2014 年 1 月,教育部办公厅发布的《教育部关于推进学校艺术教育发展的若干意见》(教体艺〔2014〕1 号)中再次提出"中小学校要深入推进体育、艺术'2+1'项目,以班级为基础,开展合唱、校园集体舞等活动,努力实现学生在校期间能够参加至少一项艺术活动,培养一两项艺术爱好"④。目前,"体育、艺术 2+1 项目"推动了新课程改革以来的中小学艺术教育发展,成为

---

① 中华人民共和国教育部. 教育部关于加强和改进中小学艺术教育活动的意见[EB/OL]. (2007-05-30)[2022-08-08]. http://www. moe. gov. cn/srcsite/A17/moe_ 794/moe_ 795/200705/t20070530_ 80592. html.

② 中华人民共和国教育部. 国家中长期教育改革和发展规划纲要(2010—2020 年)[EB/OL]. (2010-07-29)[2022-08-08]. http://www. moe. gov. cn/srcsite/A01/s7048/201007/t20100729_ 171904. html.

③ 中华人民共和国教育部. 教育部办公厅关于在义务教育阶段中小学实施"体育、艺术 2+1 项目"的通知[EB/OL]. (2011-04-26)[2022-08-08]. http://www. moe. gov. cn/srcsite/A17/s7059/201104/t20110426_ 171748. html.

④ 中华人民共和国教育部. 教育部关于推进学校艺术教育发展的若干意见[EB/OL]. (2014-01-14)[2022-08-08]. http://www. moe. gov. cn/srcsite/A17/moe_ 794/moe_ 795/201401/t20140114_ 163173. html.

中小学校艺术教育实施覆盖面最广、影响力最大的举措之一。比如长沙国家高新技术产业开发区教育局所采取的艺术素质考评体系是"体育、艺术 2+1 项目"，自 2014 年起每年对本区小学生进行体育与艺术学科的测评，不仅有效地推动了区内学生的艺体发展，使之成为在长沙的率先引领者，同时这项工作也正式纳入教育局每年对区属学校的绩效考核，成为后续持续促进高新区学校体育与艺术教育发展的重要抓手。

从 2004 年 9 月开始，"体育、艺术 2+1 项目"通过在十五个文体示范区践行发展到现在，为我国基础教育阶段的美育和体育事业发展奠定了坚实的基础，一代代青少年受益于该项目的文体熏陶，感受到了丰富的校园文体生活。参与该项目的学校培养了艺术师资，奠定了校外厚实的文体师资力量，提高了艺术和体育的教学质量，也相应提高了艺术考评在考试与评价制度中的地位。

根据调研，"体育、艺术 2+1 项目"在实施中，考评指标强调技能化、专业化。以音乐项目技能评价标准为例，虽然学生可以展示钢琴、中国民族器乐、西洋管弦乐等校外所学的乐器，也可以是平时课堂中所学的乐器如竖笛、陶笛等较为简单易学的乐器，显示出器乐选择上的多样化，但是提出了至少演奏三首乐曲，且包含大小调式、民族调式等要求；无论是演奏，还是歌唱，在测试中非常关注气息、呼吸、断奏、连奏等较为专业性和严格的演奏(唱)方法。从这些标准和要求，可以看出该项目趋向于音乐表演技能的难度，偏向于音乐社会考级的水平，带有选拔、甄别、培养艺术生的倾向。这种过于技能化、专业化的测评违背普通学校音乐教育的初衷，和素质教育的宗旨也是相违背的，更会无形中打压普通学校的中小学生参与艺术的兴趣。正如骆静禾在博士论文中也提出过同样的问题："从'体育、艺术 2+1 项目'强调的技能化考评维度和评价标准来看，更多体现的是鲜明的专业化教育倾向，在一定程度上与基础教育倡导的'强化普及意识''淡化选拔意识'教育指导思想存在剥离。"[①]另外，作为一项预想在基础教育全部推进的项目，"体育、艺术 2+1"在区域推进中也是存在问题的。由于测评趋向专业化，对实施的配备条件也提出了高标准要求，而我国各地区经济发展不平衡，势必出

① 骆静禾. 20 世纪以来中国基础音乐教育观念研究[D]. 福州：福建师范大学，2017.

现不公平趋势。以音乐为例，学校要配备相应规模的音乐场所，质量要求较高、数量较为完备的音乐设备，这对于广大县城、农村的中小学来说是一件非常困难的事情。在我们看来，最需要反思的还是项目的专业化倾向问题。专业化的要求会直接导致学生脱离学校的课堂而祈求于社会机构，通过花钱去校外艺术培训班进行强化应对，这实际上已经朝向应试化方向，与素质教育的初衷背道而驰。

二、艺术素质测评

新课程改革以来，我国不乏有关推进美育、推进艺术教育的政策文件与举措，国家在推进美育工作进程中，其实也是步步为营的。2014 年 1 月，教育部颁发了《教育部关于推进学校艺术教育发展的若干意见》，从艺术课程开课率、艺术活动范围、艺术师资、艺术考评制度等方面深层次地回答了"为什么艺术教育依然是学校教育中最薄弱的环节"这个问题。文件中提出"艺术素质测评"一词，指出："建立中小学学生艺术素质评价制度。依据普通中小学艺术课程标准和中等职业学校公共艺术课程教学大纲，组织力量研制学生艺术素质评价标准、测评指标和操作办法，2015 年开始对中小学校和中等职业学校学生进行艺术素质测评。艺术素质测评纳入学生综合素质评价体系以及教育现代化和教育质量评估体系，并将测评结果记入学生成长档案，作为综合评价学生发展状况的内容之一，以及学生中考和高考录取的参考依据。"①

2015 年 5 月教育部印发了《中小学生艺术素质测评办法》《中小学校艺术教育工作自评办法》《中小学校艺术教育发展年度报告办法》三个文件。《中小学生艺术素质测评办法》确定了学生艺术素质测评指标体系（见表 3-2）由基础指标、学业指标和发展指标三部分构成。基础指标是指课堂学习也就是上课的出勤率、参与度和课外参加学校组织的艺术兴趣小组、艺术社团和各类艺术活动的表现，是学生参与课内外学习和活动的最低要求，是保底要求。

---

① 中华人民共和国教育部. 关于推进学校艺术教育发展的若干个意见[EB/OL]. (2014-01-14)[2022-08-08]. http://www.moe.gov.cn/srcsite/A17/moe_794/moe_795/201401/t20140114_163173.html.

学业指标是中小学生通过学习要掌握的双基即基础知识、基本技能，这是达标要求。发展指标是指在课堂和学校之外参与的社会艺术学习和艺术实践的成就性指标，包括艺术特长生的加分性指标，体现了学生的自主学习和个性发展。学生艺术素质测评以分数形式呈现，分数的布局为基础指标40分，学业指标50分，发展指标20分（其中加分项目10分）。90分及以上为优秀，75—89分为良好，60—74分为合格，60分以下为不合格。学生艺术素质测评的依据是学生的写实记录、成绩评定，同时参考教师评语、学生互评、自我评价等。学校可分年级段组织实施测评工作，测评结果应及时汇总、整理、存档、上报。学校要如实记录每一名学生的艺术素质测评结果，纳入学生综合素质档案。初中和高中阶段学校学生测评结果作为学生综合素质评价的重要内容。

表3-2　中小学生艺术素质测评指标体系（试行）

一级指标	二级指标	指标内容	分值
基础指标	1. 课程学习	音乐、美术等艺术课程学习的出勤率、参与度和学习任务完成情况	25
	2. 课外活动	参加学校组织的艺术兴趣小组、艺术社团和各类艺术活动的表现	15
学业指标	3. 基础知识	理解和掌握音乐、美术等艺术课程标准要求的基础知识的情况	25
	4. 基本技能	掌握和运用音乐、美术等艺术课程标准要求的基本技能的情况	25
发展指标	5. 校外学习	自主参加校外艺术学习、参与艺术实践的情况（主要指参与社区、乡村文化艺术活动，学习优秀的民族民间艺术，欣赏高雅的文艺演出和展览等）	10
	6. 艺术特长（加分项）	在学校现场测评中展现的某一艺术项目的特长（包括声乐、器乐、舞蹈、戏剧、戏曲、绘画、书法等）	10

《中小学校艺术教育工作自评办法》规定各级各类学校每学年进行一次艺术教育工作自评，自评工作实行校长负责制，纳入校长考核内容，确保过程

规范、结果真实，不弄虚作假。每年 9 月底前将学校艺术教育工作自评报表报至当地教育行政部门。学校艺术教育工作自评结果由当地教育行政部门官方网站信息公开专栏向社会公示，公示期为当年 10 月至 12 月。公示期内要及时收集、处理社会对自评报告的意见和投诉，并通报处理结果。该文件对校长提出了要求，强化了校长的责任。同时文件给出了非常详尽的要求和指导，包括评价的项目即艺术课程、艺术活动、艺术教师、条件保障、特色发展以及学生艺术素质测评等。学校应在全面总结本校艺术教育工作开展情况的基础上填写教育部统一规定的自评报表，自评报表由自评项目、自评内容、自评记录、自评得分、存在的主要问题和改进措施等六部分构成，学校应根据自评项目内容如实填写。自评结果以分数形式呈现，艺术课程 30 分，艺术活动 20 分，艺术教师 20 分，条件保障 20 分，特色发展 10 分，学生艺术素质测评 10 分（加分项目）。规定 90 分及以上为优秀，75~89 分为良好，60~74 分为合格，60 分以下为不合格。①

《中小学校艺术教育发展年度报告办法》要求基础教育各级各类学校编制学校艺术教育发展年度报告。年度报告重点反映艺术课程建设、艺术教师配备、艺术教育管理、艺术教育经费投入和设施设备、课外艺术活动、校园文化艺术环境、重点项目推进，以及中小学实施学校艺术教育工作自评制度等方面的情况。各县（区、市）教育行政部门于每年 10 月底前将本县（区、市）学校艺术教育发展年度报告报送地（州、市）教育行政部门。地（州、市）教育行政部门于每年 11 月底前将本地（州、市）学校艺术教育发展年度报告报送省级教育行政部门。各省级教育行政部门于每年 12 月底前将本年度学校艺术教育发展年度报告报送教育部。②

该文件公布 3 个月后即 2015 年 8 月，教育部公布了 102 个艺术素质测评先行实验区。《中小学生艺术素质测评办法》等 3 个文件将艺术素质测评落实到学生个人以及学校，为学校艺术教育提供了具体的评价指标、操作办法

---

① 中华人民共和国教育部. 教育部关于印发《中小学生艺术素质测评办法》等三个文件的通知 [EB/OL]. (2015-05-26) [2022-08-08]. http：//www. moe. gov. cn/srcsite/A17/moe_ 794/moe_ 795/201506/t20150618_ 190674. html.

② 中华人民共和国教育部. 教育部关于印发《中小学生艺术素质测评办法》等三个文件的通知 [EB/OL]. (2015-05-26) [2022-08-08]. http：//www. moe. gov. cn/srcsite/A17/moe_ 794/moe_ 795/201506/t20150618_ 190674. html.

等。同时也对学校艺术教育的建设以及艺术素质测评的实施提出了具体的要求，而这种双向双重保障机制，建立起相对完善的关于中小学"艺术怎么考""艺术考什么"的考评制度。

《中小学生艺术素质测评办法》等三个文件的颁布以及后续实验区的开辟，标志着国家对艺术教育的政策性指导从思想重视层面向具体实施和行为问责制的转变，特别是确定了学校、校长、教师的具体责任；确定如何做好且如实记录每一名学生的艺术活动参与过程和艺术素质测评结果，如何纳入学生综合素质评价。这些文件与 2014 年启动的新高考制度对接，从而为将音乐考评推向一个新的高度奠定了基础。

三、艺术素质测评与"体育、艺术 2+1 项目"的关系

艺术素质测评与"体育、艺术 2+1 项目"（以下简称"体艺 2+1"）都属于艺术考评范畴，其测评结果都纳入综合素质评价的内容，那么它们之间到底有什么区别和联系呢？

首先，艺术素质测评与"体艺 2+1"都是我国在不同历史时期、面对不同的社会环境，为推行美育所采取的举措，具有顶层设计的制度性意义，但实际上都并不是必须履行的整齐划一、强制性制度，而是为了推动音、体、美课程在基础教育各级各类学校得到有效开展；两者都涉及艺术"怎么考"和"考什么"，并将最后的评价结果纳入学生的综合素质评价中去。"体艺 2+1"从 2004 年提出，于 2010 年大力发展，截至 2010 年时已经覆盖 13 万所中学的 80 万名中小学生，且没有因为 2015 年启动了艺术素质测评而退出历史舞台。目前，两者共存于幅员辽阔、经济发展水平不一致的各个省市，有的省市运用的是"体艺 2+1"，有的省市用的是艺术素质测评，例如单湖南省而言，其省会长沙市高新区采取的艺术考评体系是"体艺 2+1"，而湖南省衡阳市则是运用中小学生艺术素质测评体系。

其次，两者所针对的学生和评价的内容有所差异。"体艺 2+1"针对的是九年义务教育阶段的学生，评价包括艺术和体育两个项目；艺术素质测评除了义务教育阶段的小学、初中，还包括了普通高中和职业高中，比"体艺 2+1"的覆盖面更广，评价的内容包括音乐和美术。从所受到的关注程度上来

讲，由于 2014 年底启动的"两依据一参考"新高考制度改革，明确提出高校招生录取将"统一高考成绩"和"高中学业水平考试成绩"作为高校招生录取的依据，"综合素质评价"作为高校招生录取的重要参考，艺术素质测评被纳入高中的综合素质评价，因此比"体艺 2+1"更受到关注。除此之外，艺术素质测评不仅仅是对学生提出了具体的实施方案，还对学校提出了具体要求，在政策引领上更为全面。为更加直观地了解，现将两者的区别进行整理，具体如表 3-3 所示。

表 3-3 "体艺 2+1"与艺术素质测评的比较

比较内容	"体艺 2+1"	艺术素质测评
政策依据	《关于开展"体育、艺术 2+1 项目"实验工作的通知》(教体厅函〔2004〕33 号)《关于在义务教育阶段中小学实施"体育、艺术 2+1 项目"的通知》	《教育部关于推进学校艺术教育发展的若干意见》等三个文件
提出时间	2004 年、2011 年	2014 年
实施对象	义务教育阶段学生	义务教育阶段学生+普通高中学生+职业高中学生
实施范围	体育、艺术	艺术
艺术考评主要内容（以音乐为例）	音乐表演技能(钢琴、民族管弦乐器、西洋管弦乐器、舞蹈、戏剧等)	上课的情况、参加的音乐活动、终结性的笔试或技能考评
考评结果运用	纳入综合素质评价	纳入综合素质评价或折算分数计入中考总分
其他方面	对教师提出了要求	对教师、校长、学校提出了要求

近几年来，有的省市改良了"体艺 2+1"一次性测试的模式，将学生平时参加的艺术活动也算入到评价中来，注重过程性的考评。考评内容、形式、方法逐渐与艺术素质测评体系趋同，从影响力以及未来的走向来看，艺术素质测评科学化的测评体系将会慢慢代替"体艺 2+1"中艺术类过于技能化的测评手段。我们则认为，义务教育阶段学校可以根据区域的具体情况和学校的

办学特点将两者结合起来，以"体艺2+1"为实施项目，以艺术专项测评手段，将测评结果"合二为一"纳入学生的综合素质评价中。

四、学业水平考试（查）中的音乐

在人们的认知体系里，以重要性或利害相关度来排序的话，通常是高考、中考、学业水平考试（查）、综合素质评价这样的顺序。音乐是基础教育阶段的核心课程之一，所以，在学业水平考试（查）中，它理应是考试（查）内容，因此我们可从学业水平考试（查）中来分析音乐在其中是怎么被评价的。

（一）初中音乐学业水平考试（查）

1. 初中学业水平考试

《教育部关于进一步推进高中阶段学校考试招生制度改革的指导意见》指出，初中学业水平考试将实施毕业考试和升学考试'两考合一'的办法，考试的内容按照《义务教育课程设置实验方案》将全部纳入中考范围，考试的成绩可以采用分数、等级等多种形式来呈现。[①] 初中阶段的语文、数学、英语（含听力）、历史、地理、生物、物理、化学、体育与健康、道德与法治、音乐、美术以及综合实践活动课程等13门课程都成为学业水平考试的科目。

2. 初中音乐学业水平考查体系

初中音乐学业水平考查体系来源于《中小学生艺术素质测评办法》，根据基础指标、学业指标、发展指标来确定基本框架。考查内容的范围则根据音乐课程标准的四大领域即感受与欣赏、表现、创造、音乐与相关文化来确定。评价方法将过程性评价和终结性评价相结合，过程性评价包括学生的上课出勤率、课堂表现和参与度、课外音乐活动等；终结性的评价通常指线下的一张试卷或者线上答题。各省市可以根据教学环境与教学实际水平决定具体考查方式，到底是全市统一，还是分学校实施；到底是音乐和美术分开考，还是放在一起考。比如湖南省岳阳市在《岳阳市区初中学业水平考试艺

① 中华人民共和国教育部. 教育部关于进一步推进高中阶段学校考试招生制度改革的指导意见[EB/OL]. （2016－09－19）[2022－08－08]. http：//www. moe. gov. cn/srcsite/A06/s3732/201609/t20160920_ 281610. html.

术考查实施细则》中提出"以音乐、美术合堂笔试开卷的形式进行考查"①。

初中音乐学业水平考查的结果以等级、合格与否或分数的形式呈现，结果的运用以每个省市情况和具体实施的方案为准，通常有两种形式。一种是纳入综合素质评价艺术素养的参评指标，以等级的形式或合格与否的形式纳入，成为初中的毕业依据。另一种是折算成分数计入中考的总分，成为中考的升学依据。如《江苏省政府办公厅关于全面加强和改进学校美育工作的实施意见》中提出要"将艺术素质测评结果计入中考总分"②。山东省在《山东省初中艺术科目学业水平考试指导意见》中提出："艺术学业水平考试结果以分数或等级呈现，计入中考成绩，计分或等级划分由各市自主决定。"③河南省在《河南省初中学业水平考试实施办法》中提出："艺术（音乐、美术）等未纳入到中考的计分科目，但是经教育厅批准的地区，也可以选择按一定分值计入中招录取成绩。"④

如图 3-1 所示，直接计入中考总分的我们谓之硬挂钩，也即是俗称的"一分就是一坪人"的竞争模式，目前备受争议的就是这个硬挂钩。作为毕业依据的被称软挂钩，其弊端是无关高利害，所以容易流于形式，没有起到倒逼学校开足开齐艺术课程的作用。

（二）高中音乐学业水平考试（查）

1. 高中学业水平考试

高中学业水平考试又称会考、小高考，是国家为了检验高中的教学质量且评价学生是否达到高中阶段的毕业水平的考试，它不具备像高考那样的甄

① 岳阳市教育体育局. 关于印发 2019 年岳阳市市区初中学业水平考试物理化学生物实验操作、信息技术及艺术（音乐、美术）考查实施细则的通知［EB/OL］.（2019-04-12）［2022-08-08］. http：//edu. yueyang. gov. cn/22483/29807/content_ 1499901. html.

② 江苏省人民政府办公厅. 江苏省政府办公厅关于全面加强和改进学校美育工作的实施意见［EB/OL］.（2016-07-11）［2022-08-08］. http：//www. moe. gov. cn/s78/A17/A17_ ztzl/ztzl_ gbmjyj/myyj_ gdss/201709/t20170911_ 314122. html.

③ 山东省教育厅. 关于印发《山东省初中艺术科目学业水平考试指导意见》《山东省初中体育科目学业水平考试指导意见》的通知［EB/OL］.（2018-01-09）［2022-08-08］. http：//edu. shandong. gov. cn/art/2018/1/9/art_ 107055_ 7735711. html.

④ 河南省教育厅. 关于印发《河南省初中学业水平考试实施办法》的通知［EB/OL］.（2018-04-24）［2022-08-08］. http：//jyt. henan. gov. cn/2018/04-24/1604307. html.

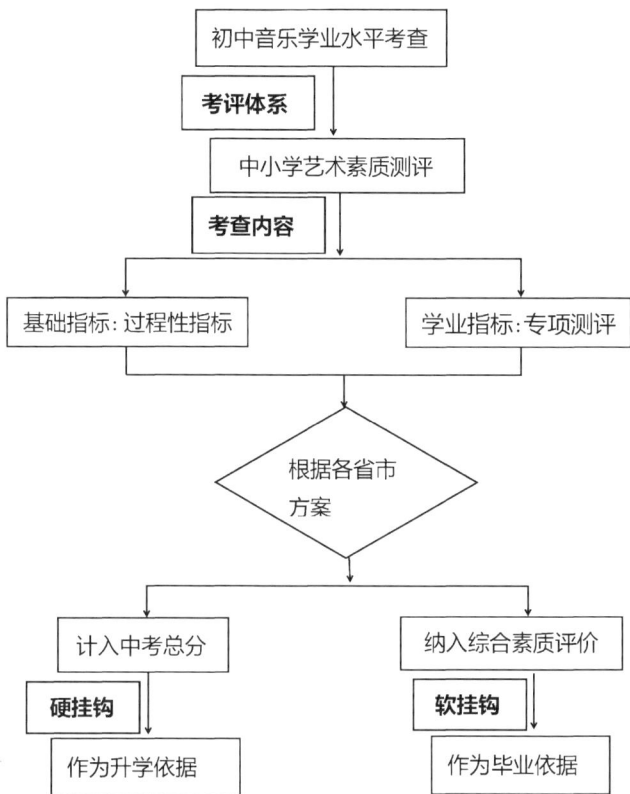

图 3-1　初中音乐学业水平考查体系

注：该图是根据 2019 年之前各省市相关政策制定的。

别、选拔功能。1983 年 8 月，原国家教委发布的《关于进一步提高普通中学教育质量的几点意见》中提道："为提高中学教学质量，有条件的地方可按基本教材命题，试行初、高中毕业会考——毕业考试要和升学考试分开进行。"①这是我们目前所发现的国家首次提出试行毕业会考的文件，开启了完善中学考试制度一系列改革的先河，浙江省率先试点，并经过五年过渡，在1988 年已全部实施会考。1990 年原国家教委发布《关于在普通高中实行毕业会考制度的意见》，对高中毕业会考的目的、性质、功能、范围、命题标准、成绩评定和实施办法以及高中会考的领导机构、经费等方面做出了详细布置，并提出利用两年左右的时间有计划地、分阶段地逐步在全国范围内实施

① 教育部关于进一步提高普通中学教育质量的几点意见[J]. 中华人民共和国国务院公报，1983(18)：839-844.

和推进高中毕业会考制度。文件中提出："会考采取考试和考查两种方式。考试科目为：语文、数学、外语、政治、物理、化学、生物、历史、地理。考查项目为：劳动技术课和物理、化学、生物的实验操作。体育课由各校按教学大纲规定的内容进行考试。"①从这里可以看到，20 世纪 90 年代，也可以说是在世纪之交的基础教育课程改革之前，音乐并未纳入高中学业水平考查。

2. 高中学业水平考查之音乐学科考查

我国高中课程改革是在义务教育阶段的课程改革之后的 2004 年 9 月开启的，首先是海南、广东、山东与宁夏四省（区）的高一新生率先开始进行普通高中新课程实验，拉开了我国普通高中新一轮课程改革的帷幕。在之后的六年里，陆续又有六批省（区、市）进行了新课程改革，即 2005 年的江苏，2006 年的安徽、浙江、福建等，2007 年的北京、湖南、黑龙江等，2008 年的河南、新疆、江西，2009 年的河北、湖北、内蒙古、云南，2010 年的四川、青海、甘肃、重庆等，到 2012 年，广西也加入这一行列，自此，全国所有省份都进入普通高中新课程改革行列。

根据华东师范大学硕士研究生帅男的研究，各省市高中学业水平实施方案可归纳为表 3-4。

表 3-4　高中学业水平实施方案

省市 （发表年份）	政策文件	考试或考查科目	考试形式	结果呈现
北京（2007 年）	《北京市教育委员会关于普通高中新课程会考制度改革的意见（试行）》	统考科目：语、英、数、政、史、地、物、化、生；考查科目：体育与健康、技术、艺术（音乐或美术）以及物、化、生实验操作	笔试与考查	按 A、B、C、D 四个等级呈现

---

① 国家教育委员会. 关于在普通高中实行毕业会考制度的意见［J］. 课程·教材·教法，1991（06）：1-2.

省市 （发表年份）	政策文件	考试或考查科目	考试形式	结果呈现
新疆（2008 年）	《新疆维吾尔自治区生产建设兵团高中学业水平考试实施方案》	统考科目：语、英（汉语）、数、政、史、地、物、化、生、信息技术、通用技术；考查科目：体育与健康、艺术（音乐或美术）以及物、化、生实验操作	笔试与考查	按 A、B、C、D 四个等级呈现
湖南（2008 年）	《湖南省普通高中学业水平考试实施方案（试行）》	考试科目：语、数、外、物、化、生、政、史、地；考查科目：信息技术、音乐、体育、美术、研究性学习活动、社区实践、社区服务以及物、化、生的实验操作	笔试	百分制
江西（2009 年）	《江西省普通高中学业水平考试实施方案（试行）》	考试科目：语、数、英、政、史、地、物、化、生、信息技术；考查科目：艺术（音乐或美术）、体育与健康、综合实践活动（包括研究性学习、社区服务、社会实践）	笔试	按 A、B、C、D 四个等级呈现
河南（2009 年）	《河南省普通高中学业水平考试方案》	考试科目：语、数、外、物、化、生、政、史、地、信息技术；考查科目：通用技术、艺术（音乐或美术）、综合实践活动（包括研究性学习、社区服务、社会实践）以及物、化、生的实验操作	笔试与操作	按 A、B、C、D 四个等级呈现
河北（2010 年）	《河北省普通高中学业水平考试实施意见（试行）》	考试科目：数、外（含英语、日语、俄语）、物、化、生、政、史、地、信息技术；考查科目：物、化、生的实验操作、体育与健康、音乐、美术、研究性学习	笔试与考查	按 A、B、C、D 四个等级呈现

续表

省市（发表年份）	政策文件	考试或考查科目	考试形式	结果呈现
青海（2010 年）	《青海省普通高中学业水平考试实施方案》	考试科目：语、数、英、政、史、地、物、化、生、信息技术；考查科目：体育与健康、音乐、美术以及物、化、生的实验操作	笔试与考查	按 A、B、C、D 四个等级呈现
广西壮族自治区（2013 年）	《广西壮族自治区普通高中学业水平考试实施方案（试行）》	考试科目：语、数、英、物、化、生、政、史、地、信息技术；考查科目：通用技术、音乐、美术、体育与健康、研究性学习、社会实践、社区服务及物、化、生的实验操作	笔试与考查	按 A、B、C、D 四个等级呈现

高中新课改体现了音乐、美术同为核心课程的思想，各省市在自己的高中学业水平实施方案中也确实提出了在高中学业水平考查中对音乐、美术进行考查的要求。但我们无论是通过实地调研、走访教师、考察课堂、音乐教研员访谈等，还是在理论方面做政策文献与学术文献综述，都发现高中的学业水平考查中针对艺术类学科基本上处于有政策依据无实质性开展的状况。

综上所述，综合素质评价的变迁及音乐在其中的考评改革，都彰显出基础教育阶段的音乐考评既要能体现高利害关联又要避免陷入应试教育的泥潭，这关系到基础教育整体改革的攻坚工程，也是音乐教育理论研究自身的一个学术难点。

2020 年，教育部把评价问题作为一个重点大事来抓。2020 年 10 月 13 日国务院颁布《深化新时代教育评价改革总体方案》（以下简称《方案》），关于基础教育方面的评价，提出："改进中小学校评价。义务教育学校重点评价促进学生全面发展、保障学生平等权益、引领教师专业发展、提升教育教学水平、营造和谐育人环境、建设现代学校制度以及学业负担、社会满意度等情况。国家制定义务教育学校办学质量评价标准，完善义务教育质量监测制度，加强监测结果运用，促进义务教育优质均衡发展。普通高中主要评价学生全面发展的培养情况。国家制定普通高中办学质量评价标准，突出实施学生综合素质评价、开展学生发展指导、优化教学资源配置、有序推进选课走班、规范招生办学行为等内容。"①

《方案》中和音乐、美育相关的有："改革学生评价，促进德智体美劳全面发展。树立科学成才观念。坚持以德为先、能力为重、全面发展，坚持面向人人、因材施教、知行合一，坚决改变用分数给学生贴标签的做法，创新德智体美劳过程性评价办法，完善综合素质评价体系，切实引导学生坚定理想信念、厚植爱国主义情怀、加强品德修养、增长知识见识、培养奋斗精神、增强综合素质。""改进美育评价。把中小学生学习音乐、美术、书法等艺术类课程以及参与学校组织的艺术实践活动情况纳入学业要求，促进学生形成艺术爱好、增强艺术素养，全面提升学生感受美、表现美、鉴赏美、创造美的能力。探索将艺术类科目纳入中考改革试点。推动高校将公共艺术课程与艺术实践纳入人才培养方案，实行学分制管理，学生修满规定学分方能毕业。"②

除此之外，2020版《美育意见》也将评价问题作为下一步重要工作进行了描述："推进评价改革。把中小学生学习音乐、美术、书法等艺术类课程以及参与学校组织的艺术实践活动情况纳入学业要求，探索将艺术类科目纳入初、高中学业水平考试范围。全面实施中小学生艺术素质测评，将测评结果纳入初、高中学生综合素质评价。探索将艺术类科目纳入中考改革试点，纳入高中阶段学校考试招生录取计分科目，依据课程标准确定考试内容，利用现代技术手段促进客观公正评价。"③

从政策层面上来看，国家非常清晰地引导着教育改革朝教育评价的科学化、合理化、体系化发展。"综合素质评价""中小学生艺术素质测评"依旧是贯穿始终的高频词，是进行音乐最佳考评理念和实施研究的生成点。

---

① 中华人民共和国教育部. 中共中央 国务院印发《深化新时代教育评价改革总体方案》[EB/OL]. (2020-10-13)[2022-08-08]. http：//www. moe. gov. cn/jyb_ xxgk/moe_ 1777/moe_ 1778/202010/t20201013_ 494381. html.
② 中华人民共和国教育部. 中共中央 国务院印发《深化新时代教育评价改革总体方案》[EB/OL]. (2020-10-13)[2022-08-08]. http：//www. moe. gov. cn/jyb_ xxgk/moe_ 1777/moe_ 1778/202010/t20201013_ 494381. html.
③ 中华人民共和国教育部. 中共中央办公厅 国务院办公厅印发《关于全面加强和改进新时代学校体育工作的意见》和《关于全面加强和改进新时代学校美育工作的意见》[EB/OL]. (2020-10-15)[2022-08-08]. http：//www. moe. gov. cn/jyb_ xxgk/moe_ 1777/moe_ 1778/202010/t20201015_ 494794. html.

第四章　基石性评估对中国音乐教育及核心素养的启示

随着"21世纪技能运动"全球化，"核心素养"这一概念已深入人心，在此全球大背景下，我国的音乐教育进入了新的历史时期即如何对接核心素养的发展阶段。美国自2014年制定新的艺术标准以来，对课程目标、课程设计、过程和评价都作了详细的规范说明，并且已陆续在全美各州普及，对于推动美国艺术教育尤其是音乐教育的整体发展发挥了巨大作用。而其中，基石性评估是衡量标准有效性的直接体现，其嵌入式、过程性与终结性结合，不断重复与变化等特点为音乐课程的有效实施提供重要保障。它山之石，可以攻玉，本章我们将以四个小节来进行阐述，第一节将从产生背景、基本概念和框架来论述基石性评估在美国《国家核心艺术标准》中的作用；第二节将从基石性评估的视角出发，探讨21世纪技能对于人才的要求，重点回答从音乐教育的角度来看"应培养什么样的人"这一论题；第三节将以"四个过程"发展中的艺术素养为抓手来分析基石性评估的深层内涵，回答"如何培养人"这一论题；第四节将重点分析基石性评估给我们带来的启示，为中国音乐教育课程体系的完善和改进提供参考。

第一节　基石性评估是什么

一、概念

（一）诞生背景

测量和评价是美国学校音乐教育在20世纪的重要组成部分，美国学校音乐教育的测量和评价形成的动力，主要来自音乐测验运动、课程设计的目标模式和教育目标分类学以及成绩责任制运动，使用的工具有音乐能力倾向测验和音乐成就测验①。也就是说，20世纪初的音乐测量和评价主要围绕音乐潜能和音乐成就进行，大多为依据测量试表和工具的终结性评价。而到了20世纪80年代，美国兴起了一轮教育改革运动，开展了制定国家教育目标和实施国家教育评估体系的行动，要求课程评价要保护学生内在的学习动机，教师应该在日常的教学过程中更多地使用形成性评价，将形成性评价的结果作为终结性评价的基础②。

在此基础上，美国1994年的《艺术教育国家标准》和2014年的《国家核心艺术标准》逐渐将这种课程评价理念体现在了课程标准之中。将形成性评价与终结性评价相结合，"使课程评价与课程标准以及育人目标形成了完整统一的整体。其中，'落实标准'（即锚定标准）是学生所需艺术素养在课程标准中的具体体现，对课程实施的方向起到了掌控的作用；'表现标准'则根据落实标准中的要求将其具体化并逐层递进；而'基石性评估'则会根据'落实标准'与'表现标准'的内容，利用'评估量规（rubric）'对学生的表现进行具体评判"③。这里提到的"落实标准"就是"锚定标准"，"锚"即描述船只靠岸时抛锚停泊的过程，对于英语国家的人来说是一种恰当的表达方式，贴切地表达出了落定、落实的内涵④。

（二）基石性评估的出现

2014年美国核心艺术标准联盟颁布了《国家核心艺术标准》（下文简称《标准》），由美国国家核心艺术标准联盟（National Coalition for Core Arts Standards，以下简称NCCAS）编写，他们也是1994年美国《艺术教育国家标准》的修订组织。《标准》涉及音乐、美术、媒体艺术、舞蹈、戏剧等五大课程领域。在此标准中，采取了一种新的评估范式，即模型基石性评估（Model Cornerstone Assessments，以下简称"基石性评估"），它是与《标准》相结合，

① 刘沛. 美国学校音乐教育概况[M]. 上海：上海教育出版社，2011：237.
② 吴珍. 当代美国音乐教育新近文献研究[D]. 北京：中国音乐学院，2009：62.
③ 徐婷. 美国国家核心艺术标准的课程设计理念及音乐课程标准研究[D]. 北京：中国音乐学院，2016：19.
④ 徐婷. 美国国家艺术标准评述[J]. 中国音乐，2016（4）：198.

将评估任务纳入课堂教学，是形成性评价与终结性评价相结合的评价模型。按照学校的政策和程序，在安全、适当的监督下进行管理，基石性评估围绕教学镶嵌于核心课程实施过程中。作为一个评估方式，旨在通过帮助教育者和学习者始终牢记最终目标即终身目标来防止"课程漂移"，并在这个过程中收集评估的信息。"课程漂移"是指在教学过程中，教学所需的知识和技能未能紧紧围绕课程目标，偏离了一般的教学框架，而基石性评估就像锚定建筑物的基石一样，能最大程度使课程紧紧围绕学习者需要获得的知识与技能来实施。

基石性评估目的在于为教师提供一种评估的实施策略，来帮助教师衡量学生学习成果情况。它根据不同的表现标准来提供具体评估实施策略，通过不断完善教学过程，使学生参与到具体的实践之中，并运用评估量规对学生的学习成果进行分数评定，来对学生进行终结性评价，最后为学生建立业绩（portfolio）评价体系，完整记录学生的整个学习过程。业绩（portfolio）评价体系也可以理解为"作品集"和"相册式"评价体系，即一个全面的、综合的、附带详细说明的评价简历，比较于传统的分数或简单的评语评定，这个评价简历将更有利于全面、客观地了解学生。可见，《标准》将形成性评价与终结性评价相结合，形成了一个多维度、完整、严密的评价体系。

在教育中，选择用于评估的信号表明了有价值的东西，收集到的证据告诉学生什么对他们来说最重要，未评估的内容可能被认为不重要。《标准》中提供的样本模型基石评估，通过说明所需学习的示范和判断学生表现的标准，以证明达到学习所需的证据类型，使《标准》变得栩栩如生。这个想法是逆向设计的关键，逆向设计是一种课程设计方法，基于理解为先的教学设计理念是其理论基础，最早于 1992 年在美国展开研究，提倡将过去习惯的做法进行"翻转"，这就要求教师在开展教学活动之前，先要阐明预期结果，思考什么可以用来证明学习目标的达成[①]。在教育领域中，当你尝试从习惯和传统教学的"逆向"视角去理解时，你就会发现这是非常合乎逻辑的，这种视角的一个主要变化是：设计者在决定教什么和如何教之前必须思考如何开展

---

① 于甜. 基于逆向设计理论的小学语文大单元教学设计优化研究［D］. 武汉：华中师范大学，2020：13.

评估，而不是在一个单元学习即将结束时才构建评估，逆向设计要求我们在开始设计一个单元或课程的时候，就要通过评估证据将内容标准或学习目标具体化①。逆向设计的核心是实现"理解"，在设计方案时，理解可以被看作是任何探究和反思活动的预期结果②。逆向设计最大的特征在于在思考如何教授之前要先考虑如何评价，而不能像以前那样简单地在学习单元后设置评价③。

二、框架与内容

艺术教育的基础学习任务体现在幼儿园到八年级阶段的具体表现标准上，是收集评估证据的一种手段，证明这些任务是"值得教的"，因为它们体现了有价值的学习目标和有价值的成就。因此，应在课程开始时或在一个教学单元中介绍这些内容，以作为有意义且具体的学生学习目标。如果要达到标准，就需要这种评估透明化，学生必须提前知道要熟练掌握的任务，并有继续努力的机会实现自己的成就。

《标准》中包含的基石性评估反映了真实的和重复出现的性能，这些性能在各个年级之间变得越来越复杂。就像龙骨可以保护船免于漫无目的的漂移一样，这些任务旨在通过帮助教育者和学习者始终牢记目标（即终身目标）来防止"课程漂移"。

由于这些原因，基石性评估被包含在美国国家核心艺术标准项目中。建立标准的期望是学校或学区将重视与基于标准的艺术课程一起致力于对知识和技能的理解和迁移，因此，他们承认它们是重要的课程目标。此外，NCCAS 希望在该项目中包括基石评估，将大部分课堂和地区级评估的重点放在需要迁移的丰富教学任务上。这些评估还提供了收集基准学生（一般达标学生）作业的基础，该作业说明了标准中所设想的学生成绩的性质和质量。

---

① ［美］格兰特·威金斯，杰伊·麦克泰格. 追求理解的教学设计［M］. 上海：华东师范大学出版社. 2017：20.
② ［美］格兰特·威金斯，杰伊·麦克泰格. 追求理解的教学设计［M］. 上海：华东师范大学出版社. 2017：63.
③ 徐婷. 美国国家核心艺术标准的课程设计理念及音乐课程标准研究［D］. 北京：中国音乐学院，2016：24.

测量学生在艺术方面的学习方式的转变，将为学生真正理解并知道如何提供相关且可靠的证据，因为只有当学生能够将自己的学习思想灵活地应用于新情况时，才能真正理解已习得的内容。

每个模型的基石评估都是关键特征。关键特征描述了用于为开放式性能任务构建评估工具的标准或"找寻"。这些示例性表演任务中包括的关键特征列表为学生和教师明确了任务中要求的技能和认知要求。

以音乐学科为例，基石性评估在音乐学科评估的内容包括创造（creating）、表演（performing）、反应（responding）、联系（connecting），这四个艺术过程将在不同的年级（本研究分别针对 2 年级、5 年级、8 年级、12 年级）表现出螺旋式上升的难度区分。

表 4-1 显示了《标准》中各个元素的排列方式和关系，便于辅助了解。这些元素中就包括基石评估样本（分别针对 2 年级、5 年级、8 年级、12 年级），它们说明了如何通过具有明确标准的丰富表现任务来评估学生的学习情况。这些任务皆在充当指导本地评估发展的模型，因此最终将以学生的工作为基准。

表 4-1 《标准》框架

哲学基础（philosophical foundation）		←artistic literacy→	终身目标（lifelong goals）		
艺术过程（artistic processes）	锚定标准（anchor standards）	幼儿园前—8 年级特定学科表现标准（Pre K—grade 8）discipline-specific performance standards	高中表演/表现标准（HS performance standards）		
			熟练水平（proficient）	精通水平（accomplished）	高级水平（advanced）
创造（creating）	3 个共同锚定标准（3 common anchor standards）				
表演（perform-ing）	3 个共同锚定标准（3 common anchor standards）				

| 哲学基础（philosophical foundation） | ← artistic literacy → | 终身目标（lifelong goals） | | |

艺术过程 （artistic processes）	锚定标准 （anchor standards）	幼儿园前—8年级特定学科表现标准 （Pre K—grade 8） discipline-specific performance stand- ards	高中表演/表现标准 （HS performance standards）		
			熟练水平 （proficient）	精通水平 （accomplished）	高级水平 （advanced）
反应 （responding）	3个共同锚定标准 （3 common anchor standards）				
联系 （connecting）	2个共同锚定标准 （2 common anchor standards）				

　　教育标准的核心是确保所有学生获得全面的教育，促进教育者在该系统中得以提升。标准应当包含每门艺术学科领域的关键概念和艺术过程，同时表达对学生、教师、管理者等学校所有群体的期待。自人类有历史以来，艺术就被看作是一种独特的自我发现的工具，它不仅赋予了人们科学、数学等逻辑严谨的探究途径，也给予人类哲学、文学等迥然不同的思维方式[1]。不仅渗透到生活的各方面，也为人类的生活赋予丰厚的意义。

　　正因如此，《标准》的框架制定是在"艺术素养"的指导下构建起来的，"艺术素养"是切实地参与到艺术活动所需的知识和理解能力，是一种通过艺术独有的象征性和隐喻性，运用艺术语言来进行艺术过程的能力，这也是艺术素养区别于文学素养等其他素养的显著特征。

　　"艺术素养"围绕"哲学基础"和"终身目标"展开，是《标准》的立足之本。艺术素养需要恰当的材料和空间来融入到艺术活动之中。材料是指乐器、乐谱、黏土、机械设备、灯板、人体等，即在一般的艺术课程教学过程中比较常见的物质；空间是指音乐厅、舞台、排练室、艺术工作室、计算机实验室

---

① 余丹红. 美国国家核心艺术标准[M]. 上海：上海音乐出版社，2018：12.

等常见艺术实践场地①。材料和空间的配合，共同为艺术素养的形成奠定基础，这也是艺术学科区别于其他学科的独特性所在。

哲学是科学之本，最早源于希腊语 philosophia，是有关世界观、价值观、方法论的学说，其根本问题围绕思维和存在、精神和物质的关系展开，具有抽象性、反思性、普遍性特点。作为科学之本，几乎所有的学科都需要以哲学的思维来进行分析并建立基本的学科逻辑，艺术本来就具有高度的抽象性和精神性特点，那么，"艺术素养"必然与"哲学"有着紧密的联系。哲学思维所倡导的理性精神是西方文化发展、演变的重要内核，理性精神就是对自身文化不断地反思、批判、建构和超越。在西方，无论是哲学、文学，还是艺术及科学，都深受理性精神的控制②。理性精神是建立在不断否定之前的思维，不断地推翻、反思的基础上，因此，对于学生艺术学习过程的要求也就具备普遍性和不断发展性，非一成不变，这也是基石性评估体现的第一个重要特征，即在已有的基础上，不断地重复、深入和细化。无论是锚定标准还是表现标准，都是根据学生的身心发展规律和水平而逐步制定的，是一个综合的、动态的过程，这与我国教育界提出"三全育人"当中的"全员、全程、全方位"育人理念有着契合之处。艺术学习的过程和艺术素养的提升非短期目标，而是终身目标。哪怕学生高中毕业后进入大学，依然可以按照《标准》框架中的四个艺术过程来进行艺术学习，这个时候的艺术标准虽然没有统一拟定，但可以确定的是，随着学生年龄和社会经验的增加，他们对于艺术的学习和理解将会处于一种不断变化的学习和发展状态，最后不断地接近终身学习目标。

基石性评价贯穿整个教学过程，以艺术素养为框架构建，而艺术素养通过四个艺术过程来实现，并以锚定标准作为一般性要求（共性），以表现标准的特殊性要求（个性）为参照，保持教学方向和目标的稳定。

为了便于理解，本研究就基石性评价中的几个关键词再做说明，第一个词是"锚定标准"，即落实目标，是学生所需艺术素养在课程标准中的具体体现，对课程实施的方向起到了掌控的作用。"锚"即描述船只靠岸时抛锚停泊的过程，对于英语国家的人来说是一种恰当的表达方式，贴切地表达出了落

---

① 余丹红. 美国国家核心艺术标准[M]. 上海：上海音乐出版社，2018：13.
② 何宽钊. 哲学—美学视野中的西方和声演进[M]. 北京：中央音乐学院出版社，2020：43.

定、落实的内涵①。锚定标准可理解为对学生学习的整体期待，即一般性学习要求。在四个艺术过程即创造、表演、反应、联系中分别有相对应的十一个锚定标准。创造：（1）构想艺术观点和作品；（2）组织和发展艺术观点和作品；（3）进一步完善与完成艺术作品。表演：（4）选择、分析和阐释艺术作品；（5）发展和完善艺术技能；（6）通过呈现艺术作品表达意义。反应：（7）感知和分析艺术作品；（8）阐释艺术作品中的目的和意义；（9）应用一定的标准对艺术作品进行评价。联系：（10）将知识与个人经历相联系进行艺术创作；（11）将艺术观点和作品与社会、文化、历史背景相联系进行深入理解。② 这十一个锚定标准作为教学活动与目标、课程评价的参考准则。

第二个词是"表现标准"，前面已经说明锚定标准是对学生学习的整体期待，表现标准则是将锚定标准转化成明确、可衡量的学习目标，是对锚定标准的一种具体化表达，对幼儿园到 8 年级阶段的表现标准是按年级逐一阐述的，对于艺术教育的学习要求有着清晰的指导，这是由于这个年龄段的学生身心发展相对不够成熟，自主发挥空间但有一定的限制，因此，对于学习目标的掌握要精细化、明确化，给授课教师直观的教学要求有助于达成教学目标；而到了高中阶段则概括为熟练、精通、高级三个水平。

锚定标准和表现标准用来具体陈述学生所应获得的知识与技能，基石性评估模型用来帮助教师衡量艺术素养。在核心标准的哲学基础和终身目标中，学生具备一定能力的艺术素养将能够对各种能力和知识进行迁移，适应各种环境，为学生的终身学习和发展提供良好的基础。

第三个词是"持久理解"，指的是"大观念"或我们希望学生内化并在遗忘大部分细节后仍然能够保留下来的重要理解③。持久理解包括学科中的重要观点和核心过程，以及超越当下课堂的持久价值，还有学生在某个特定内容学习之后应有的深度理解。

最后一个词是"关键问题"，格兰特·威金斯和杰伊·麦克泰将关键问题定义为"无法一语阐明的问题"，目的旨在刺激思考、驱使探究、引发更多问题，而不只是寻求合适的答案。

---

① 徐婷. 美国国家艺术标准评述[J]. 中国音乐，2016(4)：198.
② 余丹红. 美国国家核心艺术标准[M]. 上海：上海音乐出版社，2018：10.
③ 余丹红. 美国国家核心艺术标准[M]. 上海：上海音乐出版社，2018：11.

第二节 21世纪技能在基石性评估中的体现

21世纪技能地图是来自美国各地的教育工作者和商业领袖(统称"合作伙伴")长时间研究、开发和反馈的结果。它对于各学科与21世纪技能的关系做出了清晰的阐述,这些合作伙伴提倡将21世纪技能融入到幼儿园至高中阶段的教育,以便学生可以在核心课程中进一步学习。其中,合作伙伴开发的艺术技能地图清晰地说明了艺术与21世纪技能的交集,并将21世纪技能如何融入核心艺术学科做出了具体的示例。

在美国的"21世纪技能合作组织"出版的文献中,提到了一个观点:任何曾经通过艺术探索看到学生变得兴奋,充满活力和自信的人,都亲眼目睹了艺术教育如何吸引儿童并有助于他们的整体发展。音乐、舞蹈、戏剧、视觉艺术、媒体艺术在联邦法律、州法规和核心教育文件中均被视为"核心艺术学科"。这五个艺术学科都具有各自独特的知识、技能和过程体系,但这五大学科之间拥有共同点,使艺术教育变为成就大学生活、职业生涯和终身幸福的强大武器。总之,在与21世纪技能相关的文献中有说明,艺术是社会上为学生培养21世纪技能的最引人注目和最有效的途径之一。

由于本研究主要是研究音乐教育问题,所以特意从美国《标准》的九个课程标准①中选取《普通音乐课程标准》来作为例证。从音乐教育的角度来看应培养什么样的人才,基石性评估中的内容可以与21世纪技能中的各个主题进行对应,如创造力与革新能力、批判性思维与解决问题能力、沟通与合作能力、社交与跨文化技能等。

1. 创造力与革新能力(表4-2)

在21世纪技能中,有许多技能与艺术紧密相关,最为突出的就是创造力与革新能力。一直以来,国与国之间的竞争归根结底是人才与科技的竞争,而创新能力是人才与科技不断进步和发展的源泉及动力,正因如此,创新能力被认为是在21世纪为越来越复杂的生活和工作环境做好准备的必备

---

① 美国《国家核心艺术标准》包含九个细化标准,分别是《舞蹈标准》《媒体艺术标准》《普通音乐课程标准》《音乐理论作曲课程标准》《传统与新兴音乐重奏课程标准》《和声器乐课程标准》《音乐科技课程标准》《戏剧标准》《视觉艺术标准》。

技能，也是发达国家最为重视的能力之一。

表4-2　21世纪技能中的创造力与革新能力在艺术中的体现

年级	5年级	8年级	12年级
艺术与创造力（学生将利用各种资源来生成，评估和选择有创意的想法，以转化为对个人有意义的产品）	学生研究艺术品，以确定不同的艺术家如何创作与其生活和周围世界相关的作品。	学生在创意过程中工作（确定主题、研究、选择、发展构想、反馈、修改、完善、表演），并使用舞蹈的基本要素（身体、动作）创建舞蹈编排。	学生写一些简短的原创剧本，与同学们的放在一起，在指定的时期内制作剧本，并分阶段阅读。
	学生们对作品进行分析，以找出反映每个艺术家创造力的独特特征。	学生会采访几位编舞家，讨论他们如何获得编舞的灵感。	通过与观众、演员和老师的讨论，学生可以决定哪些作品在他们的剧本中表现良好，哪些没有。
	学生制作多个草图，以探索他们可以用来完成作品的几种方法。	学生们彼此分享了编舞家的见解，并进行比较。	继续修改剧本，并将其提交参加学生剧本创作比赛。
艺术与革新能力（学生将研究新的过程，实施创意，并重新审视传统思想，以创作新的作品并重新诠释视觉和表演艺术的现有作品）	学生在写作、表演和录像之前，会阅读或查看传统民间故事的多个版本，了解不同的文化、历史时期或当代背景。	学生以小组的形式选择现有的画图小说并进行创作。	学习了特定的作曲家的作品之后，学生确立一个主题，然后以该作曲家的风格对该主题进行创建，并使用音乐软件注释自己的作品。
	学生回顾自己的改编，讨论创意选择，并反思故事保持不变或改变的方式。	使用动画或文本的电影软件来替代故事的结尾，这些电影软件结合了不同的观点，并确定了描述动作、更改因果或转换场景以创设新结尾所涉及的增量步骤。	学生使用各种声源（合成或声学）编排其组成，并以书面形式发布作品，也可以在班级网站或社交平台上发布作品，以便他人可以收听、评价和演奏音乐。

注：该表节选自美国21世纪技能地图。

21世纪技能是学生在工作和生活中取得成功所必须掌握的技能和知识，

是内容知识、特定技能、专业知识和文学性的混合体，因此，在高年级（选择对象为 5 年级、8 年级和 12 年级）的学生中更能体现他们对相关知识和技能的掌握程度。从表 4-2 中，我们可以清晰地看见创造力和革新能力所对应的艺术要求，随着学生年级的增长，对于创造力的要求更为高级和明确，对于个人自主能力的需求也在增加。

有关创造力和革新能力在美国 21 世纪艺术技能地图中阐述得很清晰，而在《普通音乐课程标准》中有关"艺术过程"的四个表现标准中，"创造过程"是占据重要篇幅的，包含：想象、计划与实施、评价与改进、呈现等多个过程要素。而"创造过程"与艺术技能地图中有关创造力的内容是契合的，艺术技能地图有关创造力体现在四个方面：①展示作品的独创性和创造力，②保持开放并响应新的观点；③开发、实施新思想并与他人交流；④发挥创意、对创新领域做出切实有效的贡献。二者的契合体现在：想象对应独创力、实施对应展示、改进对应开发、呈现对应发挥贡献。

我们可以从表格和基石性评估有关"创造"的内容发现，21 世纪技能所要求的创造力和基石性评估中创造过程的要求基本一致，但是在具体的表达上会有所区别。例如：21 世纪技能对创新创造能力的定义为：创造力是构思新颖、独特事物的能力或行为，创新是对新事物的实践，发明是创造前所未有的事物，源自独特的见解。而作为艺术教育的创造过程，创造性艺术实践要求有变通思维、能创造性解决问题、拥有好奇心和毅力等品质；创新和创造策略提高了学生在问题界定、研究、解释、沟通以及精准性和准确度方面的能力。基石性评估所包含的创造过程会更注重艺术学习过程的具体和细致要求，同时也提高了对于问题的解决和思维能力方面的要求，尤其是在创造过程中要不断地根据评价进行改进，并呈现出较独特的分享和表达意图。

2. 批判性思维与解决问题能力（表 4-3）

批判性思维是主动和熟练地概念化、应用分析、综合和评估信息的过程，这过程中收集或产生的信息，可作为信念和行动的指南。通过批判性思维和解决问题能力的培养，学生可以学习从事艺术创作过程所必需的高级思维技巧，从而开始提升艺术素养[①]。艺术教育者鼓励他们的学生对艺术品和

---

① 余丹红. 美国国家核心艺术标准［M］. 上海：上海音乐出版社，2018：16.

艺术过程运用批判性思维，以便于他们逐渐了解广阔世界中的艺术家的艺术品。正是由于学生与艺术品之间的情感联系，因此将批判性思维应用于理解和评估这些作品会导致在所有推理中隐含思想结构和要素的发展，例如：假设、概念、经验推理、影响和后果、提出异议、参考框架等。批判性思维可建立上下文意识，作为艺术欣赏和实践的间接但很基础的层面。

在解决问题的过程中，积极学习艺术的学生必然会开拓循序渐进的方法来解决艺术创作理解或实现中的这些问题。所涉及的步骤可能因艺术学科的不同而有所不同，并且在过程中，各步骤可能会因学生或艺术家的个人想法而改变，这样就导致作品多次重复。在艺术领域中，与我们在世界上最有价值的过程一样，学生们参与分配资源、监控进度和评估结果[1]。

表 4-3　21 世纪技能中的批判性思维与解决问题能力在艺术中的体现

年级	5 年级	8 年级	12 年级
艺术与批判性思维、解决问题能力（学生将使用各种类型的推理来以常规和创新方式思考和批判性思考并解决问题）	学生用不同的方式来表达相同的音乐段落。	学生收集有关学校或社区充满挑战的问题，例如同伴压力、歧视。学生通过在线研究和对当地居民的录音采访来保护环境。	学生观看、批判自己和同伴创作的涉及特定艺术问题的多种艺术品。学生使用共同商定的标准来描述、分析、解释和做出对艺术作品的明智判断。
	学生将各种解释进行比较，并考虑到适合年龄的因素（例如风格和体裁），确定哪种解释最有效。	学生创建并执行一系列合奏场景，解决已发现的问题并提出可行的解决方案。	通过使用电子期刊，学生可以反思他们批判性思维中关于解决问题的观点。
		学生将收集的信息整理到一个在线档案中，通过博客、播客、WIKI 进行传播。	学生比较并对比其他学生如何解决相同的问题，并使用他们的电子日志为他们参加通过班级博客或 WIKI 召集的小组讨论打下基础。

注：该表节选自美国 21 世纪技能地图。

[1]　余丹红. 美国国家核心艺术标准[M]. 上海：上海音乐出版社，2018：16.

美国的艺术教育者鼓励学生将批判性思维应用到他们认为最有吸引力的艺术作品和艺术过程中：学生自己的艺术作品、同学的艺术作品以及他们在更广阔的世界中认识的艺术家的艺术作品。正是通过对批判性思维和解决问题能力的培养，学生才能学习到参与创作过程所必需的高级思维技能，从而开始提升艺术素养。[①]

在学生的艺术学习过程中，必然不会只出现一种声音、一个角度的分析，学生通过与艺术作品建立联系将批判性思维应用到对这些作品的理解和评价中[②]，挖掘作品隐含的思想和结构元素。因此，《普通音乐课程标准》有关"艺术过程"中的"联系过程"则是与"批判性思维和解决问题能力"相对应的。在联系过程中，过程要素体现为"综合"和"相关"，综合——将知识和个人经验相结合创作音乐；相关——将音乐观点和作品融入到不同的背景中进行深入理解。这个联系过程的关键问题在于：音乐家如何在创作、表演和反馈中创作有意义的联系。

所谓有意义的联系，其实是一种较为主观的判断，学生接收有关音乐的各种信息，并需要根据个人的知识经验、观点来进行反馈或表演，再进一步地进行构想、分析、综合和评估。在这个意义构建过程中，可能会有一些迟疑、矛盾甚至推翻等不和谐因素产生，尤其是在创作和表演中，往往与个人经验和主观意识联系紧密，但恰好这就是批判性思维的过程体现，能进一步指导学生音乐学习的思想和行动，这种联系的建立就是具有意义的。

3. 沟通与合作能力（表4-4）

沟通是艺术的核心。在学习艺术的过程中，学生发展了丰富的技能，包括独自或与他人共同对意义进行处理、倾听、观察、发言、提问、分析和评价的过程中培养的大量技能[③]。这些技能的培养和应用是循序渐进的，并应用于生活和学习的各个方面，包括家庭、学校、社区、工作等。合作是通过沟通而实现的。学生的艺术交流通过各种形式，包括运用口头的、书面的或非语言沟通技巧流畅地表达自己的想法；有效地观察和解读；有效地运用沟

---

① 余丹红. 美国国家核心艺术标准［M］. 上海：上海音乐出版社，2018：16.

② 余丹红. 美国国家核心艺术标准［M］. 上海：上海音乐出版社，2018：16.

③ 余丹红. 美国国家核心艺术标准［M］. 上海：上海音乐出版社，2018：17.

通达到某种目的，例如说服等；利用多种媒介，先判断再评估；等等。

　　合作是两人或两人以上的团队共同合作以达成目标的过程。合作在许多方面能推动经济的发展和文化共享意识的形成。合作可以是向他人传达新颖的想法，采纳、反馈新观点，并在必要时妥协，为实现共同的目标表现得更为灵活，并承担团队的共同责任。

表4-4　21世纪技能中的沟通与合作能力在艺术中的体现

年级	5年级	8年级	12年级
艺术与沟通、交流（学生将通过各种艺术媒体在各种环境中进行交流，以传达自己的想法并解释他人的想法）	学生表演同一故事的音频和视频三遍，一次仅言语，一次只进行身体运动，一次语言和身体都参与。	学生研究作曲家、艺术家、编舞和剧作家如何利用艺术来传达特定的思想、主题或概念（例如：人际关系、克服障碍、乐观与悲观），以及如何唤起特定的情感或感受（欢乐与悲伤、紧张与放松）。	学生研究现有的基于站点的编排，以分析位置对编排的影响以及从两个位置传递的消息、具体地点、运动站点。
	学生回顾三种不同的表演方式，并在小组讨论有关个人写作中反映出演讲和故事的变化方式，以及一个版本是否比另一个版本更有效等问题，并探讨其原因。	学生分析并比较设备，开发多媒体演示，说明如何通过各个艺术学科进行这种交流。	学生根据另一个特定的站点创建自己的编排，以传达有关特定站点或环境的清晰信息、观点。用舞蹈动作记录并发布在适当的网站上，以供公众查看和评论。

年级	5 年级	8 年级	12 年级
艺术与合作(学生将有效地合作以分享和承担责任,妥协以调和各种观点,并实现共同的目标)	排练曲目时,学生们以小组的形式讨论各个部分(旋律、和声、有节奏的伴奏等)如何对整体演奏的音乐效果做出贡献,以及音乐家应该如何共同努力才能创造出令人满意的整体演奏。	在网络上使用安全的学生工作工具研究新闻中有争议的话题。学生分成两个小组,并合作制作反映问题相反方面的舞蹈。	学生们共同承担制作一部单一剧本,并承担不同责任。
	学生还将尝试并讨论导演(无论是老师还是学生)如何与合奏(手势、头部动作、面部表情)进行交流,以帮助塑造表演。	每个小组都会针对该主题制作一份公共服务 DVD,该DVD 可以出售给目标受众,内容包括:每个位置的说明,舞蹈的数字记录以及在该主题的两侧获得更多信息的方法。	共同分配特定角色,如服装设计师、布景设计师、演员等。根据这些角色分析剧本,并就可以使剧本栩栩如生的解释达成共识。
		学生完成自我和同伴评估,包括对团队合作质量的评估。	

注:该表节选自美国 21 世纪技能地图。

在四个艺术过程中,"表演"过程可以说是最具独特性且较能代表音乐教育特点的过程。它所涵盖的过程要素也是最多的,包括:选择、分析、释义、排练-评价-改进和呈现五个要素。选择、分析和释义代表学习者根据一定的兴趣和知识选择作品并将其进行展示,并在这个过程中理解分析、思考作品的结构和创作者的意图等。首先,这可以看作是一个与自我进行沟通的过程,学习者是否了解自己对于作品的偏好,能否清晰有效地表达自己的观点。其次,对于作品的选择和释义需要在教师的指导下进行,对于音乐作品和音乐要素的表现特征的分析是一个不断深入和理解的过程，在这个过程中，需要与教师和同伴进行多方面的沟通和交流。

而到了排练-评价-改进和呈现要素阶段，则更多地体现了学生个人和集体对于音乐作品的表演能力，契合了21世纪技能中对于人才"合作"能力培养的要求。首先，就算是个人的表演也少不了他人（老师、同学等）的指点与评价，对于呈现出最佳表演水平的探讨则是一个良好的合作过程，有助于个人做到精准而富有表现力的表演。其次，团队的表演更能体现出合作的能力，尤其是在对作品的表演标准上，每个人都有自己的理解和判断，而在这个磨合过程中，需要展示出相对统一的表演风格，这也是一定演出质量和水准的基本保证。因此，无论是演唱还是演奏，表演的准备、改进和呈现是最能体现出合作的过程要素的。

4. 社交与跨文化技能（表4-5）

在音乐学习的进程中，学生需要对多种音乐风格及文化进行掌握，在这个过程中进行音乐偏好选择及作品的结构和背景分析，并试图阐释创作者和表演者的表达意图，最后将这些分析、释义、已有准则作为评价音乐作品和表演的准则，并通过这些标准和准则进行评价。这就要求弥合文化差异并使用不同的观点来提高学生的理解能力和学习质量。

音乐作为人类历史悠久的情感表达，是更容易被不同民族、不同群体所接受和理解的文化载体。不同于语言的明确语义性表达，音乐通过音符表达的语义更为抽象，反而更有利于不同民族、群体之间的情感认可。音乐的学习和表达，有助于学生尊重和理解不同文化群体，进行有创意和有效的合作。

表 4-5　21 世纪技能中的社交与跨文化能力在艺术中的体现

年级	5 年级	8 年级	12 年级
艺术与跨文化技能（学生应尊重团队成员并进行有效合作，以提高工作的创新性和质量）	学生与另一个国家的班级联系在一起，分享他们围绕一个共同主题（游戏）创作雕塑的想法。	学生接受过一种文化风格的音乐训练并加入了一个乐团。该乐团演奏了一种来自不同文化的音乐，学生学习适应他们现有的音乐技能、了解新环境的需求。	学生研究并展示另一种文化的舞蹈。
	学生运用所学知识创作反映主题为跨文化理解的作品。	学生与新音乐流派的本地表演者进行虚拟或现场互动，以更好地理解该音乐流派的文化背景和现实做法。	学生可以与观众讨论有关舞蹈对他们文化研究的启示。学生在与代表该文化的受众进行在线讨论期间收集其他反馈。

注：该表节选自美国 21 世纪技能地图。

在"普通音乐课程"的四个艺术过程中，"反应"包括：选择、分析、释义、评价四个要素。选择和分析一般是分析不同音乐作品的结构和背景（文化的、历史的），是将不同国家和地区的作品，在不同的体裁、文化和历史阶段中进行识别并比较，进而展示和解释音乐结构、元素和背景来进一步指导音乐学习（例如：音乐鉴赏）。这个过程增强了学生的文化观点差异性认识，并在一定程度上能够培养学生的合作能力。最后，应用一定的标准对艺术作品进行评价，而之前的释义、分析则可以作为评价音乐作品和表演的相关准则，学生对于作品和表演的理解和评价就是一个动态的反应过程，而在这个过程中，学生更容易通过互动和适应来感受不同的文化和风格，以达到尊重音乐文化的目的，为学生后期融入社会奠定基础。

第三节　基石性评估在"四个过程"中的细化

《普通音乐课程标准》旨在指导音乐教师帮助学生实现独立的音乐素养目标，通过艺术过程来组织预期实现的结果①。音乐教学的四个过程就是前文已经涉及的创造(即兴作曲、改编音乐)、表现(声乐、器乐表演)、反应(鉴赏)、联系(文化与历史)。基石性评估的初始阶段，艺术过程就是实现艺术学习与活动的行动(认识)，即"怎样去做"。每个艺术过程又分为两到三个锚定标准，每个锚定标准中包含了一个或多个过程要素。锚定标准可以理解为对于整个艺术教育过程中学生的知识与技能的期待，是一般的、整体的大方向标准，具有一定的宏观性。而表现标准是对特定学科各个年级的明确的、可衡量的学习目标阐述，其中，小学和初中是按年级逐一阐述，较为细致，高中阶段则是划分为三个水平。

锚定标准是一般性的整体要求，而表现标准则选择2、5、8年级作为典型代表逐一阐述，表现标准可以看作是将锚定标准转化为明确的、可衡量的具体学习目标。基石性评估在教学过程中的任务性较为明显，因此，基石性评估在课程中可看作是基石性任务，基石性任务不仅仅是收集评估证据的手段，更是具有价值的教学任务，深入到学习目标的方方面面。由于学习目标和成果具体化，基石性评估的呈现由普通课程教学单元开始，学生在初始阶段就能对学习目标有着较为明确的把握，且学习时间的分配将会更为科学，对于任务的要求也更为明确。《标准》中有关《普通音乐课程标准》的内容阐述十分清晰，具有明确的指示性，可看作是基石性任务的进一步细化。

联系过程是每个艺术过程必不可少的一部分，也是较为初级的艺术学习阶段。艺术源于生活往往又高于生活，建立艺术与生活的有机联系是很有价值的，在《标准》的"普通音乐课程"中，联系过程主要体现在个人与音乐、生活建立的关联和互相影响之中，一般包含两个锚定标准，即进行艺术创作和对相关文化的理解，这是较为宏观的额定目标。在联系过程中，持久理解和关键问题都体现了对知识、表演的反馈以及各反馈的意义联系。由于联系主

---

① 余丹红. 美国国家核心艺术标准[M]. 上海：上海音乐出版社，2018：67.

要体现在对于文化、历史背景的认知和理解，在大方向上具有高度的一致性，因此，具体到各个年级的表现标准时则呈现出较为明显的统一性，均表现为对个人的影响和关系的理解。实际上，在《标准》的"普通音乐课程"中，"联系过程"在各个年级的表现标准基本是相同的，强调的是"理解"。作为对特定学科的明确表达，表现标准对于各个年级应达到的艺术成就做出了细致的阐述，而在高中阶段，则体现为三个水平的描述，即熟练、精通、高级。

从表4-6中可以看出基石性评估的第二个明显特征，即非一成不变，可在不同的年级重复出现，且不断地深入和细化。就算每个年级的表现标准（这里单指"普通音乐课程"的"联系过程"）是一模一样的，但根据学生的身心成长规律，所产生的影响和理解也是不一样的，这也是基石评估的精妙之处。联系过程在多个年级的表现中，存在高度的一致性，说明音乐对个人的影响和与其他生活、艺术的关联是不断变化和深入的动态过程，但其核心要求不变，较为清晰地体现了基石性评估的"基石"特征，因此，才会在各个年级重复出现。这种影响和关联并非短时间内可以产生，也非一成不变，通过学生年龄的增长和学习强度的提升，他们对于学习内容的深入更能够接受，这也是基石性评估的优势，其可靠性和复杂性有别于其他脱离语境、选择题式的一般测验评估。

表4-6 联系过程

	联系过程1	联系过程2
过程要素	综合（将知识和个人经验相结合创作音乐）	相关（将音乐观点和作品融入到不同的背景中进行深入理解）
锚定标准	将知识与个人经验相联系进行艺术创作	将艺术观点和作品与社会、文化、历史背景相联系进行深入理解
持久理解	音乐家要根据个人兴趣、经验、观点和知识以创造出表演和反馈	音乐家要根据个人兴趣、经验、观点和知识以创造出表演和反馈
关键问题	音乐家如何在创作、表演和反馈中创造有意义的联系	音乐家如何在创作、表演和反馈中创造有意义的联系
2年级	说明个人的兴趣、知识和技能在创作、表演和鉴赏中是如何对个人的选择和意图的表达产生影响的	表明对音乐与其他艺术、其他学科、不同背景和日常生活之间关系的理解
5年级		
8年级		

注：该表来源于《美国国家核心艺术标准》2014版，相关资料可参考文献：余丹红. 美国国家核心艺术标准[M]. 上海：上海音乐出版社，2018.

音乐教育的"创造"围绕"即兴作曲、改编音乐"等展开，第一步就是"想象"，这个"想象"就是对于艺术作品和观点的初步构建，基于学生自身的理解去展开，是创造的基础。有了一定的理解和构建之后，再逐步进行实施，即发展和选择音乐观点，这是一个组织的动态过程。之后，通过不断地完善和改进，进一步地创作出更符合要求的音乐作品，持续评价和改进将有助于打造质量更高的作品。最后，经过想象、计划、实施、改进等一系列的打磨，作品呈现出具备分享和展示的状态，也是整个创造(作)过程中最关键的一环，作品的呈现就是创作能力的体现。从创作过程来看，对2、5、8年级的要求与之前的联系过程有了较大的区别，创作过程相比较于联系过程更具深度和难度。因此在音乐教育过程中，创作过程应该受到更多的重视。

表4-7　创造过程

	创造过程1	创造过程2	创造过程3	创造过程4
过程要素	想象（根据不同的创作目的和背景产生不同的音乐观点）	计划与实施（根据创作的目的和背景来选择和发展音乐观点）	评价与改进（评价和改进精选的音乐观点来创作出符合标准的音乐作品）	呈现（分享能够表现表达意图的创造性音乐作品，表明技艺和作品的独创性）
锚定标准	构想艺术观点和作品	组织和发展艺术观点和作品	进一步完善和完成艺术作品	进一步完善和完成艺术作品
持久理解	音乐家受到创造性的观点、概念和感受的影响，根据不同的素材创作音乐作品	音乐家的创造性选择往往受到其专业知识、创作背景以及表达意图的影响	音乐家通过运用开放性的新观点、坚持不懈的精神和适当的衡量标准去评价和改进他们的作品	音乐家对作品的呈现是整个创作与交流过程的顶峰
关键问题	音乐家是如何产生创造性的观点的	音乐家如何做出创造性的决定	音乐家是如何提升作品质量的	音乐作品何时才能与他人分享

续表

	创造过程1	创造过程2	创造过程3	创造过程4
2年级	a. 能够根据特定的表达目的，即兴地创作出节奏型和旋律型，同时能够产生相应的音乐观点； b. 运用所提供的调性和拍子创造出音型并产生音乐观点	a. 表明并解释，选择某个音型和音乐观点来代表特定的表现意图的个人原因； b. 运用图形谱或标准记谱法或录音技术一起来依顺序记录个人的音乐观点	阐释和应用个人、同龄人和教师的反馈意见，以修改个人的音乐作品	根据特定的表达目的，通过向同龄人或非正式的观众呈现个人最终的音乐观点，来传达表现的意图
5年级	能够根据特定的表达目的和创作背景，即兴地产生有关节奏、旋律以及和声的观点，并且能够解释这些观点与特定的表达目的和创作背景之间的联系	a. 表明所选择和发展的音乐观点，明确即兴创作、编曲和作品中所要表达的目的，同时要解释其与所表达的特定目的和创作背景之间的联系； b. 运用标准记谱法或图形谱或录音技术去记录有关个人节奏、旋律和两个和弦和声上的音乐观点	应用教师自定标准或合作开发的标准和反馈来评价、改进和记录个人音乐观点的修订，同时解释修订的依据	向他人呈现个人音乐作品创作的最终版本，展示技能并解释其与表达意图之间的联系
8年级	能够在附属功能段创作出有节奏性的、旋律性的、和声的乐句以及和谐的伴奏，并且能够传达出表现意图	a. 选择、组织和记录个人的音乐观点，以在扩展曲式中进行编曲与创作，展示出紧张与松弛、统一与变化、平衡的音乐观点，并传达出相应的表达意图； b. 运用标准记谱法或图形谱或视频与音频技术去记录个人的节奏型乐句、旋律型乐句及和声型乐句	a. 通过选择和应用标准，其中包括作曲技法、风格、曲式结构，以及声音来源的恰当应用，来对自己的作品进行评价； b. 基于评估标准，通过解释在改进作品时所做出的选择，来描述音乐修订的原理	呈现出所记录的个人作品、歌曲和编曲作品的最终版本，运用相关技巧和独创性来展示作曲技巧的应用，以创作出统一与多样的、紧张与舒缓的音乐作品，同时能够平衡表达意图

注：该表来源于《美国国家核心艺术标准》2014版，相关资料可参考文献：余丹红. 美国国家核心艺术标准[M]. 上海：上海音乐出版社，2018.

基石性评估的第三个重要特征就是为学生的表现创设真实情境。与1994年的美国《艺术教育国家标准》注重结果性评价相比，2014年的美国《标准》更注重形成性(过程性)评价，即学生在特定的艺术学科的学习过程中获得了哪些知识和技能，并通过评价不断地改进和完善，学生是一直在呈现更好的学习状态的路上。因此，在《标准》的"普通音乐课程"中，"创造"过程和"表现"过程都不同程度地体现了在各个环境中对音乐的想象、认知，以及对于音乐表演的实施与改进，最后呈现出较为完善的表演风格与技巧。

　　在"表现/表演"过程中，首先根据表演者的背景对音乐作品进行选择，这个选择的原因随着年级的递增而变得更为细化，比如：个人兴趣、理解能力、新观点等。选择之后对各作品进行分析和释义，这个分析包括对作品的来源、背景及作品本身的结构、要素进行解释；释义就是阐释艺术作品的文化和背景对音乐效果的影响，释义的过程就是对表现特征(如力度、节拍、音色和发音法、风格等)的传达意图进行详细说明，为后续的排练与改进作铺垫，因此，分析和释义是联系十分紧密的过程，为表演的深度奠定基础。排练、评价与改进过程主要针对学生个人与集体的表演，通过教师制定的标准来不断反馈和调整、评价，在这个过程中，表演的技术和准确度会随着时间的推移而逐步提升，越往高年级走，对于作品的表演更强调个人发展标准(如正确地演奏谱号、表演技巧性、独创性、情感、兴趣、对比等)，在此基础上的排练、改进将会促进表演过程完善，使得最后的呈现更具水平。呈现是表演过程的最后也是最重要的阶段，建立在对音乐的理解和对技术的掌握上，呈现除了使演奏者准确地理解作品并用精准的演奏来传达表现意图，还要在表演礼仪上与观众建立适当的联系，包括仪表、服饰、行为等。

　　所有的表现过程都建立在学校的实际课堂或实践活动中，依据学生选择的作品来进行分析和排练，并不断地根据实际情况改进，最后呈现较为良好的评估效果。

表 4-8　表演过程

	表演过程 1	表演过程 2	表演过程 3	表演过程 4	表演过程 5
过程要素	选择（根据表演者的兴趣、知识、技能和背景选择不同的音乐作品进行呈现）	分析（分析不同音乐作品的结构与背景以及作品的内涵）	释义（发展个人的释义能力以思考创作者的创作意图）	排练、评价与改进（评价与改进个人和集体的表演）	呈现（运用恰当的音乐释义、精准的演奏技巧，以富有表现力的表演来适应观众和背景）
锚定标准	选择、分析和阐释艺术作品	选择、分析和阐释艺术作品	选择、分析和阐释艺术作品	发展和完善艺术技能	通过呈现艺术作品表达意义
持久理解	根据表演者的兴趣、知识、技能和背景选择不同的音乐作品进行呈现	分析作曲家的背景以及他们是如何巧妙地运用音乐元素来表达他们的创作意图和指导表演的	表演者根据自己对音乐作品的创作背景和意图的理解对作品做出诠释	通过保持坚定的信念，应用开放性的新观点和适当的标准，来表达个人的音乐观点、音乐家的分析、评价和一次又一次的改进表演	音乐家们会根据不同时间、地点、文化等标准对表演进行评判；作品的演出背景和呈现方式如何影响观众对表演的反应
关键问题	表演者如何选择曲目	如何看待音乐作品的结构与背景对表演的启示	表演者如何诠释音乐作品	音乐家如何提高他们的表演质量	一个表演何时可以呈现给观众；音乐作品的演出背景和呈现方式是如何影响观众对表演的反应的

续表

	表演过程 1	表演过程 2	表演过程 3	表演过程 4	表演过程 5
2年级	表明并解释个人兴趣、相关知识以及不同音乐选择的目的	a. 表明为表演多选定的不同文化的音乐中所包含的音乐概念知识（如调性和节拍）；b. 当分析所选音乐时，运用图标或标准记谱法来阅读和表现节奏型和旋律型	表明对表现特征（如力度和节拍）的理解，以及创作者如何运用它们传递表现意图	a. 应用既定标准来判断表演的准确性、表现力和演出效果；b. 通过排练，确定和应用策略提出音乐释义、表演和技术上的挑战	a. 能够根据特定的目的，富于表情地应用精准的演奏技巧进行音乐表演；b. 根据观众和特定的表演目的进行适当的表演
5年级	表明并解释个人兴趣、知识、背景以及个人与他人演奏技能如何对表演中音乐的选择产生影响	a. 表明对为表演所选定的音乐中，音乐结构和要素（如节奏、节拍、曲式、和声）的理解；b. 当分析所选音乐时，运用标准记谱法来阅读和表演；c. 解释背景（社会的、文化的和历史的）对表演能起到怎样的提示作用	表明并解释如何通过释义和表现特征（如力度、节拍、音色和发音法、风格）来传达表现意图	a. 应用教师自定标准和既定标准及反馈对表演团体及个人表演的准确性和表现力进行评估；b. 通过排练提高技术的准确度和表现特征，提出表演中的挑战，并展示随时间的推移表演技术的提升	a. 能够富于表情地应用精准的演奏技巧和适当的音乐释义进行独奏和合奏的音乐表演；b. 表明表演的礼仪和观众的礼节适于相应的背景、场地、体裁和风格

第四章 基石性评估对中国音乐教育及核心素养的启示

117

	表演过程1	表演过程2	表演过程3	表演过程4	表演过程5
8年级	根据个人发展标准，为特定的表现目的和背景的节目选择对比性风格的曲目，同时解释表现特征、技术难度和选择原因	a. 比较为表演所选定的音乐曲目的对比性结构，解释音乐要素是如何应用于每一结构中的；b. 当分析所选音乐时，即兴地演奏高音谱表或低音谱表中简单的节奏、旋律或和声音符；c. 确定文化和历史背景对表演所产生的不同的音乐效果，并说明是如何产生影响的	表演对比性的音乐作品，表明并解释如何通过对音乐要素和表现特征（如力度、节拍、音色、发音法、风格和乐句）的释义来传达表现意图	当准备表演一首音乐作品时，识别和应用个人发展标准（如正确的演奏记谱符号、表演的技术技巧、恰当的情感表达）去排练、改进和确定表演	a. 能够运用精准的演奏技巧、风格化的表情和文化意义的真实表现进行音乐表演，以传达创作者的表现意图；b. 表明表演的礼仪（如舞台仪表、服装和行为）和观众的礼节适于相应的场地、目的、背景和风格

注：该表来源于《美国国家核心艺术标准》2014版，相关资料可参考文献：余丹红.美国国家核心艺术标准[M].上海：上海音乐出版社，2018.

"反应"包括选择、分析、释义和评价，我们可以把反应看作是一种更高级、更主动、更深入的"联系过程"。联系是通过"综合"和"相关"两个要素进行，更强调音乐与大的背景、历史、文化方面的联系，较为宏观，而反应更注重对音乐本体的感知、鉴赏和体验，可以看成是"升级版"的联系和表演过程。反应过程中的第一要素是"选择"，可以根据目的和情况进行音乐选择，这个选择对于个人与音乐之间建立的联系更有目的性，而非一般联系中的"相关"。后续的分析和释义要素注重音乐作品的背景和结构，这使得创作者和表演者对于音乐要素和结构意图的理解更为明确，为之后的指导和评价做了准备。反应过程的最后一个要素是"评价"，这个评价体现在对作品本身创作和表演水平的评价，建立在个人喜好和音乐标准之上，关键在于作品和表演的质量。反应过程的标准也是随着学生的年级增长逐步变高，从集体标准逐步提升至个人标准的开发和建立。

表 4-9　反应过程

	反应过程 1	反应过程 2	反应过程 3	反应过程 4
过程要素	选择（根据特定的目的和情况来选择适当的音乐）	分析（分析不同音乐作品的结构和背景是怎样指导音乐鉴赏的）	释义（支持对音乐作品的释义，从而反映出创作者和表演者的表达意图）	评价（通过分析、释义和已有标准作为评价音乐作品和表演的准则）
锚定标准	感知和分析艺术作品	感知和分析艺术作品	阐释艺术作品的目的和意义	应用一定的标准对艺术作品进行评价
持久理解	个人对音乐作品的选择是受到兴趣、经验、理解和目的的影响	对音乐创作背景的分析（社会的、文化的和历史的）以及创作者和表演者如何巧妙地运用音乐要素都会影响对音乐的鉴赏	创作者和表演者通过音乐要素与结构来提供表现意图的线索	对个人音乐作品和表演的评价是受到分析、释义和已有标准等的影响
关键问题	个人如何选择音乐去体验	如何理解音乐结构和背景对鉴赏的影响	我们如何识别音乐创作者和表演者的表现意图	我们如何判断音乐作品和表演的质量
2 年级	根据特定的目的，解释并表明个人兴趣和经验对选曲的影响	描述如何运用特定的音乐概念来表现音乐中特定的表达目的	展示音乐概念的相关知识，同时表明这些概念是如何帮助创作者和表演者传递表现意图的	依据个人及表现性的偏好对有特定目的的音乐作品进行评价
5 年级	引用证据表明并解释特定的兴趣和经验对选曲的影响及其相互联系	引用证据表明并解释如何通过音乐结构、音乐元素的运用和相应背景（如个人的和社会的）来指导音乐鉴赏	表明并解释表演者和个人是如何运用表现特征（如力度、节拍、音色和发音法）对作品进行阐释，以反映表达意图的	应用既定标准评价音乐作品和表演，并引用音乐要素的证据来解释其与表演背景相适合

续表

	反应过程 1	反应过程 2	反应过程 3	反应过程 4
8 年级	根据特定目的挑选音乐节目（如 CD 曲目或现场表演），并表明其与兴趣或经验之间的联系	a. 比较音乐要素和表现特征是如何与音乐节目中的结构相关联的； b. 在不同的体裁、文化和历史阶段中识别并比较音乐节目的背景	支持对对比性音乐节目的个人释义，同时解释在不同体裁、文化、历史时期中，创作者和表演者如何运用音乐要素和表现特征来传达表现意图	应用适当的个人开发标准对音乐作品或表演进行评价

注：该表来源于《美国国家核心艺术标准》2014 版，相关资料可参考文献：余丹红. 美国国家核心艺术标准[M]. 上海：上海音乐出版社，2018.

总之，我们可以从教学过程的四个方面(联系、创造、表现、反应)看出，美国的音乐教育课程除了强调对音乐本体知识的学习之外，十分注重知识与技能的理解和迁移，并将其作为最重要的课程目标。正因为如此，美国核心艺术标准联盟期望基石性评估模型中包含的内容，能够围绕丰富的迁移任务来对课堂及地区的水平进行评估。只有当学生们能够将所学知识经过深思熟虑并灵活地运用到新的环境中时，他们对相关内容的真正理解才能得以实现[1]。

作为行为主义的重要学习理论，迁移是指用新的方式或在新的情境中应用已经习得的知识，也指已有的学习如何影响新学习。迁移与信息如何贮存在记忆中直接有关，如果学习者知道在不同的情境中如何运用知识，那么就发生了迁移。而理解则被认为是拥有规则、概念、辨别等形式的知识，原有的知识被用来建立一个边界约束条件，以确认它与新信息的异同性，即只有理解了知识，才有可能发觉新旧知识的明确差异。我们可以这样认为，对于知识有了一定的贮存和积累，才会具有理解的基础，在这个理解的基础之上，将知识在不同环境中灵活运用，则完成了知识的迁移，整个知识的学习和激活就是这样一个动态的过程。

美国核心艺术标准联盟期望评估的内容能够发生迁移，运用于不同的地区及课堂。美国学者认为，检验学生是否真实地掌握了新的知识，取决于他们能否将所学知识进行灵活运用，即"持久理解"。"持久理解"是指学科中的重要观点和核心过程，不局限于当下课堂的价值，包括学生在学习某个特定内容后应有的深度理解。

---

[1] 余丹红. 美国国家核心艺术标准[M]. 上海：上海音乐出版社，2018：12.

第四节 基石性评估的启示

在实践教育的过程中，我们常常认为被包含在评价体系中的知识更有价值，这样我们可能会忽视一些非评价性知识内容，基石性评估的出现将评价体系与教学任务进行结合，有效地将学习目标和成果具体化、系统化，基石性评估既是评价的方式，也是教学任务的体现。本节以基石性评估的特点为抓手从实施理念（观念）、实施行为、教学特点等三个方面来阐述基石性评估的启示。

一、实施理念的转变——"以评促学、教评结合"

在以往的学习评价中，我们更多是为了检验当下或近期学生的学习效果，从而查漏补缺。评价在教学过程中扮演的是一种类似于"最终目的"的角色，所有的教学活动和任务似乎都是为了能让学生在后期的评价或测评中展现出真实的学习成果。而基石性评估则颠覆了这种评价观念，由于其"嵌入式"的特点，从教学过程开始则可以看作是评价的开始，教学和评价是紧密结合的，对学生的学习进行评价和检验不是最终目的，而是为了促进学生的学习。

与标准化测试不同，基石性评估是嵌入课程，即教学的过程同时也是过程性评价的过程。我们可以从锚定标准和表现标准的设定看出端倪，锚定标准就像保护艺术教育这艘"大船"不偏离方向的"龙骨"，"基石"一词暗示就像基石锚定建筑物一样，这些评估也应将课程锚定在学生能够自己利用所获得的知识和技能来做最重要的事情上，目的是让学生在真实和相关的环境中运用知识和技能，运用更高层次的思维（例如评估）和思维习惯（例如坚持不懈）以取得成功的结果。所谓的"嵌入"表明了基石性评估的过程性风格，它贯穿整个学校音乐教育的过程，包含在艺术标准（包含锚定标准和表现标准）之中，更有助于明确教学目标，区别于普通评估的单一性和结果性，基石性评估具有全面、细致而明确的指导特点，在一定程度上弥补了结果性评价的单一性和绝对化。

二、实施行为的转变——"智慧+网络"多渠道落实评价

（一）"螺旋式上升"的学评方式

美国核心音乐标准旨在指导音乐教师帮助学生实现独立的音乐素养目标，通过艺术过程来组织预期实现的结果，从而促进连续的教学。① 音乐教学是一个长期而连贯的过程，其学习要求和准则是随着学生的身心成长规律而不断变化的。在《标准》有关"普通音乐课程"的音乐表现标准组织和呈现的方式中，表现标准包含了从幼儿园到 8 年级的每一个年级的水平。可以看到评估的内容在很多年级当中的表现标准有高度类似或相同的情况，但仔细推敲会发现，就算是同样的教学要求在不同年级、年龄的学生身上体现出来也是有差异的。

我们可以将其看做是"螺旋式上升"的学习内容，评估内容可在不同年级重复出现和深入细化，评估内容随着时间的推移、年级的递增，变得越来越复杂，等级不断更新。在低年级时候学基础，是为了让后一阶段的循环更深入、更进一步，后一阶段的循环又能使前面学习的内容得到丰富和补充，自然而然地把已经学过的内容复习一遍。音乐标准体现在四个艺术过程之中，第一个就是联系过程。联系过程是每个艺术过程必不可少的一部分，因此，开放式的音乐联系是通过对创作过程、表演过程和反应过程表现标准的交叉引用而形成的。② 联系是艺术过程中较为浅层次和初步的体验，体现在建立个人经验、背景与音乐作品、观点的联系。因此，联系过程的表现标准从幼儿园到 8 年级是相同的，过程要素为"综合"与"相关"。其标准为："说明个人的兴趣、知识和技能在创作、表演和鉴赏中是如何对个人的选择和意图的表达产生影响的；表明对音乐与其他艺术、其他学科、不同背景和日常生活之间关系的理解。"③

从联系过程在各个年级的一致性可以看出，表现标准的要求没有变化，

---

① 余丹红. 美国国家核心艺术标准［M］. 上海：上海音乐出版社，2018：67.
② 余丹红. 美国国家核心艺术标准［M］. 上海：上海音乐出版社，2018：68.
③ 余丹红. 美国国家核心艺术标准［M］. 上海：上海音乐出版社，2018：70.

但这不代表评估的内容和效果单一。最直接的原因就是，学生是一直在成长的，无论是他们生理上对于演唱、演奏的把握，还是心理上对于音乐作品的理解和感受，都是一个动态的循序渐进的过程。这也体现了基石性评估的微妙之处，看似没有变化，实际上伴随着学生的成长步伐不断在更新，每一个年级对于同一个标准的要求所展示出的内容是不同的。而创作、表演和反应过程由于涉及的课程内容更广，表现形式更多样，在每个年级的表现标准上都产生了较为丰富的变化。由于涉及的内容太广，这里不一一列举，但可以肯定的是，音乐教育的表现标准是严格地按照四个艺术过程所包含的步骤来整理和编写的。例如：

创作过程：想象—计划与实施—评价与改进—呈现。

表演过程：分析—释义—排练、评价与改进—呈现。

反应过程：选择—分析—释义—评价。

总之，评估的内容既在变化地、螺旋式上升地发展，也在保留原则的前提下较为稳定地发展。当然，事物在螺旋式上升运动发展过程中，在某种程度上重复以往的东西，在一定条件下也会出现局部的后退和反复，但由于锚定标准的存在，不会影响评估的大方向。

（二）以成绩简历的方式构建"相册式评价体系"

基石性评估相较于其他评估而言，在对于评估结果的展示方面有着重大的改进。最明显体现在基石性评估的结果是一份成绩证明简历，也可以看作是为学生的艺术表现提供内容的档案。相较于一张简单的成绩单，成绩简历对于学生艺术能力和综合实践的展示更为全面和客观。更关键的是，成绩简历（档案）可以根据学生所参与的艺术教育而产生个性化内容，例如，一些学生更多地参与艺术实践表演，那么，在成绩简历中则可以为学生的作品表演提供展示空间，图文并茂；如果是艺术创作方面参与较多且比较擅长的学生，成绩简历则更像是一份学生作品集，用相册式的方式将过程性一目了然地呈现了出来。

一般学生为了自己的成绩简历更好看就会切实地提高自己的艺术水平，并且能够在这个过程中直观地感受到自己的进步，成绩简历也像是一个艺术学习的成长记录。成绩简历对于学生而言，不仅具有展示价值，更有收藏价值。而对于收到成绩简历的学校或用人单位而言，成绩简历有助于他们挖掘学生的艺术潜力，对学生的综合艺术能力做出更准确和全面的判断。总之，我们很难用一个标准去定义所有的评估结果，但正是因为这样，基石性评估的结果展示才更具真实性和针对性，更有利于我们从结果导向去观察、分析和判定音乐教育的成效。

（三）结合网络的智慧时代——既是"课程指导"又是"艺术资源"

美国的艺术标准发布在国家核心艺术标准的网页上，可以不受时间、地域、空间的影响随时地查阅和学习，《标准》并非整体的管理规则，而是不断更新的课程指导。更关键的是，这个网站不仅仅是用来查阅艺术标准的具体内容，更是一个综合的艺术资源库。

《标准》发布在网络上，既是艺术教育和学习的参照标准，为全国的艺术教学把握大方向，学生可以上传作品进行初步检测和评估；同时也是一种渠道，可以链接到多种艺术教育资源的渠道。在《标准》中，"艺术过程""锚定标准""表现标准"等各元素包括了基石性评估的样本（前文展示了"艺术过程"的十五个基本表格，分别针对2年级、5年级、8年级以及高中3个年级水平提供）。它们说明了如何通过具有明确标准的丰富表现任务来评估学生的学习情况，这些任务旨在充当指导本地评估发展的模型，因此，最终将以学生的工作为基准，并在NCCAS网站上提供。（如图4-1所示）

打开美国国家核心艺术标准网站的页面，页面详细地解释了什么是标准以及标准的具体组成，有关四个艺术过程也都进行了详细的说明，且每一个过程都有对应的PDF文件可供下载，所有的师生都可以从这些标准中找到学习的目标和规范。手工书籍的浏览，包括标准一览、锚定标准查看、基石性评估和查看学生艺术工作等，每一项都可以选择科目来进行链接。我们点击下排第三项基石性评估时，会显示可供选择的科目，包括舞蹈、媒体艺术、音乐、戏剧、视觉艺术等五个艺术科目，点击音乐就进入了有关音乐项的基石性评估页面。（如图4-2所示）

图 4-1　美国国家核心艺术标准网站页面

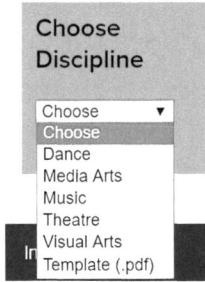

Choose Discipline

Choose ▼
- Choose
- Dance
- Media Arts
- Music
- Theatre
- Visual Arts
- Template (.pdf)

NATIONALCOREARTSSTANDARDS

Dance, Media Arts, Music, Theatre And Visual Arts

Music Model Cornerstone Assessments

General Music, Grade 2, Creating

General Music, Grade 2, Performing

General Music, Grade 2, Responding

General Music, Grade 5, Creating

General Music, Grade 5, Performing

General Music, Grade 5, Responding

General Music, Grade 8, Creating

General Music, Grade 8, Performing

General Music, Grade 8, Responding

Ensembles, Creating

Ensembles, Novice/Intermediate, Performing

Ensembles, Proficient, Performing

Ensembles, Accomplished/Advanced, Performing

Ensembles, Responding

Ensembles, Harmonizing Instruments, Proficient

Music Technology, Proficient

Music Composition/Theory, Proficient

Music Composition/Theory, Accomplished

Music Composition/Theory, Advanced

Copyright Guidelines　Credits　Glossary　Resources　Inclusion　FAQ　© SEADAE 2014　Contact Us　**NCCAS**　Young Audiences Arts for Learning

图 4-2　音乐学科基石性评估页面主要内容

在有关音乐项的基石性评估页面中，对于普通音乐分别列举了 2 年级、5 年级和 8 年级的创作、表演和反应的案例，直接点击链接即可进入相应的界面，供师生进行对比和参考。

在网站中，还提供了基石性评估的一般性量表，包括了学科、主题、艺术过程、时间、教学策略、重点词汇、战略资源等项目，并制定了特定的任务规则。从这个量表可以看出，基石性评估涉及面较广，大体结构清晰，而分项任务内容则较为细致地几乎涵盖了一般教学的全过程。

表 4-10　基石性评估一般性量表

美国国家核心艺术标准联盟
（插入学科）模型基础评估：（插入等级/HS 等级）

学科：
艺术过程：
主题：
描述：（3—5 个描述性任务的句子）
年级：
在此 MAC 中，您会发现：（标记所有适用项）

□ 嵌入教学策略	□ 详细评估程序	□ 知识、技能和词汇	□ 差异化策略 □ 融合策略
□ 建议的计分设备 □ 任务专用规则	□ 任务执行所需的资源	□ 评估重点表	□ 基准学生工作

估计教学和评估时间：（在相应的框内标记）
（注意：此任务将在 2014—2015 学年进行试点。试点后，可能会修改预计时间。如果在下面输入时间，则将有助于教师进行规划。如果未输入时间，则开发人员意识到任务有很多目的，实施策略和时间高度依赖教师。在所有情况下，时间估计都应作为指导。）
□ 大约_____小时　　　　　　　　□ 由个别老师决定

嵌入教学策略（将模型基石性评估嵌入课堂的可能顺序和策略）

详细的评估程序[从多位教师那里获得可比的工作所需的程序的清晰大纲，即用于保存学生作业的编码和文件格式（MP3，PDF 等）]

知识、技能和词汇（侧重于成功完成任务所需的概念）
重点词汇
知识和技能（主要词汇除外）
学生将

续表

融合战略（为残疾学生提供特殊学习机会而特别设计的指导和支持） 资源：	差异化策略（针对个别学生的需求和优势的教学方法，以最大限度地提高学生的学习和成功率） 资源：

资源（用于任务执行）

评分工具（基于特征的评分、清单、等级量表等）

特定任务的规则

<table>
<tr><td colspan="6" align="center">建立此任务所需的尽可能多的行</td></tr>
<tr><td colspan="6" align="center">评估重点</td></tr>
<tr><td>艺术过程或过程组件</td><td>持久的理解</td><td>必要问题</td><td>锚定标准</td><td>主要特征</td><td>性能标准
（高级）</td></tr>
<tr><td colspan="6">插入艺术过程（如果适用）（使用过程组件）</td></tr>
<tr><td></td><td></td><td></td><td></td><td></td><td></td></tr>
<tr><td colspan="6">插入艺术过程（如果适用）（使用过程组件）</td></tr>
<tr><td></td><td></td><td></td><td></td><td></td><td></td></tr>
<tr><td colspan="6">插入艺术过程（如果适用）（使用过程组件）</td></tr>
<tr><td></td><td></td><td></td><td></td><td></td><td></td></tr>
<tr><td colspan="6">插入艺术过程（如果适用）（使用过程组件）</td></tr>
<tr><td></td><td></td><td></td><td></td><td></td><td></td></tr>
</table>

基准学生工作（高于标准、标准、近标准和低于标准的工作，以说明对网站的期望）
（在对 MAC 进行试点时，要收集锚对其进行评分）

除了有关《标准》的相关内容展现，网站还整合了一些艺术资源，涉及不同的学科和主题，各个州可以根据自身的情况来进行链接和选择，这也增加了师生们的学习自主权和选择权。

三、教学特点的转变——回归最本质的追求：真实、持久、核心

《标准》始终阐释的是对于各个年级学生所需达到的要求和标准，体现的是"以学生为中心"理念，使学生参与有意义的学习，同时鼓励最佳教学。《标准》以学生能够达到的状态作为参照，几乎对教师没提出明确的教学要求，可以理解为对于教师的教法会给予更大的发挥空间，所谓"教学有法，但无定法，贵在得法"。艺术教育在不偏离基石任务的轨道上，同时也对教师提出了更高的要求。在普通音乐教学方面，由于没有模板提供，教师无法去一一对应和套用，反而更考验教师的课堂设计和教学能力。基石性评估的存在释放了一种明显的信号，那就是不存在最佳教学，但有更适合当下学生实际的教学，不断地更新教学方法和手段是值得提倡和鼓励的。

（一）"大观念与创设真实情境"——深层认知的挖掘

通过真实表现评估理解和转移，建立真实有效的评估环境。无论是检测还是评估，其最终目的是得到真实且有效的数据和结果，来进一步更好地发掘学生学习过程中存在的问题并帮助其不断地完善和改进，最终促进音乐教育的发展。因此，只有建立在真实的基础之上的评估才是有价值的。那么，何为"真实"？

《标准》体现了课程设计理念的转变，明确提出把"理解为先"的教学设计作为标准制定的思想基础。这个教学设计的核心理念是最具育人价值之处，也是最为精彩之处，基于"为理解而教"的前提，把"大观念"的养成提到了最为突出的位置①。按照《标准》指导下的两位美国课程理论的专家——麦克泰和威金斯的说法，大观念指的是学生头脑中经久不衰的"持久理解"，对应前文提到的逆向教学设计，注重学生对知识点的理解和内化，是经过"学生内

① 余丹红. 美国国家核心艺术标准[M]. 上海：上海音乐出版社，2018：6.

化，并在遗忘大部分细节之后仍然能够保留下来的重要的领悟"①。

在教学中，"大观念"的实现有赖于提出"关键问题"并落实学生的"持久理解"。"持久理解"包括学科中的重要观点和核心过程，是超越当下课堂的持久价值，是学生在学习特定内容之后应有的深度领悟，是对于人的毕生具备重大意义的内容，是学会融会贯通并逐渐形成具备普遍意义的素养。"持久理解"的实现，有赖于在教学设计中提出"关键问题"，"关键问题"是通向"大观念"的引路人和指向标，它激发学生深入询问、探索学科内容表面并未直言和明示的深刻思想和智慧，以重要的问题为焦点，逐层地揭示概念、明确主题、形成理念，并通过自我反思促进元认知的发展②。有关"关键问题"的价值，有美国学者阐述得很清晰："好的问题有助于我们在思维的困境之中，颠覆不言而喻的权威真理，突破我们的常规认识。"③（如图4-3所示）

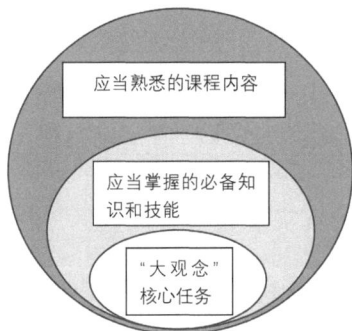

图4-3　大观念示意图

《标准》运用持久理解和关键问题，帮助教师和学生组织艺术过程中的信息、技能、经验，聚焦于"大观念"。美国的《标准》的课程设计理念把"大观念"放到了十分重要的位置，我们可以将其通俗地理解为人类智慧之共性或学科深处的深刻思想和真理。

"大观念"与中国传统哲学之中的"穷究天人，把握大本"有着异曲同工之妙。在中国的传统哲学中，古人认为，哲学的任务，就是要探究自然、社会

---

① 余丹红. 美国国家核心艺术标准[M]. 上海：上海音乐出版社，2018：6.
② 余丹红. 美国国家核心艺术标准[M]. 上海：上海音乐出版社，2018：7.
③ Wiggins G., McTighe J. Understanding by Design(Expanded 2nd Edition)[M]. New Jersey：Upper Saddle river, NJ：Pearson, 2006：106-107.

的奥秘，把握其大本大原，从而为自己立身处世提供一个世界观的基础①。这里的"天"指自然界，"人"指人类社会，"大本"则是指世界的本原、宇宙的根本。不断地探究人类社会和自然界的本原，掌握世界发展的真理，而这个真理往往通过人类的深刻思想和智慧提炼出来。这个"大本"不受人的意志影响而改变，人类可以通过学习和传授相关知识与经验，经过长时间的内化和遗忘后，用自己的理解来领悟它。美国《标准》中的"大观念"和中国传统哲学的"大本"虽然有着一定的认知差异，但我们也可以发觉其内在逻辑与关联的相似性。

在人类接受教育的历史进程中，许多学科的内在结构与逻辑是存在一致性的，例如法国哲学家、思想家福柯曾提出"知识型"理论。他认为，在一定历史时期，不同主题的学科之间存在内在结构一致性，从一个更为宏观的视野来考察，各种结构形态的出现不是孤立和偶然的，有其时代必然性②。这个"内在结构"指的是学科的形式法则和构成规律，是一个学科最根本也是最纯粹的内容，看起来往往是简明而经典的。因此，中国音乐学院的刘沛教授认为美国《标准》的"大观念"体现了中国古人所言的"大道至简"精神。

美国《标准》对于学生学习认知的要求上升到了"大观念"层次，其育人意义和价值就超越了艺术本身，升华成为学生看待世界、社会、个体的一种普遍的认识论和价值观，成为相对普遍的哲学层次的深度领会。因此，我们可以得出，"大观念"所提倡的"真"是一种具有深层次哲学性的概念，是一种纲领性的目标，在这个纲领下，艺术教育更能够超越自身一般的局限性，上升到更高的哲学层面，更具有智慧性。

在这样真实的环境下，无论是对于艺术学习的体验还是评估艺术水平和技能所创设的情境都是具有深度的，超越了当下课堂的一般价值，有助于学生洞察各个学科之间的特殊智慧以及贯通其间的人类之共性智慧，融会贯通并逐渐形成具备普遍意义的素养③。我们可以理解为，在具有哲学语境的真实环境下，基石性评估的标准和建立基础会更加贴近"育完整的人"这个目

① 聂荣华. 湖湘文化通论[M]. 长沙：湖南大学出版社，2005：125.
② 何宽钊. 哲学—美学视野中的西方和声演进[M]. 北京：中央音乐学院出版社，2020：4.
③ 余丹红. 美国国家核心艺术标准[M]. 上海：上海音乐出版社，2018：6.

标，因为，基石性评估并非独立于课堂而存在，而是贯穿整个艺术教育的始终。结合美国《标准》中对"大观念"的重视，我们也就不难理解真实有效的评估环境的内涵。

《标准》的建立基于对"艺术素养"的全面认识，"艺术素养"是指切实参与艺术活动所需的知识和理解，是一种通过艺术独有的象征性和隐喻性，运用流畅的艺术语言来进行联系、创作、表演和反应的能力。这种能力体现明确的哲学基础和终身目标，能促使具有艺术素养的人将其知识、技能和能力迁移到不同学科、情境和环境之中①。

艺术素养需要学生运用恰当的材料和空间来融入到真实的艺术活动之中，真实有效的评估环境建立在艺术素养所需的"材料"和"空间"之中。而基石性评估对于艺术过程的种种要求，是需要切实地实践和落地性操作的，从而有利于建立真实有效的评估环境，进一步推动知识与技能的理解和迁移。

（二）运用"持久理解"与"关键问题"聚焦"大观念"下的教学

由于《标准》建立在"逆向设计"的思路上，而"逆向设计"的运行逻辑是十分清晰和权威的，在此基础上，诞生了以理解为先的教学设计。这种设计有助于教育者首先确定预期的学习结果，其次确定可以实现目标的证据，最后，帮助教育者规划学习的过程和指导②。在大观念概念的影响下，以理解为先的教学设计就是"持久理解"，"持久理解"指的是希望学生内化并在遗忘大部分细节后仍然能够保留下来的重要理解，表述的是学科中的重要观点和核心过程，以及超越当下课堂的持久价值，还有学生在学习某个特定内容之后应有的深度理解③。

前文提到基石性评估具有学评一体的特征，同时在学习内容上呈现螺旋式上升的特点，那么，对于教师内容的选择与设计而言，知识性学习内容的掌握不是最重要的，对某一类学科或主题不断深化的阐述、解析、分析和应用才是重点。而这个深入的阐释、分析和应用就是持久理解的过程。持久理解可以看做是一根没有颜色的绳索，上面挂满了五颜六色的彩带，这些彩带

① 余丹红. 美国国家核心艺术标准[M]. 上海：上海音乐出版社，2018：13.
② 余丹红. 美国国家核心艺术标准[M]. 上海：上海音乐出版社，2018：5.
③ 余丹红. 美国国家核心艺术标准[M]. 上海：上海音乐出版社，2018：11.

就是学科或主题中的各个知识点，彩带的出现让整根绳索看着十分丰富、生动。随着时间的流逝大家可能不太记得具体有哪些颜色、形状的彩带出现过，但至少可以肯定这些彩带是挂在一根简单的绳索上的。不管承认与否，记忆中至少是有根绳索存在，"持久理解"就是这根绳索，能够超越一般课堂的当下价值，对知识的学习展现出时间延展性，一些优秀的教学实施也能随着时间的推移转变为深度理解。

"关键问题"在《标准》中被定义为"无法一语阐明的问题"，其实也是为了帮助和引导学生进一步掌握持久理解的内容。"关键问题"的价值在于不断地激发学生的学习思路和探索欲望，在这个过程中所寻求的答案很可能不是一成不变的，"关键问题"更多的是超越特定主题且需要迁移的问题，需要多年的积淀来促进概念的衔接和课程的连贯①。也就是说，因为"关键问题"在短时间内说不明白，随着时间长期发展而变化，学生需要不断地通过迁移来促进知识概念的深入、连贯，在课堂中呈现为联系与贯通，在学科之间表现为融合互动，从而为后期真正达到学科最核心内容的持久理解做准备。因此，"关键问题"不是一个答案，而是一个动态的获取答案的过程，有助于加深对"持久理解"的理解。

很显然，《标准》中对于"持久理解"或"关键问题"的设置都是为了让读者更清晰地意识到学科之间的内在联系，以及学科之内各学段链接的重要性，是将整个艺术学习过程塑造成一个有机变化的生命体，只要生命不息，对于"持久理解"和"关键问题"的掌握就在持续升华中。美国小学对应初中、初中对应高中阶段的艺术教育也呈现出延续性这一特征。

美国的高中学生一般在进入高中之前就参与过基础的合奏、和声和乐器等课程。那么，高中之前，属于音乐标准的准备水平阶段。如5年级之前都可看作是新手阶段，此阶段的学生开始发展提高技能水平所必需的基本艺术理解和技巧，针对他们选择的艺术形式开始进行专业知识和技能的学习，但与中级阶段相比，缺乏独立性。在这个过程中，学生的表达能力得以确定，并拥有参与表演和演讲的机会，这一阶段，好奇心会占据重要地位。中级阶段，相当于8年级左右的水平，这个阶段的学生能够开始独立或协作地在给

① 余丹红. 美国国家核心艺术标准[M]. 上海：上海音乐出版社，2018：1.

定的技能水平上进行创作、表演和反应。他们在对艺术的理解和技术、表达能力方面不断发展，以一种选定的专业艺术形式继续学习，这一阶段的学生在校内或校外的表演机会都比较多，实践能力也增强了不少，对于需要合作或协作的排练活动也能更为积极地参与，艺术学习自主能力大幅提高。在阐述有关基石性评估的内容时，前文中列举的十五个艺术过程表格所选取的年级代表分别为 2 年级、5 年级、8 年级，这是因为在美国《标准》的官网上，基石性评估要素能够为这几个年级和高中 3 个年级提供评估的案例，以此表明如何运用清晰明确的标准，通过丰富的表现任务来评价学生的学习。而这些任务，皆作为模板来引导各州各地区评估的发展，并最终通过美国国家核心艺术标准的网站，运用该模板对学生的成果进行基准检测[①]。

在我国 2022 年 4 月份发布的《义务教育艺术课程标准（2022 版）》中，我们也发现课标更加明确了各个学段的教学任务，并在教学内容设置与评价形式上与《普通高中音乐课程标准（2017 年版）》呈现出设计思路的一致性，这说明有差别的只是教学方式与教学组织形式，而有关育人价值的内在逻辑性却是一致的。"大观念"的实现有赖于提出"关键问题"并落实于学生的"持久理解"，理解了"持久理解"和"关键问题"的内涵有助于我们更好地掌握"大观念"的核心，并为落实锚定标准和表现标准奠定基础，为最终实现育人目标坚定方向。

第五章　中学音乐核心素养研究的中国考评之路

应试教育和片面追求升学率的弊端一直是我国教育研究的重点和难点，这虽然并不是音乐教育研究必须要涉及的问题域，但是音乐作为学校的一门课程又必然与基础教育的大背景发生关联。相关政策同样会作用于音乐学科的价值挖掘和课堂实施的效果。无论你认为音乐课是重要课程，还是边缘课程，它都在学校课程体系里面。基础教育有任何风吹草动，实时变化，它都会跟着发生变化，跟着卷入任何一场改革当中。2014 年发起的新高考制度的改革，使得音乐与综合素质评价发生了实质性的关联，如果音乐教育研究者不去关注和研究新高考制度，就等于在寻找普通学校音乐教育教学问题的道路上少了一个或许能解决问题的突破口，也少了一个顺应音乐课程改革动向来改善教学的新的生长点。因为解决问题的钥匙不一定非要在音乐本体上来找，也可以是在似乎与音乐没有关系但是深入研究就会发现关联度还很强的事情上来寻找突破口。本章通过探讨 2015 年以后伴随新高考制度改革、新综合素质评价的背景下音乐如何考评这一问题，来寻找音乐教育某些层面有待挖掘的真谛。

所谓中国考评之路，其中关键的核心素养作为新世纪的一个舶来品，一定要基于自己的本土文化和本土的教育宗旨来进行运用和实践，要根据我们的实际情况来寻找自己的路子。

本研究将对中学生核心素养进行提炼，研究什么才是非艺术专业特长教育的中学生需要掌握、可以掌握并且可以得到评价的音乐核心素养，并将其放在综合素质评价体系中来进行研究，提供一个清晰明了且可以实施的评价体系。知识社会学的"谁的知识更重要"的分析路径告诉我们，学校课程是由国家控制的，是国家意识形态、主流思想的体现。就我国而言，结合世界政治风云变幻和经济发展形势，基础教育阶段的课程要能服务于立德树人之根本任务，这就规定了学校音乐课程的工具性特点。而这种工具性的实现是需要通过尽量量化的综合素质评价里面的艺术素养这一维度来具体化和行为化的，这样就形成了基于新综合素质评价下的音乐教育研究的逻辑起点。所以，从理论研究层面来说，本研究可以深化、细化和延展综合素质评价和核心素养研究，在音乐学科的层面促进教育研究的创新；从实践层面来说，能为国家教育行政部门、区域教育行政部门提供更为客观、具体、细化的综合素质评价体系，核心素养的培养提供更易落地的理论支持和实施方案。

为了能有效论证音乐考评进入了一个挑战和机遇并存的关键时期，我们有必要对一步步推进的、不进则退的时间节点做一个总结，深刻认识到这是一个最好的时代，要珍惜这样的机会来进行中国音乐考评的创新。第一个时间节点是 2014 年 3 月，以《关于全面深化课程改革 落实立德树人根本任务的意见》这一文件的颁布为标志，中国基础教育进入了核心素养时期，基础教育的所有学科都是依据德智体美劳全面发展的教育方针，来落实立德树人根本任务的，学科教学都是基于如何促进学生核心素养的培养来进行改革创新的。同理，基础教育阶段的音乐学科也是一样。学科核心素养是什么？怎么样培养这些核心素养？如何评价这些核心素养？这无疑会带来评价改革的创新。

第二个时间节点是 2014 年 9 月，国务院印发《关于深化考试招生制度改革的实施意见》，新一轮高考制度改革启动。2014 年 12 月 16 日，教育部正式发布了《关于普通高中学业水平考试的实施意见》和《关于加强和改进普通高中学生综合素质评价的意见》两个重要配套政策文件，明确提出，高校招生录取将由"两依据、一参考"，即"统一高考成绩"和"高中学业水平考试成绩"作为高校招生录取的依据，"综合素质评价"作为高校招生录取的重要参考。"两依据、一参考"正式成为新高考制度的基本构架。新高考制度的出台势必会影响高中各学科课程与教学改革，而作为高中课程模块中艺术领域中的音乐课，也跟着大形势的改变发生了微妙的变化。

新高考制度出台后，最能引爆研究热点的是高考必考科目和学业水平必考科目，那为什么要研究音乐这样一门至少现在来说和高考挨不上边的边缘学科？有这种想法的人，说明他对音乐教育的问题研究往往只局限在学科之内，还没有去思考是否有其他的路径可以解决关联问题，而新高考制度所带来的新综合素质评价制度恰好给我们思考音乐教育问题带来了新路径。

这就是为什么前面我们已经梳理了综合素质评价流变下的音乐考评，现在又提出新的一轮综合素质评价的原因。伴随 2014 年国家逐步实施新高考制度，把以前并不怎么做实的综合素质评价纳入到了高考的"一参考"中，综合素质评价的结果运用于高校录取参考，形成和千千万万学生的高利害性关联，这个时候的考评也必然在内容上、形式上、要求上与以前的综合素质评价不一样。

第三个时间节点是 2015 年 5 月，教育部印发了《中小学生艺术素质测评办法》等三个文件的通知，8 月又公布了 102 个艺术素质测评先行试验区等基础教育动态。从这里可以看出，教育部关于艺术评价有着非常清晰的、步步为营的顶层设计，为我们立足新时期这个特殊时代的研究打下了基础。同时也为我们回答了为什么前面已经论述过艺术素质评价问题，而在新高考制度下，艺术素质评价和新综合素质评价是什么关系、可以形成什么关系、可以分别支撑怎样的评价体系等问题研究提供了理由。

第四个时间节点是 2015 年 9 月，2015 版《美育意见》的颁布，把美育评价问题提到了前所未有的高度，开启了艺术进中考从试验区到全国各省市步步推进的大门。

第五个时间节点是 2018 年 1 月，2017 版的普通高中课程方案和各学科课程标准的出台，以及其后 2020 年的动态修订，明确了"学业质量"这一概念。那么，学业质量和艺术素质测评又有什么关系？高中课程方案和各学科新的课程标准出台后的全新历史时期，将会直接提升新综合素质评价的研究价值。

第六个时间节点是 2020 年 10 月，10 月 13 日国务院颁布《深化新时代教育评价改革总体方案》，该文件明确了艺术进中考逐步推行的政策性引导。10 月 15 日，中共中央办公厅、国务院办公厅联合印发《关于全面加强和改进新时代学校美育工作的意见》，推动了艺术进中考的实质性开展。

以上六个时间节点从 2014 年跨越到现在，这个时期还发生了很多相关的大事。如 2015 年启动的国家义务教育质量检测，凸显了评价问题的重要性和评价实施的丰富性，无疑从各方面对基础教育阶段的音乐教育提出了新的要求和挑战，甚至用"迎来了教育评价的革命"来形容这个时期也不为过，理论研究应该要抓住这个新时期有所作为。

第一节　核心素养的学业质量标准

核心素养的提出表现为一种教育理想和教育目标或者说是总览课程改革的顶层设计思想。在课程实施方面需要有一个更为具体的方案来实现从理念到实施，以及实施过程、实施效果的管理与检测。最早提出核心素养概念的"经合组织"基于社会愿景和个人生活需求所需要的素养，通过广泛调研和集合学科专家的多方观点，设计了 PISA 测试体系来实现检测。2017 版的高中课程标准的修订中运用了一个新名称——学业质量标准，音乐学科和其他学科课程标准一样基于核心素养制定了学业质量标准，那么什么是学业质量标准呢？学业质量标准是关于基础教育阶段的学生在完成各学段教育或者结束基础教育阶段教育时，应该具备的各种核心素养以及在这些素养上应该达到的具体水平的明确界定和描述。

质量标准让核心素养的实现更为明确。正如有专家评价："一方面，质量标准较学生核心素养来说更加切合课程和学科教学，可以用来指导教师的教育教学实践；另一方面，质量标准较学生核心素养来说更加具体、更具可操作性，所以，结合了内容标准后，质量标准还可以用来指导教育评价。"[①]

2017 版高中音乐课程标准中的第四大点便是"课程内容与学业质量标准"，它将高中生要掌握的课程内容进行文字陈述并给予量化等级划定。学业质量水平分为三个等级，即水平 1、水平 2、水平 3，且每一个水平等级都有详细的质量描述。水平 1 为学生完成一个 18 学时的模块后所要达到的要求，水平 2 和水平 3 为学生完成一个 36 学时的模块后所要达到的等级要求。学生完成 18 学时的学习，通过水平 1 的测试，可以获得 1 个学分；完成 36 学时的学习，通过水平 2 或水平 3 的测试，可以获得 2 个学分。

高中音乐课程标准针对 6 个必修模块、6 个选择性必修模块，非常清晰地表述出了水平 1—3 的质量描绘的观测点，且标出该观测点对接了哪一个

---

① 辛涛. 学生发展核心素养研究应注意几个问题[J]. 华东师范大学学报：教育科学版，2016 (01)：7.

学科素养，形成了教师可以教学又可以用于评价的指标点。例如模块 1：音乐鉴赏，水平 1 分为 4 个观测点，即 1-1、1-2、1-3、1-4，每一个观测点都有非常清晰的文字说明即质量描述。

"1-1　在聆听音乐过程中，能保持安静、专注的听赏状态；能说出所听音乐的作品名称、表现题材、体裁形式；能感受所听作品的情绪、风格等基本特点。（素养 1、3）

"1-2　知道中外音乐史上有代表性的音乐家（4—6 位）及其代表作品（1—2 部）。（素养 1、3）

"1-3　熟悉所听作品的音乐主题，并能随乐哼唱。（素养 1、2）

"1-4　生活中能根据自己的审美情趣和爱好，选择适宜的音乐进行欣赏，并与他人交流对音乐作品的看法和观点。（素养 1、3）"①

研读每一个水平的质量描述，我们可以明显感受到音乐学科核心素养在各个层级之间呈现的是知识、能力、态度的综合，是建立在学科基础知识与体系结构基础上的，是通过思维方式转变形成人格特点，是知、行、意共同作用下日积月累的一种养成过程。这与实验稿的高中音乐课程标准基本上没有涉及质量标准问题相比较，是一个质的飞跃。根据我国学者杨向东教授的研究：这种学业质量标准的制定是输出驱动（output-driven）教育改革运动的影响，它依靠不同年龄阶段学生的学习结果来管理和监控教育系统，是一种规范性成就标准（normative standard），即规定了特定学段学习结果的应然水平，是对学生认知发展水平、理想教育环境和方法的综合理解。这种标准的设定是与当今核心素养相配套的教育管理模式。而教学大纲时代或者以三维目标为基础的课程标准时代是与输入驱动（input-driven）系统配套的，输入驱动系统通过课程指南（curriculum guide）或教学大纲（syllabus）实现控制，本质是详细规定学校教学的目标和按照学科知识体系组织编排的各年级具体的学科内容的内容标准（content standard），这种"传统的教育标准是内容取向的，

① 中华人民共和国教育部.普通高中音乐课程标准（2017 年版）[S].北京：人民教育出版社，2020：32-33.

主要关注学生在教育中所掌握的知识技能的实际表现水平，很少体现现代意义上的学科核心能力的表现水平"①。内容标准虽然在学科总目标中涉及学科相关能力，但是没有将学科能力的培养作为明确的编排原则，这一次高中音乐课程标准的修订开启了新的改革范式。

从评价的角度来看，与2003年版的高中音乐课程标准相比，2017年版的高中音乐课程标准对学生的评价内容描述得更加清晰，而不再是笼统、泛泛而谈的描述。其标准依据不同学业成就表现将学业质量划分为三个不同的水平，并描述了不同水平学习结果的具体表现。学业质量水平主要用以衡量学习者所掌握的学业质量程度的高低，因此，它是教师在教学中进行教学目标设定的重要参考及对学生进行音乐各模块考试与高考命题的重要依据。在评价建议一栏新增了评价目的，为音乐教师明确了课堂评价过程的重要性。该评价内容由原先的对学生、对教师的评价改为了从四个方面对学生进行具体评价，一方面既融入了核心素养的具体内容，同时也体现了新课程标准以学生为本的特点，评价方式依据评价内容更为具体化。

课程标准的附录部分将音乐学科核心素养水平细致地进行了三个层次的划分。审美感知模块依次为：能在实践中关注不同艺术门类，有兴趣探究音乐的主要特征；能从音乐艺术的音响特征出发，对不同艺术门类进行比较；能在聆听音乐经验基础上，把握音乐艺术的独特表达方式和基本特征等。艺术表现模块依次为：能参与、演唱音乐活动，能主动参与演唱、演奏等表演活动，能积极参与演唱、演奏等表演活动等。文化理解模块依次为：能从创作年代等角度初步认知作品的文化背景和时代特征，能依据作品题材内涵，对作品的文化背景和时代特征发表见解，能以乐评的方式阐述作品的文化背景和时代特征等。这些学科素养水平和学业质量水平相互贯通，给教师的教学和评价营造一种3D立体模式，让教学更清晰，评价更有针对性。不仅能够将学生的成绩划分等级，而且能够描述哪些事情是学生可以做到的，对个体的结果反馈可以更具描述性和针对性。学生的音乐学业水平与难度逐步递增的任务要求相关联，这样就可以看出哪些特征和要求是较高等级或较低等级共同具备的，哪些是有区分度的。

---

① 杨向东. 基础教育学业质量标准的研制[J]. 全球教育展望，2012(05)：37.

总而言之，基于音乐核心素养的学业质量标准从感知作品的情绪、培育实践能力、树立平等的价值观等方面进行水平划分。在课程内容上，规范了课程结构设计，使音乐课程变得更为合理，为考试提供了相应的思路，深刻体现了音乐课程的人文性、审美性、实践性，抓住了核心，为音乐教育的发展指明了方向。

第二节 新高考制度下的高中学业水平考试

正如前文所述，新高考制度的"两依据、一参考"来自2014年12月教育部颁布的《关于普通高中学业水平考试的实施意见》和《关于加强和改进普通高中学生综合素质评价的意见》，而它们又是国务院《关于深化考试招生制度改革的实施意见》的两个重要配套政策文件，是贯彻探索基于统一高考和高中学业水平考试成绩、参考综合素质评价的多元录取机制的具体指导意见。当时教育部要求各地根据新高考制度制定对接高中学生综合素质评价基本要求和具体办法的普通高中学业水平考试的实施办法，并于2015年8月底前报教育部备案。

根据时任教育部基础教育二司司长郑富芝介绍，我国高中学业水平考试从2005年开始，逐步在高中新课程实验省份推开，目前已有30个省份实施（有20个省份实施超过5年）。这次改革重在进一步规范，确保程序公开透明，内容真实准确，是在多年实践的基础上进一步完善和提高考试的权威性、科学性和公信力。高考减少和规范加分项目后，学生竞赛、获奖以及各种特长都可列入综合素质档案记录，供高校参考①。

学校为每位学生建立综合素质档案。档案主要内容为：①主要的成长记录，包括思想品德、学业水平、身心健康、艺术素养、社会实践五个方面的突出表现；②学生毕业时的简要自我陈述报告和教师在学生毕业时撰写的简要评语；③典型事实材料以及相关证明。综合素质档案除用于高中学校对学生的教育，还要用于高校招生，供招生院校使用。高校根据自己的要求，对

---

① 高中学业水平考试和高中学生综合素质评价细则出台[N]．光明日报，2014-12-17(01).

档案材料进行研究分析和使用，高中教师不参与①。

笔者通过查询多个省市的高中学业水平考试方案（如表5-1），研究音乐等艺术课程的考评方式，得知高中艺术课程的考试基本呈现出过程性评价+专项测试的锚定模式。如有的学校是每学期把聆听音乐的这张试卷上传到综合素质评价的平台，作为学业水平考试的过程性的成绩。但无论采用什么方式，都是将其纳入到综合素质评价中，作为高中入大学的参考依据之一。

表5-1 各省市高中学业水平考试方案

省、市、自治区（发表年份）	政策文件	考试或考查科目	考试形式	结果呈现
西藏（2016年）	《西藏自治区普通高中学业水平考试实施办法（试行）》	语文（汉语文）、藏语文、数学、外语、音乐、美术、体育、通用技术、信息技术九门科目只设合格性考试，思想政治、历史、地理、物理、化学、生物六门科目设合格性考试和等级性考试。	笔试、口语测试（人机对话）、技能操作测试（物、化、生）	合格性考试成绩采用合格制，分合格、不合格两类，分别呈现为P和F。等级性考试成绩采用等级制，按A、B、C、D、E五个等级呈现。
天津（2016年）	《天津市完善普通高中学业水平考试的实施办法》	分为合格性考试与等级性考试。合格性考试科目为语文、数学、外语、思想政治、历史、地理、物理、化学、生物、信息技术、通用技术、音乐、体育与健康、美术十四门科目；等级性考试科目在思想政治、历史、地理、物理、化学、生物六门科目中自主选择三门考试科目。	书面笔试、实验操作合格性考查、机考、综合评定成绩	合格性考试成绩以"合格"或"不合格"呈现。等级性考试成绩以等级呈现，由高到低分为A、B、C、D、E五个等级。其中A等级约占20%，B等级约占35%，C等级约占30%，D、E等级共占15%，E等级原则上不超过1%。

① 李玉兰. 未来高考总成绩怎么计算[N]. 光明日报，2014-12-17(06).

省、市、自治区（发表年份）	政策文件	考试或考查科目	考试形式	结果呈现
山东（2016 年）	《山东省普通高中学业水平考试实施方案》	合格性考试科目有语文、数学、外语、思想政治、历史、地理、物理、化学、生物、技术（含信息技术、通用技术）、艺术（音乐、美术）、体育与健康。等级性考试科目有思想政治、历史、地理、物理、化学、生物。	合格性考试和等级性考试实行全省统一命题、统一考试。其中，艺术、体育与健康科目的合格性考试，采用"过程性学习成果+专项测试"的方式确定成绩。	合格性考试成绩分为合格和不合格。等级性考试成绩分为五个等级，由高到低为 A、B、C、D、E。
河南（2016 年）	《河南省普通高中学业水平考试实施办法（试行）》	语文、数学、外语、思想政治、历史、地理、物理、化学、生物、信息技术、艺术（音乐、美术）、体育与健康、通用技术。	笔试	按人数所占比例由高到低依次分为 A、B、C、D、E 五个等级，A 等级占 15%，B 等级占 30%，C 等级占 30%，D、E 等级共占 25%。
湖北（2016 年）	《湖北省普通高中学业水平考试实施办法》	语文、数学、外语、思想政治、历史、地理、物理、化学、生物、信息技术、通用技术、艺术（音乐、美术）、体育与健康。	笔试	以合格或不合格呈现。

省、市、自治区（发表年份）	政策文件	考试或考查科目	考试形式	结果呈现
湖南（2016 年）	《湖南省普通高中学业水平考试实施办法》	合格性考试共十四门科目，包括语文、数学、外语（含英语、日语、俄语）、思想政治、历史、地理、物理、化学、生物、通用技术、信息技术、音乐、美术、体育与健康。等级性考试共六门科目，包括思想政治、历史、地理、物理、化学、生物。	笔试	合格性考试成绩以合格或不合格呈现。等级性考试成绩以等级呈现，分为五个等级，由高到低为 A、B、C、D、E。
北京（2017 年）	《北京市普通高中学业水平考试实施办法（试行）》	分为合格性考试与等级性考试。合格性考试科目包括语文、数学、外语、思想政治、历史、地理、物理、化学、生物、体育与健康、艺术（音乐、美术）、信息技术、通用技术共十三门科目；等级性考试科目包括思想政治、历史、地理、物理、化学、生物共六门科目。	笔试、学生平时表现和综合测评，以及学生实际操作能力	合格性考试成绩以60 分以上合格、60分以下不合格呈现。等级性考试成绩以等级呈现，分为五个等级，由高到低为 A、B、C、D、E。等级根据原始分划定，成绩当年有效，计入高校招生录取当年总成绩。
吉林（2017 年）	《吉林省普通高中学业水平考试实施办法（试行）》	考试科目：语文、数学、外语、思想政治、历史、地理、物理、化学、生物；考查科目：音乐、美术、体育与健康、信息技术、通用技术、物理、化学、生物实验操作。	笔试与考查	按 A、B、C、D、E 五个等级呈现。

续表

省、市、自治区(发表年份)	政策文件	考试或考查科目	考试形式	结果呈现
浙江(2018年)	《浙江省普通高中学业水平考试实施办法》	语文、数学、外语(含英语、日语、俄语、德语、法语、西班牙语)、思想政治、历史、地理、物理、化学、生物学、技术(含信息技术、通用技术)。	书面考试和机考	学考成绩采用等级制,设A、B、C、D、E共五个等级,E为不合格。
重庆(2018年)	《重庆市普通高中学业水平考试实施方案》	分为合格性考试与等级性考试,合格性考试科目包括语文、数学、外语(含听力)、思想政治、历史、地理、物理、化学、生物学、信息技术、通用技术、音乐、体育与健康、美术共十四门;等级性考试科目在思想政治、历史、地理、物理、化学、生物学六门学科中选择三门。	书面考试、实验操作考查、素质测试	合格性考试以合格或不合格两种方式呈现。等级性考试的成绩采用等级制,由高到低分为A、B、C、D、E五个等级。
江苏(2019年)	《江苏省普通高中学业水平考试实施方案》	合格性考试科目包括语文、数学、外语、思想政治、历史、地理、物理、化学、生物、信息技术共十门,由省教育厅统一组织考试;选择性考试科目包括思想政治、历史、地理、物理、化学、生物共六门。	书面考试和机考	合格性考试以合格或不合格两种方式呈现。选择性考试科目成绩以分数呈现,每门均为100分,物理、历史科目以原始分计入高考总分,其余科目以等级分计入高考总分,等级赋分转换办法另行公布。

综合素质评价下的中学音乐核心素养研究

省、市、自治区（发表年份）	政策文件	考试或考查科目	考试形式	结果呈现
河北（2019 年）	《河北省普通高中学业水平考试实施办法》	学业水平考试分为合格性考试和选择性考试。考试科目共有十四门，分别为语文、数学、外语、思想政治、历史、地理、物理、化学、生物学、信息技术、通用技术、体育与健康、音乐、美术等。其中，语文、数学、外语、信息技术、通用技术、体育与健康、音乐、美术八门科目只设合格性考试，思想政治、历史、地理、物理、化学、生物学六门科目设合格性考试和选择性考试。	笔试和网络考试	考试成绩以 A、B、C、D、E 五个等级呈现。A 等级 15%，B 等级 30%，C 等级 30%，D、E 等级合计 25%；E 等级为不合格。
辽宁（2019 年）	《辽宁省普通高中学业水平考试实施办法》	考试科目：语文（含少数民族语文、汉语）、数学、外语（含英语、日语、俄语）、思想政治、历史、地理、物理、化学、生物学、信息技术、通用技术、体育与健康、音乐、美术；考查科目：物理、化学、生物的实验操作和外语听力及口语。	笔试与考查	按 A、B、C、D、E 五个等级呈现。

省、市、自治区(发表年份)	政策文件	考试或考查科目	考试形式	结果呈现
广东(2019年)	《广东省普通高中学业水平考试实施办法》	合格性考试科目：语文、数学、外语、思想政治、历史、地理、物理、化学、生物学、艺术(音乐、美术)、技术(含信息技术和通用技术)、体育与健康等；选择性考试科目：思想政治、历史、地理、物理、化学、生物学，共6门。	笔试与技能考核	按A、B、C、D、E五个等级呈现。
黑龙江(2019年)	《关于做好黑龙江省普通高中学业水平考试工作的通知》	思想政治、历史、地理、物理、化学和生物。	笔试	等级性考试：成绩采用等级制，由高到低分为A、B、C、D四个等级。

省、市、自治区（发表年份）	政策文件	考试或考查科目	考试形式	结果呈现
海南（2019 年）	《海南省高中学业水平考试和高中阶段学校招生工作实施细则》	合格性考试：各科目考试内容限定在各学科课程标准规定的必修内容范围内。语文科考试时间为 120 分钟；数学、外语每科考试时间为 90 分钟；思想政治、历史、地理、物理、化学、生物每科考试时间为 60 分钟；信息技术和通用技术两个科目合卷考试，考试时间为 90 分钟；体育与健康、音乐、美术三个科目的合格性考试书面笔试时间为 40 分钟。体育与健康技能测试时间根据测试项目确定，音乐技能测试时间为 3 分钟，美术技能测试时间为 60 分钟。普通高中在校学生须参加物理、化学、生物、信息技术、通用技术五个科目的技能操作考查，考查时间均控制在 60 分钟以内。考查结果不计入合格性考试成绩，记入学生综合素质评价档案。选择性考试：思想政治、历史、地理、物理、化学、生物六个科目的选择性考试内容限定在各学科课程标准规定的必修和选择性必修内容范围内。各科目选择性考试均采用书面笔试方式，每科考试时间为 90 分钟。	体育与健康、音乐、美术三个科目的合格性考试分为书面笔试和技能测试两部分，其他科目的合格性考试均采用书面笔试方式。各科目选择性考试均采用书面笔试方式，每科考试时间为 90 分钟。	合格性考试结果以合格或不合格两种方式呈现。考试不合格的考生，高三毕业前可再参加 1 次合格性考试。选择性考试成绩以标准分呈现，与统一高考三个科目成绩的标准分合成后作为高等学校录取总成绩。

省、市、自治区(发表年份)	政策文件	考试或考查科目	考试形式	结果呈现
宁夏回族自治区(2020年)	《宁夏回族自治区普通高中学业水平考试实施办法(试行)》	语文、数学、外语、思想政治、历史、地理、物理、化学、生物学、体育与健康、音乐、美术、信息技术、通用技术十四个科目和物理、化学、生物学三科实验操作技能测试均实行学考合格性考试。	笔试和操作技能测试	合格性考试成绩采用合格制,分合格或不合格两类。
福建(2020年)	《福建省普通高中学业水平考试实施方法》	考试科目:语文、外语、数学、思想政治、历史、地理、物理、化学、生物、信息技术、通用技术、体育与健康、艺术(音乐、美术)。	合格性考试和选择性考试	合格性考试以合格、不合格两种方式呈现,合格分数线为60分;选择性考试以原始分呈现或以等级转换分形式呈现。
上海(2021年)	《上海市普通高中学业水平考试实施办法》	合格性考试包括语文、数学、外语、信息技术、通用技术、体育与健康和艺术(音乐、美术)科目。思想政治、历史、地理、物理、化学、生物学科目分设合格性考试和等级性考试。	合格性考试与等级性考试,采取笔试、操作技能测试和机考,以及综合评定等方式	合格性考试成绩分合格、不合格两类。等级性考试成绩以等级呈现,按获得该次考试有效成绩的考生(即缺考或未得分的考生除外)总数的相应比例划分等级,由高到低分为 A+、A、B+、B、B-、C+、C、C-、D+、D、E 共五等十一级。其中 A+约占5%,A、B+、B、B-、C+、C、C-、D+各约占10%,D、E 共约占15%(其中 E 为考试有效成绩低于标准分值,约占5%)。

续表

省、市、自治区（发表年份）	政策文件	考试或考查科目	考试形式	结果呈现
安徽（2021年）	《安徽省普通高中学业水平考试实施办法》	分为合格性考试和选择性考试。合格性考试设置科目为语文、数学、外语、思想政治、历史、地理、物理、化学、生物学、信息技术、通用技术、音乐、美术、体育与健康。选择性考试设置科目为思想政治、历史、地理、物理、化学、生物学六门科目。学生可根据报考高校要求，结合自身特长兴趣，首先在物理、历史中选择一门，再从思想政治、地理、化学、生物学中选择两门。	书面考试和上机考试	合格性考试成绩以合格或不合格方式呈现。选择性考试科目成绩以分数呈现，每门满分均为100分。
陕西（2021年）	《陕西省普通高中学业水平考试实施办法》	语文、数学、外语、信息技术、通用技术、体育与健康、音乐和美术只设合格性考试，思想政治、历史、地理、物理、化学、生物分别设合格性考试和等级性考试。	笔试、实验操作测试（物、化、生）、上机操作考试（信息技术）	合格性考试成绩采用合格制，分合格、不合格两类，分别呈现为P和F。等级性考试成绩采用等级制，分为A、B、C、D、E五个等级。
广西（2021年）	《广西普通高中学业水平考试实施办法》	考试科目包括语文、数学、外语、思想政治、历史、地理、物理、化学、生物学、信息技术、通用技术、音乐、美术、体育与健康共十四门。其中，合格性考试包括所有十四门科目；选择性考试包括思想政治、历史、地理、物理、化学、生物学六门科目。	书面闭卷笔试、综合评定	合格性考试以合格或不合格两种方式呈现。选择性考试以原始分数呈现或以等级转换分数呈现。

省、市、自治区（发表年份）	政策文件	考试或考查科目	考试形式	结果呈现
四川（2022年）	《四川省普通高中学业水平考试实施办法》	合格性考试设置语文、数学、外语（含听力）、思想政治、历史、地理、物理、化学、生物学、信息技术、通用技术、音乐、体育与健康、美术十四门科目。选择性考试设置思想政治、历史、地理、物理、化学、生物学六门科目，学生根据高等学校招生要求及自身兴趣、志向、优势等，首先从物理、历史两门科目中自主选择一门（简称"首选科目"），再从思想政治、地理、化学、生物学四门科目中自主选择两门（简称"再选科目"），共选三门科目作为各自的选择性考试科目。	合格性考试：语文、数学、外语、思想政治、历史、地理、物理、化学、生物学、通用技术科目的合格性考试，采用书面笔试方式，信息技术科目采用无纸化机考方式。音乐、美术、体育与健康采取过程性与终结性评价相结合的方式，按照课程标准要求确定成绩。选择性考试：思想政治、历史、地理、物理、化学、生物学六门科目的选择性考试均采用书面笔试方式，考试时长为75分钟，卷面满分均为100分。	合格性考试：成绩以合格或不合格方式呈现，卷面得分60分及以上为合格，60分以下为不合格。选择性考试：首选科目物理或历史成绩以原始分呈现，再选科目思想政治、地理、化学、生物学成绩以等级转换分呈现，具体计分办法按我省等级转换计分办法有关要求执行。

续表

省、市、自治区(发表年份)	政策文件	考试或考查科目	考试形式	结果呈现
山西(2022年)	《山西省普通高中学业水平考试实施办法(试行)》	合格性考试科目包括语文、数学、外语(含英语、俄语、日语、法语、德语、西班牙语)、物理、化学、生物学、思想政治、历史、地理、信息技术、通用技术、音乐、美术、体育与健康等十四科。其中,外语包括听力,物理、化学、生物学三科包括实验操作。选择性考试科目包括物理、化学、生物学、思想政治、历史、地理等六科,由学生根据报考高校要求和自身特长,首先在物理和历史中选择一科,再从化学、生物学、思想政治、地理中选择两科。	合格性考试采用闭卷笔试形式。信息技术、通用技术和物理、化学、生物学的实验操作采取操作考试,音乐、美术、体育与健康采取过程性与终结性评价相结合的方式。选择性考试物理、化学、生物学、思想政治、历史、地理等六科,全省统一命题、统一组织,采用闭卷笔试形式。	合格性考试成绩以合格或不合格方式呈现。语文、数学、外语、物理、化学、生物学、思想政治、历史、地理九科成绩按获得本次考试有效成绩的考生总数相应比例划分为五个等级,由高到低为A、B、C、D、E,原则上各等级人数所占比例依次为:A等级15%,B等级30%,C等级30%,D、E等级共25%。E等级为不合格,每次考试的E等级比例依据基本教学质量要求以及当次命题和考试等情况确定。选择性考试科目卷面满分值各为100分,首选科目物理、历史以卷面原始分呈现;再选科目化学、生物学、思想政治、地理以等级转换分呈现,转换时设置托底保障基数。

第三节 基于质量监测的音乐考评

在围绕艺术素质测评、综合素质评价、高中学业水平考试、艺术进中考等诸多评价的同时，我们必须同时关注在同期开展的国家义务教育质量监测。尽管我们知道国家义务教育质量监测无论目的、结构还是运行机制都与中小学艺术素养测评不同，但是在实际考评工作中，因为涉及学生的答题和测试，在测评维度与实践操作方面具有同构性，以至于常常被混淆。这促使我们去思考，从国家义务教育质量监测角度来分析音乐考评问题，把它纳入音乐到底要怎么考才科学的研究范畴，帮助我们探索真理之路。

2007年，受教育部委托，北京师范大学成立教育部基础教育质量监测中心，专门负责国家义务教育质量监测事宜。2010年颁布的《国家中长期教育改革和发展规划纲要（2010—2020年）》提出要"建立国家义务教育质量基本标准和监测制度"。2015年4月15日，国务院教育督导委员会办公室印发《国家义务教育质量监测方案》（以下简称《监测方案》）。截至2018年9月，我国已有28个省、自治区、直辖市成立了省级监测机构，近30个地市及50余个区县成立了地市、区县级别的监测机构。《监测方案》规定每三年为一个监测周期，每个周期监测两个学科领域。因此，在2015—2017年的第一个监测周期中，分别完成了对义务教育阶段4年级、8年级学生数学和体育（2015年）、语文和艺术（2016年）、科学和德育（2017年）六个学科的学习质量及相关影响因素的首轮国家监测，监测样本覆盖我国31个省、自治区、直辖市和新疆生产建设兵团共973个样本市、区、县的近60万名学生。2016年的首轮艺术教育质量监测包含音乐和美术两个学科，这是艺术学科首次被纳入国家教育质量监测体系。它完成了对义务教育阶段4年级、8年级学生艺术学业表现及相关影响因素的描绘，也预示着中小学美育工作发展进入一个新阶段①。首次的音乐教育质量监测是以《义务教育音乐课程标准（2011年版）》为基础的，包含了所规定的欣赏、编创、表现（演唱）及相关音乐文化等内

① 万鸽，李燕芳，陈福美. 对我国未来音乐教育质量监测模式的几点思考（上）[J]. 中国音乐教育，2019（06）：4-7.

容，在纸笔测试的基础上还进行了学生现场演唱和绘画创作等表现性测试，充分体现学科特色和能力导向。监测手段既有通过音频听辨来考查学生音乐赏析能力的纸笔作答形式，也有通过计算机辅助演唱系统考查学生演唱能力的测试形式。监测内容对应的指标与工具见表5-2：

表5-2　艺术学业质量监测的内容、指标与工具

监测内容	监测指标	监测工具
艺术学业表现	音乐听辨能力、音乐作品赏析能力、音乐基础编创能力、演唱能力、美术基础能力、美术作品赏析能力、美术知识运用能力、绘画创作与表达能力	音乐测评卷 美术测评卷 音乐演唱系统 美术绘画测试
学生艺术学业均衡状况	省域（市域）内城乡差异、县域内校间差异、农村留守儿童与非留守儿童差异、进城务工随迁子女与城市本地儿童差异	音乐测试卷 美术测试卷
影响学生艺术学业表现的关键因素	艺术兴趣、校内艺术活动参与、校外艺术活动参与、艺术周课时数、艺术课堂教学、艺术教师配备、学校艺术教学资源的配备与使用	学生问卷 教师问卷 校长问卷
专题聚焦	农村小学艺术教师配备、艺术教师教研状况、艺术教师培训状况、学生对传统艺术的兴趣与掌握情况	教师问卷 校长问卷 学生问卷 美术测评卷

2018年7月教育部发布了我国首份《中国义务教育质量监测报告》，该报告可以提供某市、所在省、全国平均水平的比对数据，清晰呈现：（1）某市、某省、全国的四年级、八年级学生的音乐、美术两科成绩的平均分。（2）小学、初中艺术教学资源的配备比例以及使用比例。（3）小学、初中开设艺术兴趣小组或社团的比例。（4）四年级、八年级的音乐教师、美术教师的专职、兼职、专业对口、培训总时长、学科专业能力等的比例。（5）四年级、八年级音乐教师、美术教师参加教研活动效果数据。（6）四年级、八年级学生喜欢艺术课的比例。（7）四年级、八年级学生喜欢艺术教师的比例。（8）四年级、八年级音乐课、美术课被挤占比例。（9）农村艺术教育配备以及教师专业素质情况。（10）四年级、八年级学生家庭艺术氛围情况。（11）四年级、八

年级学生家长对艺术学习的支持程度。(12)四年级、八年级学生喜欢传统艺术形式的比例。①

尽管除演唱之外,演奏、综合性艺术表演等形式还未被纳入我国音乐教育质量监测内容体系中,但是首次的国家义务教育质量监测还是非常客观地把参加测评的地区的艺术教育质量做了一个全貌性的概括,也为下一步艺术教育往哪里走、怎么改革提供了第一手的资料。第一个监测周期的国家义务教育质量监测和音乐教育质量监测的经验将有助于我们构建基于音乐核心素养的考评架构,也为探索和构建合理有效的音乐学业质量考评维度提供了基础。现行的国家政策中音乐学科的考评维度是建立在艺术素质测评体系上的,而更细致的关于音乐学科素养的考评维度还在积极的探索与构建中。

它山之石,可以攻玉,这里我们运用国外的一个案例来进行比较研究。2012年新西兰开始实施新的国家教育质量监测项目——国家学生学业成就监测(以下简称NMSSA),监测的对象为四年级和八年级的学生,2015年对艺术教育质量进行了监测。

新西兰国家艺术教育质量监测依据新西兰艺术课程标准,并参考国际教育监测项目,构建了全方位且相对成熟的评价框架,对于艺术教育的发展具有极大的正向作用。2012年实施的NMSSA,至今已经过十几年的积累,拥有相对完善的体系,包括学业成就测试和影响因素问卷两个部分。学业成就测试考查点围绕舞蹈、戏剧、音乐、视觉艺术。考查分为艺术的本质、艺术表现以及实践任务三个方面,具体考查如下:(1)艺术的本质,考查点包括理解艺术语境、艺术的实践知识、艺术的创意思维、对艺术的阐述;(2)艺术表现,考查点包括艺术的创意思维、对艺术的传达;(3)实践任务,考查点包括在音乐和视觉艺术中的实践知识②。影响因素问卷分为学生问卷、教师问卷与校长问卷。学生问卷的考查点包括学生对艺术的态度、学校学习的机会和经历。教师与校长问卷的考查点包括:(1)教师和校长在学校中对艺术指导的观点,(2)教师作为艺术教育工作者的自信心,(3)教师在艺术领域

---

① 娄瑶琪. 从艺术教育质量监测结果看我市艺术教育的成效和不足[R]. 2021年湖南省中小学美育成果展示暨创新发展研讨活动主题报告.

② Educational Assessment Research Unit and New Zealand Council for Educational Research. Key reports for the Arts 2015[R]. New Zealand:NMSSA report,2017:5-6.

的专业学习与发展，(4)学校艺术教学的发展前景。从这里可以看出，新西兰的测试不仅仅是对学生的测试，还有对教师和校长有针对性的问卷，显示了测试对教师和校长的监控和反馈作用。这一点对我国教育质量测评具有一定的启示。

表5-3　新西兰艺术教育质量监测体系

组成部分	考查方面	考查点	考查方式	样本选取
学业成就测试	艺术的本质	①理解艺术语境 ②艺术的实践知识 ③艺术的创意思维 ④对艺术的阐述	通过电脑呈现任务	四年级、八年级全部学生(每个年级2200人，四年级、八年级各抽取100所学校，每所学校最多不超过27人)
	艺术表现	①艺术的创意思维 ②对艺术的传达	监测教师根据每个学科的测评量表做出最合适的判断(一般监测教师为学生熟悉的教师)	每个学科四年级、八年级各200人(从25所学校中抽取，每所学校最多不超过12人)
	实践任务	①在音乐和视觉艺术中的实践知识	①由电脑呈现音乐试题 ②视觉艺术试题为绘图创作	四年级、八年级各600人
影响因素问卷	学生问卷	①对艺术的态度 ②学校学习的机会和经历	电脑作答问卷	50%的学生作答舞蹈和视觉艺术问卷，50%作答戏剧和音乐问卷
	教师与校长问卷	①教师和校长在学校中对艺术指导的观点 ②教师作为艺术教育工作者的自信心 ③教师在艺术领域的专业学习与发展 ④学校艺术教学的发展前景	纸笔作答问卷	50%的教师作答舞蹈和视觉艺术问卷，50%作答戏剧和音乐问卷

新西兰的艺术教育质量监测体系的特点可以总结为以下三点：

1. 测试比较关注开放式的问题和任务

在艺术表现测试中，学生在演唱、演奏完后，教师会要求学生对刚才的表演进行自我评价，分析如何表演会更好，以考查学生的自我反思能力；在艺术的本质测试中，音色听辨题目采用的是比较分析的方式来考查，见例1。

例1：你将听到低音吉他的声音。如图5-1所示，请点击另外两件乐器（尤克里里和木吉他）并聆听，指出低音吉他与另外两件乐器的音色有哪些不同，至少说出两个不同点。

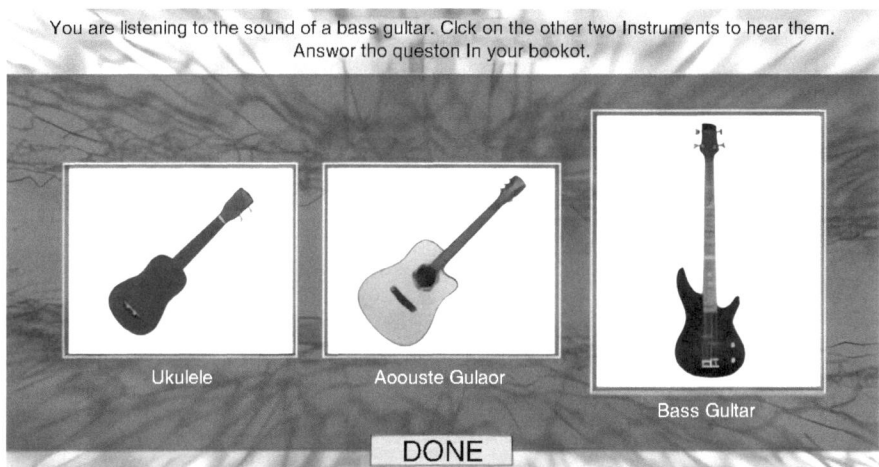

图 5-1　相似乐器的辨别

在例1中，命题者并没有简单地考查学生听辨乐器音色的能力，而是引导学生运用知识和经验进行观察、比较和分析，采用开放式的问题来启迪学生的思维。

2. 体现音乐学科特点

NMSSA音乐学业成就测评虽然以艺术框架为统领，但在考查内容上却完全是围绕音乐展开的，充分体现音乐的学科特点。测试内容分布在艺术的本质、艺术表现和实践任务3个部分，如图5-2所示。

Assessment programme in the arts		
Component	Strands covered	Assessment approach and students participating
1. The Nature of the Arts(NoTA) assessment(all disciplines)	* Understanding the arts in context * developing practical knowledge in the arts * developing ideas in the arts * interpreting in the arts	* Group-administered tasks presented by computer * Completed by all year 4 and year 8 students (about 2,200 at each year level)
2. Performance ratings * frameworks in: * dance * drama * music * visual arts	* developing ideas in the arts * communicating in the arts	* Best-fit ratings made by the teachers of the students involved in the NMSSA study using a specially prepared performance ratings framework in each discipline * At each year level, 25 schools were invited to assess one discipline each. Judgements were made for up to 12 students in each school (about 200 students per discipline assessed at each year level)
3. Practical tasks * music * visual arts	* developing practical knowledge in the arts	* Visual arts: students completed a line drawing * Music: students completed three short, applied activities, presented by computer, related to beat, rhythm and recognising chord changes * Tasks were completed by six students per school(about 600 students at each year level)

图 5-2 音乐学业成就测评

　　在题量分配和测试任务上，体现出对审美实践的重视。艺术的本质测试在音乐上一共包含六个测试任务，其中五个任务都是考查学生将音乐知识运用于实践的能力。艺术表现测试内容包括演唱、演奏、反应、编创和识读乐谱四个方面，演唱主要考查学生的音准、合唱的能力、声音的质量；演奏主要考查学生的节奏、音准、演奏的技术技巧及识谱能力；反应考查的是学生对自我表现的反思能力；编创和识读乐谱主要考查学生的编创技术、作曲等相关能力。实践任务主要考查学生随音乐击打节奏、辨别和弦变化等能力。

3. 评价过程注重人文关怀

测评者给予学生充分的时间去思考和体验，从不打断学生，给每个学生独自展现自己所学知识的机会，避免了"一刀切"的定量化评价方式。

NMSSA认为让学生在陌生人面前进行艺术表现是不合适且不公平的，故将测试任务交由该校的学科教师来完成。在评分细则中，除了必需的技能技巧要求外，学生的自我控制、美感的处理也被作为重要的评价指标。以演唱测试等级评分规则为例(见表5-4)，除关注音高的准确性以及具体技术的掌握情况外，还充分关注声音的美感表达和与他人的协作。这些评分细则较好克服了功利主义的倾向，避免了将音乐教育作为纯粹的技能习得和知识灌输的工具，体现了对审美的重视。

表5-4　演唱测试等级评分规则[①]

等级	评分标准		
	同调演唱	分声部演唱	音质
1	不能和上音高(或持续低音)	在其他人的支持下有节奏地唱谱	自己演唱而无视他人的演唱
2	在小范围内和上音高(5—6个音)	在简单的小组唱中控制自己的部分	在教师指导下控制气息、力度和音色，以营造合适的声音效果
3	在一个八度内能较好地和上音高	在更复杂的2—3个合唱/合奏/全校演唱片段中控制自己的部分	独立控制气息、力度、音色和表现，以营造一系列符合歌曲或文化风格的声音效果
4	能在调上演唱较复杂的歌曲(如《今夜你能够感受到我的爱吗》)	建立和谐演唱/即兴表演	

——————————
① 尹小珂，李燕芳，陈福美. 新西兰音乐学业成就测评及其启示[J]. 中国考试，2020(09)：75.

第四节　艺术考评中国之路的范例分析

2015 年以来，在国家政策的带动下，各地都完善或者开始艺术素质测评边研边试、研教并行、以评促改、以评促教的工作，形成了对接核心素养和综合素质评价的艺术考评中国之路的范例。

一、以四川翠屏区为"先研先试"的音乐核心素养及测评落实

所谓"先研先试"，即某些地方或学校先行一步，在宏观背景下，按照党中央、国务院的指示，进行各种尝试和制度试验，为其他地方提供创新范本，并为全国范围内的深层次改革摸索积累经验，进而推动整个国家的改革进程。显然，"先研先试"的积极意义在于：特定地方通过各自不同的区域定位和改革重点进行相关制度创新，为全国下一步的经济与政治体制改革探路。在我国当下音乐核心素养落实机制还有待进一步完善的情况下，政府鼓励各地"先研先试"，鼓励有关区(县)和学校认真完成全国"中小学生艺术素质测评实验区"的试点任务，及时总结经验，发挥示范带动作用。

2015 年 8 月，四川省宜宾市翠屏区被确立为 102 所"全国中小学生艺术素质测评实验区"之一。2016 年，按照四川省教育厅统一安排，宜宾市全面开展中小学生艺术素质测评工作。经过 3 年的持续努力，到 2018 年，宜宾市学生参加艺术素质测评的覆盖面达 99%，其中宜宾市翠屏区先后 9 次到教育部作经验交流，非常有代表性，发挥着"先研先试"的先导作用。其典型经验包括三个方面。

1. 变"考试"为"展示"

在艺术素质测评中，把"威严考试"变为"快乐展示"。基础知识测试部分，着力于普及基本知识，题目尽可能少而简单，不以偏题、难题"考倒"学生。现场技能测试部分，是学生"快乐的艺术展示"：自信快乐的演唱、童趣盎然的图画。

2. 变"定级"为"促学"

将体、艺、卫和科技国防工作纳入对学校的年度考核综合评价之中，小

学的权重为 40%，中学的权重为 20%。在艺术素质测评的探索初期，为达到以考促学的目的，防止学校和教师进入"以考定级"和"应试教育"的误区，因此把艺术成绩纳入对学校和教师的考核，权重为 2%—3%。同时，建立了"艺术素质测评题库"，题库与学年末正式的测试题相似度很高，常年挂在翠屏教育信息网上，教师和学生可以随时下载测试题进行练习，以实现促学的目的。

3. 变"主观"为"客观"

艺术测评既有"人测"，又有"机测"。为增强"人测"的客观性，在艺术基本技能现场测试中运用照相、录音、录像的方式，把没有透露学校任何信息的照片和音像资料采集到区里，利用信息技术建立艺术作品大数据，由区里统一随机抽取专家进行盲评，尽可能确保艺术评价的客观性和公正性。[①]

四川宜宾市翠屏区目前完善了《121 体艺教育促进行动评价方案》和"基础+特长"模式，"区测"与"校测"、"普测"与"抽测"、"笔试"与"展示"结合互补的测评模式，学生艺术素质综合测评工作已基本成型，师生艺术成长速度明显加快。家长和社会各界支持学校重视艺术、全面育人的办学导向，学生艺术兴趣和审美素养普遍提高。翠屏区音乐教师团队积极参与并圆满完成了四川省中小学生艺术素质题库建设工作任务，并在全省题库推广会议中作交流发言，各方面都能证明测评实验促进了艺术教育的良性发展。

美育的成果还有效促进政府加大了投入力度，翠屏区委区政府将推进全国中小学生艺术素质测评实验区建设，作为深化教育体制改革重点内容列入"十三五"规划并摆在突出位置。区财政每年投入 2000 万元教育奖励基金，表彰奖励包含美育教师在内的成绩突出的单位和个人；每年专项投入 40 万元用于美育和艺术测评工作。

二、以上海绿色指标为代表的音乐核心素养及测评落实

上海在教育教学方面沿袭其一贯的海派之风，和其他地方不同的是，上海有基于国家标准自己确定的艺术课程标准和音乐课程标准，在评价这一方

[①] 向庆明. 学生艺术素质测评经验交流（七）：四川省宜宾市翠屏区［EB/OL］.（2017-12-07）［2020-02-05］. https：//mp. weixin. qq. com/s/hDxC2A1CtMW-ML5whYkm2Q.

面也有自己的独特之处。

中国教育学会副会长、上海市教育学会会长张民生先生说："目前普遍存在的统考统测和以追求中考、高考升学率为导向的教学、考试，偏离了课程改革的方向和课程标准的基本要求，考试命题脱离课程标准，过于依赖个人经验，缺乏对教育测量学的深入研究和应用；考试结果用于排名、甄别和选拔，加剧了竞争。在此压力下，中小学生很难有发自内心的求知欲，很难有对学校的归属感。过重的学习压力，不仅使学生睡眠时间得不到保证，近视率不断增长，而且导致学生产生焦虑，严重地影响身心健康。"[①]上海市教委主任薛明扬也说："由于受到传统文化和现实市场竞争的影响，教育在一定程度上成为追逐功利的工具，单纯把学业成绩和升学率作为教育质量、评价校长和教师工作业绩的唯一标准，客观上造成了教育价值观的异化，给学生及家长带来了沉重的课业负担和心理负担。"[②]

2011 年，上海市教委就颁布了《上海市中小学生学业质量绿色指标（试行）》的实施意见，构建了以关注学生健康成长为核心价值追求的学业质量绿色指标。绿色指标综合评价，就要破除陈旧的观念，摒弃落后的机制；就要建构新的评价理念，促成新的评价机制从而为推进素质教育提供"再生动力"，为学生全面发展、健康成长提供"绿色生态"[③]。这是上海在国家政策导向下结合地方特色进行的本土化研究，反映了地方教育行政部门和社会教育力量的创新和变革。

以关注学生健康成长为核心价值追求的学业质量绿色指标，既不是综合素质评价，也不是艺术素质测评，而是教学质量综合评价。2011 年参测对象为义务教育阶段的四年级和九年级学生（含非本市户籍学生），以抽样的方式确定参测学生名单。评价指标由两个部分组成，一是基于学科测试，二是基于相关背景问卷调查。前者好理解，后者是什么呢？相关背景是指除学科之外的学生品德行为指数、学习动力指数、学业负担指数、师生关系指数、学生社会经济背景对学业成绩的影响指数、教师教学方式指数、校长课程领导

① 张民生. 建立科学的中小学学业质量评价系统[J]. 上海教育，2011(11)：26-27.

② 薛明扬. 构建绿色指标是一项有意义的开创性工作[J]. 上海教育，2011(21)：16.

③ 上海市教育委员会. 关于《上海市中小学生学业质量绿色指标（试行）》的实施意见[EB/OL]. (2011-11-08)[2021-07-12]. http：//www. 2fz. fudan. edu. cn/69/61/c14932a92513/page. htm.

力指数。由此可以看出，上海的这个指标体系极力保持去学业化和去应试化的特点，强化对学校与社会、教育与家庭等综合因素的思考，很显然，这个指标体系还关注了国际性的评估指标体系。可以看出，这套测评体系之所以叫做"绿色"，是因为其坚持素质教育的方向，"坚持将学生的全面发展、坚持全面的学业发展观、健康成长放在首位，力争克服片面追求升学率给学校办学造成的负面影响"①。绿色指标评价坚持学业质量不等于学业成绩，其内涵更为广阔，是全面的学业质量观。

2019 年 9 月，上海市教委发布了《2018 年度上海市初中学生学业质量绿色指标学科测试分析报告》，分析了 645 所学校 13130 名八年级学生首次参加中学艺术学科学业水平测试结果。②本次测试内容是以《上海市艺术课程标准》《上海市初中艺术学科教学基本要求（2017 年版）》为基础，"围绕作品释读，艺术创编，进行了感受与鉴赏、合作与分享、表现与创作等能力的测试"③，从高到低分为 A、B、C、D 四个等级，测试分为视听部分和纸笔部分，纸笔部分也就是传统的试卷形式，由选择题、是非题、填空题、简答题、分析题组成。

通过本次测试，上海市教委教学研究室提出三类作业。（1）认知性体验作业：在中学艺术欣赏模块学习中，以论文、笔记、微博等为形式对艺术作品表达感想体会、进行点评和评价。（2）动手实践性作业：在建筑、绘画、服装等模块的学习中，通过个体和小组合作的形式进行作品的创作和展示。（3）表演表现性作业：在音乐、舞蹈、戏剧、影视以及其他综合艺术模块的学习中，通过群体合作设计、排练和表演，展现艺术学习成果。④

为了响应新高考制度，推动配套的初中学生综合素质评价的实施，上海市教委根据《国务院关于深化考试招生制度改革的实施意见》（国发〔2014〕35

---

① 吴玮. 上海市中小学生学业质量绿色指标解读［EB/OL］.（2013-04-10）［2021-08-09］. http：//blog. sina. cn/dpool/blog/s/blog_ b8aa3aa0010186h6. html.

② 钱熹媛. 绿色指标中学艺术学业水平测试的上海实践研究［J］. 上海课程教学研究，2020（S1）：58.

③ 上海市基础教育质量评价的回望与前瞻：上海课改 30 年［EB/OL］.（2018-12-18）［2021-08-10］. http：//www. csmes. org/html/Edu-News/Prov-News/2018/1218/119825. html.

④ 钱熹媛. 绿色指标中学艺术学业水平测试的上海实践研究［J］. 上海课程教学研究，2020（S1）：65.

号）、教育部《关于进一步推进高中阶段学校考试招生制度改革的指导意见》
（教基二〔2016〕4 号）、上海市教育综合改革的相关要求和精神，在《上海市
进一步推进高中阶段学校考试招生制度改革实施意见》（沪教委规〔2018〕3
号）的基础上制定了《上海市初中学生综合素质评价实施办法》并于 2019 年 4
月 2 日颁布①。同年 12 月 31 日，上海按照国务院办公厅《关于全面加强和改
进学校美育工作的意见》《关于加强本市中小学体育艺术工作的指导意见》《上
海市文教结合工作三年行动计划（2019—2021 年）》等文件要求，结合本市中
小学校艺术工作实际，制定了《上海市中小学艺术工作管理办法》（简称《管理
办法》）。② 这是直接对接 2015 版《美育意见》的地方性文件，除了一些普遍
注意的问题，上海的做法特色非常明显。如对艺术实践做实抓牢，强调城市
艺术教育中的高水平社团的力量整合。《管理办法》提出："本市将继续加强
市级高水平学生艺术团联盟建设，发挥其示范和辐射作用。各中小学要加强
以'三团一队'（合唱团、舞蹈团、美术文学社团和乐队）为主的学生艺术社
团、兴趣小组建设，建立艺术实践制度，科学制定艺术实践计划，组织学生
利用放学后、双休日及寒暑假等时间参加艺术实践，为有艺术兴趣爱好和发
展潜力的学生参加艺术实践、提升艺术水平创造条件。学生每周参与艺术实
践活动（艺术拓展课、艺术团排演、艺术观摩等）不少于 2 小时，艺术教育特
色学校学生每周参与艺术实践活动须达到 3.5 小时。"③《管理办法》还强调要
将城市音乐教育的主要模式，如艺术展演落实到每一个孩子参与的常规活动
中，完善市、区、校三级艺术展演活动，推荐优秀节目（作品）参加全国展演
现场展示。各中小学应定期举办形式多样的艺术展演活动，在整体推动展演
活动工作的基础上，要做到班班有项目，人人都参与，④ 同时还要创新艺术
展演形式，丰富活动内容，加强校内外联动，扩大艺术展演覆盖面，提升艺

① 上海市教育委员会. 关于印发《上海市初中学生综合素质评价实施办法》的通知［EB/OL］.
（2019-09-01）［2021-07-12］. http：//sh. bendibao. com/news/201948/204024. shtm.

② 上海市教育委员会. 关于印发《上海市中小学艺术工作管理办法》的通知［EB/OL］.（2019-12-
31）［2021-07-04］. https：//www. shanghai. gov. cn/nw48913/20200929/0001-48913_ 64692. html.

③ 上海市教育委员会. 关于印发《上海市中小学艺术工作管理办法》的通知［EB/OL］.（2019-12-
31）［2021-07-04］. https：//www. shanghai. gov. cn/nw48913/20200929/0001-48913_ 64692. html.

④ 上海市教育委员会. 关于印发《上海市中小学艺术工作管理办法》的通知［EB/OL］.（2019-12-
31）［2021-07-04］. https：//www. shanghai. gov. cn/nw48913/20200929/0001-48913_ 64692. html.

术展演水平。各中小学要开展与艺术特色项目配套的学校艺术品牌和文化平台建设，丰富师生精神生活，彰显校园文化特色，全面提升学生艺术素养。发展特色项目：本市各中小学要不断丰富艺术项目类型，不断强化艺术特色，努力建设"一校多品"，逐步形成品牌特色，为学生综合素质的提升提供有力保障。到 2020 年底前，每所小学和初中开展四种以上、高中开展五种以上艺术项目，引导学生养成参与艺术实践活动的习惯。[1] 统筹项目布局：中西器乐(含管乐、弦乐)、合唱、舞蹈、戏剧(含戏曲、影视、朗诵)及美术(含书画、篆刻、设计)等五个项目为各区必选的布局项目(简称"重点项目")，在此基础上，在具有育人效应的非遗、中华传统及海派文化等项目中选择若干个进行布局(简称"推进项目")。总体上，各区形成以五个重点项目为主，若干个推进项目为辅的"5+X"学校艺术项目布局结构。[2] 除了在艺术项目上加强统筹，还要加强各学校之间重点项目、推进项目之间的统筹安排。"按照青少年身心成长规律和艺术教育规律，本市加强不同学段学校间艺术项目布局统筹，以实现承担各重点项目及推进项目布局建设任务的学校覆盖各学段，且不同学段学校间数量比例适当。由一所市实验性示范性高中阶段学校按照项目与至少 2—3 所初中、4—6 所小学共同组成一个基本的学校艺术项目'一条龙'布局单位。在课程教学、师资队伍、场地设施、科研及评价等方面形成相关项目的高品质、系统性供给，促进实现各学段间培养的有序衔接。"[3]

第五节　中国考评之路的反思和展望

自 2015 年公布《中小学生艺术素质测评方法》等三个文件以来，"以评促教"的大环境正在形成，区域性的"先研先试"的艺术核心素养测评的落实已基本取得成效，正在向"评教相长""学评互促"的艺术素质培育模式转变。从

① 上海市教育委员会. 关于印发《上海市中小学艺术工作管理办法》的通知［EB/OL］. (2019-12-31)［2021-07-04］. https：//www. shanghai. gov. cn/nw48913/20200929/0001-48913_64692. html.
② 上海市教育委员会. 关于印发《上海市中小学艺术工作管理办法》的通知［EB/OL］. (2019-12-31)［2021-07-04］. https：//www. shanghai. gov. cn/nw48913/20200929/0001-48913_64692. html.
③ 上海市教育委员会. 关于印发《上海市中小学艺术工作管理办法》的通知［EB/OL］. (2019-12-31)［2021-07-04］. https：//www. shanghai. gov. cn/nw48913/20200929/0001-48913_64692. html.

社会角度来说，在众多的考评中，最有争论的就是艺术进中考问题，这说明新综合素质评价下的音乐教育评价问题依然是当今中国基础教育阶段音乐教育面临的历史性和整体性课题，也势必将引起中国音乐教育的本体论、价值论、思维模式和方法论的根本性转化和发展，是音乐教育学现代化发展的根本所在。

纵观我国基础教育阶段的音乐考评，以下几个问题是确定要进行反思和展望的。

一、政策引领下的机遇

2020 版《美育意见》是将 2015 版的《美育意见》在评价改革上推向了一个新高度，其给学校音乐教育带来的改革冲击波，给社会各利益方带来的争议都是前所未有的强烈。第 11 条"推进评价改革"对美育评价改革提出了明确要求，首先就是确定了音乐等艺术类学科进入中考和高考的部署，提出要"探索将艺术类科目纳入中考改革试点，纳入高中阶段学校考试招生录取计分科目"，包括把中小学生艺术学习情况纳入学业要求，将艺术科目纳入初、高中学业水平考试范围，全面实施中小学生艺术素质测评并将测评结果纳入初、高中学生综合素质评价。由此引发的关于艺术科目进中、高考的争议也很大，顾虑也很多，"教育落后地区的孩子怎么办？""没有艺术天赋的孩子怎么办？""音乐美术是否会变成新的应试？"教育部体育卫生与艺术教育司副司长万丽君此前接受中国之声《新闻有观点》独家专访，回应社会关切。万丽君强调，并非要求 2022 年全部铺开中考艺术考试，也不要求具体分值。2022年的重要目标是学校美育取得突破性进展，教育教学改革成效显著，资源配备不断优化，评价体系逐步建立，管理机制更加完善①。

但是从政策层面上来说，艺术进中考是为了规范艺术作为基础核心课程能在基础教育阶段开足、开齐的重要保证，是重视美育的一种价值性导向，是把长期以来美育评价的"软要求"变成"硬指标"的实质性推进，以更好地发挥评价对于学校美育工作的引领、推动和倒逼作用。关于艺术类学科到底要

---

① 搜狐网. 教育部澄清：没有"2022 年艺术进中考"时间表[EB/OL]. (2020-10-24)[2022-08-08]. https：//www. sohu. com/a/427036092_703551.

怎么评价，2020版《美育意见》给出了明确指示：美育教学要逐步完善"艺术基础知识基本技能+艺术审美体验+艺术专项特长"的教学模式，这个模式符合了艺术类课程的学科本质和艺术教育的教育规律——通过实践性的具体艺术类的体验和参与来对接和培育课程标准里所提出的核心素养即审美感知、艺术表现、文化理解。它还认为艺术属于每一个孩子，提出基于面向人人参与的常态化的学生全员艺术展演机制，并提出要大力推广惠及全体学生的合唱、合奏、集体舞、演绎课本剧、艺术实践工作坊和博物馆参观、非遗展示传习场所体验学习等实践活动，广泛开展班级、年级、校级等群体性展示交流等活动。

2020版《美育意见》标志着我国学校美育进入了新的发展时期。学校音乐教育必须深入贯彻落实其精神要求，进一步深化音乐课程与教学改革，坚守育人初心，凸显实践特质，加强学科融合，破解评价难题，切实提高育人成效，紧紧把握新时代所赋予的新机遇和新能量，从新的起点，以新的气派，踏上学校音乐教育快速发展的新征程。

2020年是重要教育政策频频出台的一年。2020年10月13日，由国务院颁发的《深化新时代教育评价改革总体方案》（简称《总体方案》）注定要载入史册。首先，《总体方案》是为深入贯彻落实习近平总书记关于教育的重要论述和全国教育大会精神，完善立德树人体制机制，扭转不科学的教育评价导向，坚决克服唯分数、唯升学、唯文凭、唯论文、唯帽子的顽瘴痼疾，提高教育治理能力和水平，加快推进教育现代化、建设教育强国、办好人民满意的教育而出台的。其次，该文件不仅是在教育系统内部发挥其重大意义，而且体现了国家对教育评价问题的重新设计和变革决心，国家拿出前所未有的决心来加大对教育评价的改革推动。《总体方案》的发出机构超越了教育部级别，是经中央深化改革委委员审议通过并以中共中央国务院的名义发布的，文件对各级党委政府也提出了明确要求，突出国家对教育的顶层设计的战略行为。石中英认为《总体方案》的出台是为了改革学校评价，推进落实立德树人根本任务，突出强调了深化各级各类教育评价改革的紧迫性、系统性和全局性意义，标志着我国教育评价改革正式步入深水区、进入新阶段。为此，需要各方的群策群力，即各级党委政府要发挥好领导作用，各级各类学校要发挥好主体作用，专家学者要发挥好专业支撑作用，社会各界要发挥好协同支持作用。①

从教育政策来说，该文件体现了国家的政策行为，从对专家学者给予的要求和期冀来看，也是一种专业行为。本研究正在思考和研究用一种怎样的有效和科学的评价方法来提高基础教育阶段学生的音乐能力和素养，这种评价不是为了培养一个未来的音乐家，而是为了培养学生拥有音乐兴趣和美好的内心。与本研究相关的基础教育阶段的评价是该文件第5点：

改进中小学校评价。义务教育学校重点评价促进学生全面发展、保障学生平等权益、引领教师专业发展、提升教育教学水平、营造和谐育人环境、建设现代学校制度以及学业负担、社会满意度等情况。国家制定义务教育学校办学质量评价标准，完善义务教育质量监测制度，加强监测结果运用，促进义务教育优质均衡发展。普通高中主要评价学生全面发展的培养情况。国家制定普通高中办学质量评价标准，突出实施学生综合素质评价、开展学生发展指导、优化教学资源配置、有序推进选课走班、规范招生办学行为等内容。②

从文件内容可以看出，对于中小学而言，重在如何促进学生的全面发展，保障学生的公平权益，促进优质均衡发展，突出综合素质评价等。该文件是对应试教育的弊端再次做出抨击的价值引领性文件。关于音乐课程具有直接引导性的内容是在文件的第17点：

改进美育评价。把中小学生学习音乐、美术、书法等艺术类课程以及参与学校组织的艺术实践活动情况纳入学业要求，促进学生形成艺术爱好、增强艺术素养，全面提升学生感受美、表现美、鉴赏美、创造美的能力。探索将艺术类科目纳入中考改革试点。推动高校将公共艺术课程与艺术实践纳入

---

① 石中英. 打赢新时代教育评价改革攻坚战总体战[N]. 中国教育报，2020-10-22(06).

② 中华人民共和国教育部. 中共中央国务院印发《深化新时代教育评价改革总体方案》[EB/OL]. (2020-10-13)[2021-07-20]. http：//www. moe. gov. cn/jyb_ xxgk/moe_ 1777/moe_ 1778/202010/t20201013_ 494381. html.

人才培养方案，实行学分制管理，学生修满规定学分方能毕业。[①]

关于艺术类课程如何评价，《总体方案》提出将其纳入学业要求，纳入中考等要求，这与2020版的《美育意见》形成呼应。

《总体方案》给我们思考综合素质评价下的音乐怎么评、怎么测带来了启示，也预示着本研究的成果将从艺术教育的层面拓展到参与解决当下学校最为紧迫的问题上来。

二、现实践行的挑战

艺术进中考引发的热议，如增加学生的学业负担、增加家长的经济负担等等，其实与当今我国倡导的"双减"政策是格格不入的。如果艺术进中、高考真的会带来"负担"，那么，在我们看来，这个负担的承受者首先应该是学校，其次是社会。

由于长期以来学校在艺术教育上的缺位和失职，导致本来将学校作为美育实施主场的认识发生异化。只要涉及考、考、考，社会舆论和家长们都会自动把艺术教育转交给社会培训机构，再加上社会上的牟利者抓住商机煽风点火，把本来属于义务教育范畴的美育转到由家庭掏钱解决。这加重了家长负担，也导致了城市、农村孩子在美育方面不公平的问题。在家庭忙碌地把孩子送往各个培训机构的同时，学校音乐、美术老师则最轻松，一周几节课，仅有的几节课还经常被占。

2015年教育部印发《中小学生艺术素质测评办法》《中小学校艺术教育工作自评方法》《中小学校艺术教育发展年度报告方法》等三个文件明确学校的职责：需要增加美育师资力量以保证音乐课的开齐开足，学校需要开展各项艺体活动来丰富学生的课外生活，学校需要研究怎么更好地实施美育。在面对各种考评的时候，学校增加了师资负担、经济负担、教学负担，成为这一场"博弈"的主要任务承担者，从这个层面来说，学校的压力增加了。

---

① 中华人民共和国中央人民政府. 中共中央国务院印发《深化新时代教育评价改革总体方案》[EB/OL]. （2020 – 10 – 13）［2022 – 08 – 09］. http：//www. gov. cn/xinwen/2020 – 10/13/content_5551032. htm.

负担的承担者还有社会资源。国家在实施以评促教的倒逼机制的同时也在倡导整合多方社会资源，促进美育的发展与实施，例如免费开放美术馆、音乐馆、艺术馆、博物馆；推动高雅艺术活动进校园；举办公益性的音乐会；等等。2020版《美育意见》明确指出要统筹整合社会资源，加强美育的社会资源供给，推动基本公共文化服务项目为学校美育教学服务。城市和社区建设规划要统筹学生艺术实践需要，新建文化艺术项目优先建在学校或其周边。鼓励学校与社会公共文化艺术场馆、文艺院团合作开设美育课程。整合校内、校外资源开展美育实践活动，作为解决中小学课后"三点半"问题的有效途径和中小学生课后服务工作的重要载体。有条件的地方和学校每年组织学生现场参观1次美术馆、书法馆、博物馆，让收藏在馆所里的文物、陈列在大地上的文化艺术遗产成为学校美育的丰厚资源，让广大学生在艺术学习过程中了解中华文化变迁，触摸中华文化发展脉络，汲取中华文化艺术精髓。充分挖掘学校艺术场馆的社会服务功能，鼓励有条件的学校将艺术场馆向社会有序开放。①

《上海市人民政府办公厅关于全面加强和改进学校美育工作的实施意见》中提出："各类艺术展演场馆、艺术专业博物馆要积极为学校美育服务，定期进学校举行展示演出活动。组织学生走进艺术专业场馆，现场感受丰富多彩的美育艺术文化。充分发挥上海交响乐团、歌剧院、大剧院艺术中心、国际舞蹈中心、青年京昆剧团、音乐学院乐器博物馆等专业场馆的学生艺术实践基地作用，通过开设艺术大讲堂、举办专题艺术经典展览、'开放周'等形式，实现社会文化艺术资源为学校美育提供优质服务。"

对于家长来说，要清楚地认识到学校、政府正积极提供场地搞艺术活动。学校会请一些专家团队帮助学生进行艺术欣赏；社会提供高雅艺术进校园，免费开放美术馆、艺术馆、博物馆等，这些充分丰富了学生的学业生活、课外生活，让其有"美"的教育。国家还明确提出考级证书以及培训班课程不作为加分项，这在根本上否定了需要额外花钱学艺术的说法，所以家长做好监督和陪护，形成常态化的、良性的家教互动就可以了，没有必要为此

---

① 中华人民共和国中央人民政府. 中共中央办公厅国务院办公厅印发《关于全面加强和改进新时代学校体育工作的意见》和《关于全面加强和改进新时代学校美育工作的意见》[EB/OL]. （2020-10-15）[2020-10-16]. http：//www. gov. cn/zhengce/2020-10/15/content_ 5551609. htm.

焦虑。而对于学生来说，只要上足、上齐音乐、美术课就可以得到70%的基础分，剩下的30%只需要参加学校的艺术课外活动，或者空闲时间看看免费开放的美术展、听听悦耳的音乐就可以，这也不会构成负担。

淮安市原教育局局长张元贵表示："学生按要求上课掌握所学知识点，就能过关，培养兴趣，让孩子喜欢更重要！"①

原青岛市教育局体卫艺处处长李彦表示："开展学生艺术素质测评工作，主要目的是督促学校开齐开足艺术课程、配齐配好艺术老师，加强学校艺术课堂教学和活动的推进，培养孩子的艺术素养。教育部和省教育厅已经发布的学生艺术素质测评体系主要围绕着学校艺术课程大纲和课堂教学内容构建，主要考查的是学生参加学校艺术课程学习的出勤率、参与度和课程完成情况；学生参加学校艺术社团兴趣小组情况以及参加学校、班级艺术节和课外艺术活动的积极性、承担的任务等，学生只要认真上好艺术课，积极参加学校的艺术社团、艺术活动等，艺术测评就不会有问题，家长不必有顾虑。"②

因此，只要学校开足开好艺术课程，学生认真上好每一节音乐课、美术课，积极参加学校组织的艺术活动，就不会出现不及格现象，更加不会出现个别媒体所说的"初中入学的学生不会唱歌、画画，难考好高中"的问题。由此可见，压力的主要承担者是学校，社会美育资源是次要承担者，怎么会要家庭和学生来承担？社会和学校需要引导家长从根本上认识到中学生艺术素质评价是在淡化选拔、考核评比，是追求普遍性学习与群体性发展为主，个性展示为辅，是让学生真正成为美育的受用人、分享者、传承者，学生与家长都是受益者。

艺术进中考的引领性政策出台后，围绕艺术如何考、怎么考的问题成为当务之急。

首先，我们还是回顾一下为什么要考，我国现阶段的关于艺术素质测评的立意是"促使中小学校开设课程""倒逼学校开齐开足艺术课程""以不增加学生负担"为主要原则。随着实践的推进与发展，我们坚信，开齐开足只是

---

①　刘颖. 江苏中考今年试点音乐、美术记分[N]. 南京晨报，2017-03-07(A04).
②　魏海洋. 学生认真上课，艺术中考没问题[N]. 半岛都市报，2018-03-16(A17).

针对我国幅员辽阔、教育区域性差别大的现实基础的底线要求。倒逼学校开设、开齐、开展艺术课程只是第一步，之所以要开设艺术学科，是因为艺术课程有着促进人的全面发展的独特功能，如何将音乐、美术等艺术课程所带来的特定的滋养与其他学科相融，形成适应个人终身发展和社会需要的必备品格和关键能力，这才是艺术教育的真正目的，所以，"促进学校开齐开全艺术课程"的立意终究会逐渐转向"如何让艺术学科核心素养促使学生成为全面发展的人"。这种转向是将艺术学科由外在的形式表现转化成内在的育人要求的必经之路。而要构建一套与核心素养、关键能力配套的音乐学业质量评估体系，那么在我们思考如何开全开齐新课程的同时，也要对开好新课程、测好学业质量同步进行研究。

其次，探索音乐素养的考评，要了解音乐的本质，以及音乐审美所具有的不可测性与内隐性。用于测量其他学科通用的笔试、一次性的结果性评价显然和音乐的本质性是违和的。同时也要探讨作为非艺术类专业的素质教育类的素养性测试，到底什么才是需要考、需要测和需要评的，再加上音乐素养考评直接关乎学生利益，这个问题就尤其值得谨慎对待。

笔者通过查询 8 个省市、20 个地级市的初中艺术素质测评方案，发现在政策方案上多以"××市中小学生艺术素质测评方案"或"××市初中音乐学业水平考试方案"命名，在评价上几乎都是以过程性评价与终结性评价相结合，评价结果纳入综合素质评价，这说明对过程性评价的重要性已经达成共识。过程性评价体现在学生从初一到初三上满了学校所开设的音乐课和美术课并积极参与学校艺术活动，或者参加校外学习，即学生在学校外（社会上）参加的艺术活动，例如去听一场音乐会、去看一场美术展等，而这一项是需要通过材料来进行证明的，佐证材料为照片、获奖证书等，提供证明材料就可以获得 70% 的过程评价分数（或等级）。终结性评价即学业水平测试或专项测试，主要是指在初三年级参加纸笔测试或才艺展示，即可获得 30% 的分数。除了上述的过程性评价和终结性评价，部分省市还设置了赋分制，主要是为了体现学生个性化发展所设置的，赋分制通常面对有一定艺术水平的学生。初中生艺术素质测评基本可总结为两种形式，第一种是"基础指标+学业指标+发展指标=A/B/C/D 等次"这一形式，第二种是"基础指标+学业指标+发展指标=合格/不合格"。无论是哪种形式均纳入综合素质评价，作为高中录取的参考项之一。

作为素质教育的重要组成部分，音乐的考评一定要坚持素养导向测评内容的确定、考评维度的设置、权证的设定都要基于素质教育的考虑。如何规划好展演性的评价不至于滑落到炫技性考试或者竞技性比赛的泥潭中去，规避艺术测评成为艺术技巧派竞争性考试的风险，是音乐考评最需要关注的地方。

三、价值研究向评价研究的转向

正如前几章内容所说，音乐教育停留于价值性研究是没有太大意义的，而将研究停留于"'艺术进中考'给谁带来了压力，对谁造成了不公平"也是无济于事的。要实现美育从"说起来重要"到"干起来重要"的质的转变，在我们看来，就中学而言，需集中火力把新综合素质评价下的音乐意义发掘出来，将音乐等艺术类课程的考评与新综合素质评价结合起来。无论是用等级制呈现还是分数制来评价都可以推动学校从根本上解决开课率低的问题，这可能是现在最为现实和最有效的做法。

我国的综合素质评价既是一种评价观，又是一种具体评价方式。作为一种评价观，它遵守教育的内在价值，追求学生的个性发展，倡导交往、对话和意义建构，强调评价的真实性与过程性；作为一种评价方式，它是以教师和学生为评价主体的教育内部评价或校本评价，其基本呈现形态是学生的学习档案袋，它伴随学生学习的全过程，并具有鲜明的个人生活史色彩。

综合素质评价允许学生选择自己的表现形式，展示自己的学习特长与个性独特性，学生个性发展的独特性不是抽象的，而是具体而鲜活地表现在学习过程中、学校生活的日常经验中。面对任何学科知识或共同生活经验，每一个学生不仅有自己的独特见解或个人经验，而且有表现自己见解和经验的独特方式。综合素质评价恰恰为每一个学生选择自己喜好的表现方式提供了空间。正是在个性化表现及相互欣赏、学习中，每一个学生自己的观点在不断完善、个性特长在日渐彰显。从这个意义上说，综合素质评价是一种表现性评价。西方国家自20世纪80年代以后，为了帮助学生在学习过程中不断发展自己的个性化表现，兴起了"表现性评价运动"，创造了"表现性评价体系"。美国著名教育评价专家艾斯纳（Elliot W. Eisner）也曾说过："在评定的新方式中，学生将不仅有机会对所学的东西构建他们自己的反应方式，他们也将有机会选择公布他们所学知识的方式。"这充分表明，倡导个性发展评价已成为世界教育评价的趋势，我国的综合素质评价也体现了这种趋势。艺术教育领域特别是音乐教育需要研究表现性评价，解决那些无法量化，却又是音乐教育核心指标的元素。

综合素质评价下的艺术考评是研究和探索评判学生艺术思维和多元表现能力水平的监测和评价方式。"一刀切"的选拔性考试并不适合，只会带来应试教育的变本加厉。无论是考核、监测还是教学评价，都不能只关注专业知识和技能的掌握程度，而应定位于艺术基本素养、素质和能力的考评。这种考评是人本取向的、全面取向的、发展取向的。

总之，关于艺术的各类评价，无论是制度创新，还是行为创新都注定是比较复杂的，在科学性、专业性、真实性、过程性以及相应的机制配置和推进机制等方面都具有较高挑战性，需要学术界来集体攻坚克难。

下 编

教 学

第六章　核心素养培育下的课程教学理念

第一节　核心素养培育下的课程理念

一、课程教学育人价值的凸显

改革开放以来，我国基础教育课程教学改革经历了特有的改革路径，并形成了具有"中国特色"的课程教学改革理念与理论。在经济与科技迅猛发展、国际教育教学理念持续更新的 21 世纪，如果要总结我国基础教育课程改革的主题词与关键词，那应该非"三维目标"与"核心素养"莫属了。2001年 6 月，教育部印发《基础教育课程改革纲要（试行）》，明确提出"三维目标"的课程理念，并将其内涵具体包含在"情感态度与价值观""过程与方法""知识与技能"三个维度中。而另一关键词"核心素养"则首次出现在 2014 年的教育部《关于全面深化课程改革 落实立德树人根本任务的意见》这一文件中。接着教育部根据党的十八大和十八届三中全会提出的立德树人的要求以及上述的深化课程改革的文件研制了"中国学生发展核心素养"，再由教育部基础教育课程教材专家工作委员会组织各普通高中学科课程标准修订组进行编写，凝练学科核心素养。如果说从"双基"到"三维目标"的变迁体现了从学科知识到学科本质的转变，那么从"三维目标"到"核心素养"则应是从学科本质到学科育人价值的转变。依据《普通高中音乐课程标准（2017 年版）》，我们可以清晰地看到核心素养的培育贯穿了教育教学的整个体系。课程标准围绕核心素养的落实，精选、重组课程内容，明确内容要求，指导教学设计，提出考试评价和教材编写建议。课程标准的各组成部分以及教育教学的各环节之间保持了内在的一致性与高度统一性，并齐心协力指向"培养什么样的人"这一核心问题，从而不管是在理念上还是实施的各个层面上都对课程的育人价值进行了强调。

前文已有分析，中国学生发展核心素养可最终凝缩为六大核心素养，并具体细化为十八个基本要点。虽然有具体、细化的指标，但从实质上讲，学生发展核心素养是一套经过系统设计的育人目标框架，其真正要在教学中落地开花还需要借力于各课程来实现。"实现核心素养的培养目标，一方面需要关注学生自身核心素养的发展，另一方面还需要与具体的学科相结合，充分发挥学科自身的特点，把发展学生核心素养和教授学科知识相互融合，改进以往的教学方式，真正把二者有效结合起来。"①因此，为建立核心素养与课程教学的内在联系，充分挖掘各学科独特的育人价值，各学科的课标组成员又基于学科的本质凝练了本学科的核心素养。所以，学科核心素养既是学生发展核心素养的具体化、细化，又是本学科育人价值的深层体现。它把以往的学科课程和教学从学科本身引向人的核心素养。同时，它还"明确了学生学习该学科课程后应达成的正确价值观念、必备品格和关键能力，对知识与技能、过程与方法、情感态度与价值观三维目标进行了整合"②。但不论是发展核心素养还是学科核心素养，均是为培养"全面发展的人"而服务的，也是致力于诠释"立什么德、树什么人"这一根本问题的。

二、传统教学思维方式的改变

"核心素养确实对'怎样培养人'提出了要求，但它本身不能解决这一问题，而只能回答'培养什么样的人'的问题。'怎样培养人'这一问题，只能通过教育教学过程的变革来解决。"③怎样回应课程改革时代的呼吁与要求，怎样让教学真正成为落实核心素养的主场域，这是教师不可回避的问题。

现代课程改革强调的是知识对人的意义，而不像以往停留在对知识的表层获取。强调知识对人的意义，则是表明学习知识并不是最终的目的，知识

① 任平，李俊堂. 核心素养与中小学课程改革教学变革：第十次全国课程学术研讨会综述[J]. 课程·教材·教法，2018(2)：141.

② 王安国. 普通高中音乐课程标准(2017年版)解读[M]. 北京：高等教育出版社，2018：210.

③ 罗祖兵. 深度教学："核心素养"时代教学变革的方向[J]. 课程·教材·教法，2017(4)：20.

对于一个人生存、发展的意义或者说知识让人感受生命的充实与意义才是它的价值体现。知识不应成为教学的指向性内容，而应作为媒介存在，在最终目的上指向人的精神世界的形成与改造以及核心素养的发展。因此，教师要从根本上转变传统的教学理念，"从'为了知识的教学'转向'基于知识的教学'，知识要从教学的目的和归宿转变为教学的工具和资源，知识和知识教学要服从服务人的素养的形成和发展"①。此外，教与学关系的转变也是教师应关注的点。正如学者罗祖兵所言："现在需要实现的是教学'大转型'，即由'教师的教引导学生的学'转向'教师的教辅导学生的学'，由'先教后学'转向'先学后教'，由肤浅型教学转向深度教学。"②由此可见，教学的"大转型"反对教师的过度引导，提倡学生的自主学习活动；反对教师的直接教导，提倡学生的直接参与。设想如果学生在音乐课堂学习的过程中，能够发挥自己的通感，用心地聆听音乐、感受音乐，就能够从以往在教师的解说之中对音乐形成的"真空理解"转变为自己的独特的听觉体验。这里所谓的"真空理解"是指学生没有聆听音乐或者只是"假性聆听"，没有真正深入到音乐的深层去感知它的魅力，而是在聆听之前就被教师过度的言语引导限定了听觉的体验。因此，核心素养下的课堂教学需要教师摒弃以往的顾虑，"放手"展开教学。不仅要"放手"，而且要从理念上先认识到教与学关系转变的重要性，做到有分寸、有计划地"放手"。

三、核心素养与综合素质评价的考评接轨

学科核心素养的落地实行除了国家政策上的要求以及各级各层学校的配合响应以外，还必然涉及教育评价的问题。长期以来，音乐课作为非高考科目的"偏科"经常会出现开课率低或者动辄被占用的情况。这样的情况使得音乐的学科价值无法得到全面的释放。教育部为贯彻落实《国务院关于深化考试招生制度改革的实施意见》，于2014年12月颁布了《关于加强和改进普通高中学生综合素质评价的意见》，明确提出教师要对学生活动予以真实记录，

---

① 余文森. 从"双基"到三维目标再到核心素养：改革开放40年我国课程教学改革的三个阶段[J]. 课程·教材·教法, 2019(9)：46.

② 罗祖兵. 深度教学："核心素养"时代教学变革的方向[J]. 课程·教材·教法, 2017(4)：23.

并进行整理遴选、公示审核之后形成档案，最后供高校招生使用；同时，还强调要加强督导，把综合素质评价工作作为评估地方各级教育行政部门和学校工作的重要内容。这样，就使学生、教师、学校、教育行政部门等相关利益方都联系在一起，形成合力推进音乐课程价值的释放和外显的开课秩序及开课率的正常化，从而使音乐学科教学的课时有了实际的保障。

"综合素质评价是对学生全面发展状况的观察、记录、分析，是发现和培育学生良好个性的重要手段，是推进素质教育的一项重要制度"①，其评价内容包括思想品德、学业水平、身心健康、艺术素养、社会实践五个部分。其中，艺术素养主要考查学生对艺术(包括音乐、美术、舞蹈、戏剧、戏曲等方面)的审美感受，理解、鉴赏和表现能力。这一评价内容是综合素质评价针对包括音乐在内的其他艺术学科的主要衡量指标。随着美育的兴起，国家越来越重视学校的艺术教育，教育部在 2014 年 1 月发布了《教育部关于推进学校艺术教育发展的若干意见》，紧接着教育部为建立健全学校艺术教育工作的评价制度，高密度地印发了《中小学艺术素质测评办法》《中小学校艺术教育工作者自评工作办法》《中小学校艺术教育发展年度报告办法》三个文件。三个文件分别对学生与音乐教师、学校、地方各级教育行政部门就艺术教育工作做出了具体的规定与要求，并详细拟定了测评的方案。除"艺术素养"评价内容以外，音乐作为学业水平的考试科目、课程内外以及校内外的主要实践科目，与"学业水平""社会实践"评价内容甚至"思想品德"中的社团活动、公益活动等内容都息息相关。从国家层面上讲，综合素质评价是针对国务院深化考试招生制度改革而发布的，但是，从教育教学层面上讲，它是对以往以考试成绩为唯一评价标准、以文化知识灌输为人才培养方式的切实转变。这个转变重在对学生全面发展状况的考查、记录与分析，能够深入推进素质教育。包括音乐在内的艺术，作为学生全面发展的重要指标以及素质教育的重要组成部分，已然迎来了发展的春天。音乐学科作为高校招生录取的参考指标之一，艺术素质教育工作受到教育部的重视，则很大程度上使得音乐课的开课秩序和开课率能够正常化，依托音乐课堂教学的学科核心素

① 中华人民共和国教育部. 教育部关于加强和改进普通高中学生综合素质评价的意见[EB/OL]. (2014-12-16)[2022-08-03]. http://www.moe.gov.cn/srcsite/A06/s3732/201808/t20180807_344612.html.

养培育至此方有了坚实的土壤。

第二节　核心素养培育下的教学理念

一、课—教—评一体化的教学设计

中国学生发展核心素养是一套经过系统设计的育人目标框架，其落实需要从整体上推动各教育环节的变革，最终形成以学生发展为核心的完整育人体系。[①] 教学设计要进行创新变革的第一个要义就是要实行课—教—评一体化的教学设计。所谓"课"就是通过课程改革落实核心素养，主要是基于学生发展核心素养规划各学段、各学科之间的任务，加强衔接。所谓"教"是通过教学实践落实核心素养，主要是以发布的核心素养为引领，促进与指导教师的教学，明确学生的发展方向。所谓"评"是通过教育评价落实核心素养，即把核心素养作为检验和评价教育质量的重要依据。

通过课程改革落实核心素养，体现的是课程标准的指引作用，先由教育部基于学生发展核心素养对课程进行顶层设计，然后才有了各级、各类部门的贯彻执行。2014年，教育部发布的《关于推进学校艺术教育发展的若干意见》中就提到"以班级为基础，开展合唱、校园集体舞等活动，努力实现学生在校期间能够参加至少一项艺术活动，培养一两项艺术爱好"[②]，对班级合唱教学、校园集体舞等集体性教学进行了强调。《普通高中音乐课程标准（2017年版）》也对高中班级合唱教学给予了史无前例的重视。首先"合唱"首次以选择性必修课程的身份进入到普通高中音乐教学之中，改变了以往以课外活动为主阵地的局面，真正意义上进入了高中音乐课堂。其次，"合唱"作为必修课程"歌唱"的拓展与延伸，两者在具体的教育教学及教材编写等方面都要求既要明确"合唱"在各学段的育人目标与任务，又要加强"合唱"在各学段与各学科课程之间的纵向衔接与横向配合。

---

① 汪瑞林，杜悦. 中国学生发展核心素养研究课题组答记者问[N]. 中国教育报，2016-09-14（1）.

② 中华人民共和国教育部. 教育部关于推进学校艺术教育发展的若干意见[EB/OL]. （2014-01-14）[2022-08-16]. http://www.moe.gov.cn/srcsite/A17/moe_794/moe_795/201401/t20140114_163173.html.

通过教学实践落实核心素养即在常态化的班级教学中如何落实核心素养问题。为深入分析如何通过教学实践落实核心素养，本研究选取湖南省长沙市第一中学（简称"长沙市一中"）作为个案研究。长沙市一中是一所百年名校，尽管是一所高考升学率排名靠前的当地所谓的"四大名校"之一的考试型学校，但是其班级合唱教学却开展得有声有色。每年举行的班级合唱比赛成为该学校的传统校园活动，在省内外都颇受赞誉，极具代表性。纵观长沙市一中的班级合唱教学，其具备了几个突出特色。首先是以建制班的形式进行的教学活动，使合唱不再只是音乐专业生和音乐特长生的"专属活动"，不搞"精英教育"，而是切实做到面向全体学生、关注普通学生，使每一位学生都能够获得合唱艺术的熏陶，契合了素质教育所要求的"培养全面发展的人"这一要求。而核心素养是对素质教育内涵的具体阐述，因此，长沙市一中以建制班形式开展的班级合唱教学也是对核心素养培育的落实。其次，长沙市一中按照前期、中期、后期循序渐进地安排了三个教学实施阶段，前期主要是合唱的聆听鉴赏与歌唱能力的训练；中期主要是合唱的实践训练，既有教师指导的合唱训练，也有学生针对班级合唱比赛进行的自主排练；后期则是以班级合唱比赛形式组织的合唱展演活动，且合唱比赛的主题以爱国励志歌曲为主。学生在合唱的聆听鉴赏与歌唱能力的训练中能够培养审美情趣素养。另外，如此有计划的教学活动，针对学生不同阶段的特点解决具体的教学难点问题，培养学生相应的能力与必备品格，教师指导下的合唱训练以及学生的自主排练则促成学生"乐学善学"，具备学会学习的素养。每年以爱国励志歌曲为主题的合唱展演活动的举行，既能够使学生在面对比赛曲目时发挥集体的智慧，创新班级合唱曲目的演唱形式，获得实践创新素养的提升，同时，也能够在合唱中了解我国优秀传统文化，形成"国家认同"的素养。

通过教育评价落实核心素养即强调评价对教学的重要性，来确保核心素养的达成。本研究以长沙市一中为个案，分析了其针对不同阶段、不同内容所采取的评价方式。如前期的课堂教学采用日常学习表现评价模式，重在考查学生的学习态度、实践表现以及审美情趣的感受；而中期采用模块学业质量评价的模式进行，以中期初级音乐考核的形式呈现，考查学生在合唱训练与自主排练中的能力水平以及自主发展情况；后期则综合采用日常学习表现评价模式和模块学业质量评价的方式进行，综合考查学生完成班级合唱学习之后在表演性、实践性等方面的学习情况以及相关素养的达成水平。前、中、后期均基于核心素养建立了班级合唱的学业质量标准，明确了学生在不同阶段所需要达到的程度要求，并把合唱学习的具体内容与学业质量标准结合起来，最终有力推动核心素养的落实。

二、全体—常态的班级教学

中国基础教育阶段的音乐教学与 1999 年之前相比较，发生了天翻地覆的变化，正如我国音乐教育家王安国先生所说："在美育受到党和政府高度重视，学校艺术教育法规和各级学校音乐教学指导文件得以健全和完善，音乐教师教育改革步伐跟进，各种音乐教育学术活动积极开展的合力推动下，我国学校音乐教育 30 年来呈现出前所未有的快速发展态势。"[①]十八大以后，国家把音乐等美育课程立德树人的功能提到了前所未有的高度，我们的当务之急也是如何对应 2014 年启动的音乐学科核心素养教学改革和基于新的综合素质评价的各种考评来进行新的教学理论创新和具体模式创新。

正如前文所述，学校音乐教育不是为了培养少数音乐特长生或者有音乐天赋的学生，而是指向全体学生的素质教育，在我国基础教育阶段的音乐教育教学取得辉煌成就的同时，时刻不要忘记学校音乐教育的素质教育本质，这是我们一直要秉承的初心，也是我们所倡导的"全体"和"常态"于一体的班级教学。

班级合唱和班级合奏的教学模式直接出自素质教育的理念，即打破音乐教育属于特长生、有音乐天赋的学生专利的固有思维，真正把合唱和合奏落实到每一个孩子，保证一个也不能少地参与到展示活动当中去，彻底把合唱、合奏从"班级中挑选出来的孩子来参加比赛"的传统做法中解放出来。所谓班级合唱（合奏）就是以行政班为单位来展示平时音乐教学和学生学习成果的方式。全班同学，不管是否五音不全，都需要参加班级比赛，践行义务教育的宗旨。衡量班级合唱（合奏）教学是否有效，教学质量高低，是要通过非作秀、非比赛且纳入平时常态性的教学来真实客观地呈现，体现全体—常态

---

① 王安国. 1978—2008：历史的跨越：中国学校音乐教育三十年［J］. 人民音乐，2009（01）：68-74.

的特点。

湖南省长沙市从 2006 年开始，把每年一次的班级合唱（合奏）作为全市教学成果和教研活动的集中展示，比赛规定"每个参赛班级表演一首自选作品。作品内容要求健康、积极、向上，参赛曲目难度适中，切忌盲目提高难度，加重学生负担。鼓励对教材中的作品进行处理、改编。参赛形式可多样化，但重在演唱或演奏""合唱指挥和钢琴伴奏均只能由本班学生或本校教师担任，不能使用伴奏带；除小学一、二年级外，合奏一律不允许使用伴奏带。演奏乐器为现阶段课堂普及乐器（自定），可适当加入其他乐器营造效果""学生统一着校服比赛，不要化妆"。据长沙市教育科学研究院音乐教研员娄瑶琪介绍，2021 年新增了"评审不预先通知，常态化直接下到班级进行观摩"的颠覆性赛事赛规来突出平时课堂教学改革的引导性。赛规要求"每个参赛班级随音乐课堂现场展示作品两首，其中一首为红歌，另一首由工作人员在本学期至比赛期间所学全部曲目中随机抽取一首（任课教师应提供本期所学全部曲目）。演唱内容以教材歌曲为主；演奏内容可以是教材上的曲目，也可以是自选曲目""合唱指挥和钢琴伴奏均只能由本班级任课教师担任，允许使用教学伴奏带"。具体评价标准见表 6-1。

表 6-1　评价标准

项目	评价标准	分值
表演内容 （50分）	（1）按国家要求开足开齐课程	20分
	（2）依据本学期课时，演唱和演奏曲目数量科学合理	20分
	（3）在常规教学中坚持演奏教学	10分
艺术效果 （50分）	（1）音准	10分
	（2）节奏	10分
	（3）音色	10分
	（4）流畅性	10分
	（5）表现力	10分

在开齐开足课程的底线基础上再去讨论艺术效果等其他评价要求，从这里可以看到其政策的引导性。

长沙市的班级合唱（合奏）的探索开始很早，在第 8 次基础教育课程改革之前的 1998 年，长沙市天心区就尝试通过一个也不能少的行政班而非特长生参与的器乐合奏比赛来推动器乐教学。通过比赛导向促使音乐教师重视平时课堂器乐的常规教学，认真上好每一堂音乐课；通过比赛引导音乐教师关注课堂器乐教学中的问题，激发音乐教师探究课堂器乐教学方法的兴趣，以落实该区"让每一个孩子在音乐审美过程中成长"的音乐课堂教学的指导思想。音乐要想从特长生的专利变成普通学生的常态教学，在当时还是比较难的。第一，不仅仅需要改变音乐教师长期以来形成的"器乐不适合每一个学生学习"的畏难思维；第二，需要改变学校行政人员的"音乐教学和我们无关"的思维，提高学校行政人员明确比赛的意义是检验音乐教师平时课堂教学情况的认识，促使学校行政帮助把好审核关，确保每一个教学班的学生人数的真实性；第三，要转变班主任的"学音乐和班级无关"的思维定式，要设法让班主任明白教学班器乐演奏比赛是以班级为单位参赛，奖励表彰对象是班级，从而调动班主任的积极性，取得班主任的大力支持。在之后的教研改革中，出现了教师让参赛学生进行突击排练的现象，这无疑违背了组织比赛的初衷。也有将比赛曲目拔高求难的现象，违背了学校音乐教育的要求。为了引导教师重视平时的课堂教学，学校在以后的几届比赛中一步步调整赛规，比如要求比赛曲目必须选该学期本册教材中的歌（乐）曲，以此引导教师重视平时的课堂常规教学，不搞突击排练、不拔高求难。重视挖掘教师的创造潜能，激发教师的创造能力，鼓励教师对教材的歌（乐）曲和欣赏、视唱曲进行二度创作，以供学生演唱（奏）。

综合素质评价和核心素养研究，既是一项学术性的基础研究，也是一项集教学和评价于一体的育人实践的创新探索，两者紧密联系在一起，需要我们在教学设计中关注核心素养的思想理念，关注当下学生的身心发展特点。音乐课程在学校体系中本来就不占优势，在这个课时有限、重视程度有限的狭小空间里，我们更应该将音乐教学实践做得更好，实现教学的高效化。

第七章　课堂教学中的核心素养培育

——以班级合唱为例

　　课堂教学是学校音乐教育的重要环节，也是学生核心素养培育的主阵地。因此，针对 2017 年版新课标提出的素养目标，我们应该科学合理地进行学习进阶的教学规划、指向核心素养的教学设计，并以核心素养为导向调整考试评价方式，以多层次课程实施对接艺术素质测评。为了便于分析，我们以长沙市一中班级合唱教学为例来进行论证。

第一节　学习进阶的教学规划

　　长沙市一中班级合唱教学的开展，既基于学生发展核心素养的顶层设计，进行了整体的统筹与规划，又计划性地对前、中、后三个时期的合唱教学进行设计，并指向音乐学科核心素养的培育。

一、前期——在合唱实践中提升学生的审美与感知能力

　　前期阶段主要是安排在高一上学期，教学内容主要包含合唱理论知识介绍和作品欣赏、歌唱基础训练以及合唱基础训练三部分内容。合唱理论知识介绍主要是介绍合唱的种类、合唱的队形、合唱指挥与伴奏等内容。合唱理论知识介绍和作品欣赏结合进行，学生既能够更加深刻地理解合唱艺术，又能够获得更多美感体验，为后期的合唱排练做好铺垫，训练出一双会聆听合唱的好耳朵。长沙市一中所用的教材为湖南文艺出版社出版的《普通高中课程标准实验教科书——歌唱》。教材总共分三个单元，其中有两个单元是关于合唱艺术的介绍，丰富多彩的合唱作品以及各种各样的演唱形式都为教师开展合唱教学提供了很好的教学依托。

歌唱基础训练主要包括歌唱的姿势、呼吸、咬字吐字等内容。合唱排练正式开始前一般都会有 10 分钟左右的练声"热身"活动，而歌唱基础训练无疑是"热身"活动的主要内容。它能使学生从生活中说话的发声状态迅速地转变为歌唱的状态。学生掌握正确的发声方法不仅能够培养良好的声音感，形成对声音的审美感知，在合唱中辨别声音的"好坏"，也能够为合唱的正式排练与演唱形成"硬实力"支撑。好的合唱队员首先需要具备好的歌唱能力，这样才能在演唱合唱作品时有更多发挥与创造的空间。

经过前面的合唱理论知识介绍和作品欣赏、歌唱基础训练的学习之后，学生对合唱这一形式的理论与实践都有了一个初步的了解。合唱基础训练是在学生歌唱练习的基础之上将前面合唱作品欣赏所获得的审美感受实践化。其主要包括简谱和五线谱的认读、节奏训练、声音的强弱训练、音色的初步训练等内容，以期为接下来的合唱排练提供"软实力"支撑。

整个前期的教学，既包含鉴赏聆听，也有实践参与，不管是哪种形式，均指向学生审美感知素养的培育。合唱作品的欣赏可以丰富学生的音乐审美经验，有助于学生在合唱实践中更准确地把握音乐作品的情感与内涵，而歌唱基础训练与合唱基础训练则要求学生在实践参与的过程中不仅要演唱好自己的声音，还要注意倾听其他人的声音，不仅要学会辨别声音的好坏，还要对指挥的要求做出正确的反应等。就是在一次次的练习与合作参与中，学生发现美、认识美、领悟美的能力获得一步步提升，并最终助力于审美感知素养的提升。

二、中期——多样性的合唱实践增强学生的艺术表现力

前期和中期之间会有一个音乐考核进行过渡，其主要目的是检验学生在经过前期的合唱作品欣赏与歌唱基础训练之后音乐素养水平的高低，以及歌唱能力、音域、音色等方面的情况，以期为接下来合唱声部的划分以及合唱训练提供参考依据。在确定好各声部的成员，对整个班级学生的音乐素养有一个整体的把握后，便可以着手开始合唱的基础训练了。中期的教学内容仍有歌唱的训练，且是对前期训练的进一步加强，主要内容以合唱训练为主。合唱的训练从合唱基础训练(包括合唱发声练习、节奏训练、音色训练等)开

始，然后逐步过渡到二声部的合唱训练，音乐素养较高的班级还会继续过渡到四部混声的合唱训练。

从教学内容来看，中期的合唱训练既注重引导学生运用正确的歌唱方法参与声音的训练，也强调对节奏、旋律、音色等音乐要素的把握，为后期的合唱作品演唱做好铺垫；既有横向的、循序渐进的梯度教学安排，又有纵向的和声逻辑关系，指向多声部歌唱能力的培养。更主要的是整个中期的合唱学习主要以实践参与为主，多样的艺术形式不仅给老师和学生发挥想象与创造力的空间，更重要的是使学生在实践参与的过程中获得艺术表现素养的培育，并能够在教师搭建的实践平台中，通过亲身的体验感受合唱艺术的魅力，释放并提高自身的艺术表现力。

三、后期——在自主排演中促进学生文化理解的形成

前两个阶段中主要以教师的引导为主，经过前期和中期的学习，学生不论是在审美感受还是艺术表现层面都对合唱艺术有了整体的了解，因此，后期主要以学生的"自主发展"为主。有了前期的审美感知和中期的艺术表现作为"桥梁"，后期的"自主发展"就有了脚踏实地的"路径"，因为学生文化理解的素养必须通过音乐感知和艺术表现等途径，才能真正地落地开花。通过一个统筹的阶段性学习，学生们既要表达自己的声音，又要关注声音的融合；既要注重情感的表达，又要形成声音的统一；既要遵循音乐的发展，又要跟随指挥的引领。这些合唱中的对立与统一，都使学生在前、中期欣赏与实践中形成了对合唱这一艺术形式的理解。同时，也能更深层次地对包含合唱在内的音乐文化有一个整体的感知，能够从文化角度对音乐作品、音乐现象产生认知。

另外，后期的教学内容主要是合唱展演及其准备工作，其间各班级要选定一首合唱作品进行展演。在为了展演而进行的排练过程中，学生们在一次次的作品聆听中感受合唱艺术的魅力，体悟它对音乐作品的独特表达；又在一次次的演唱中尝试将作品中独特的情感表达诉诸合唱形式；最终，形成经过感悟到实践论证再到理解的过程。相较于只诉诸听觉的文化理解与只是机械参与的实践表现，这份成体系的从聆听—实践—感悟的文化理解是学生自

已获得的，因此更加深刻、更有意义。这份理解，因为反复的练习与深入的挖掘，使学生在排练、表演不同国家、地区、时期的音乐作品时，会形成对音乐文化内涵的"真正理解"，而不是听来的、模仿来的"假性理解"。

第二节　指向核心素养的教学设计

一、体现学生核心素养培育的教学目标

（一）基于音乐"工具性"的情感态度与价值观目标

音乐教育的"工具性"，突出显现音乐教育是教育的组成部分。它与其他学科一起指向一个共同的目标，即培养全面发展的人，是为落实立德树人根本任务、发展素质教育而服务的。而具体到音乐教育，它作为美育的重要组成部分，对促进学生素质全面发展有着不可替代的作用，承担着培养学生审美的重任。音乐教育"工具性"的体现，一定程度上可以说是与音乐三维目标中的情感态度与价值观相对应的。音乐课程中的情感态度与价值观体现了音乐教育的本质是情感审美，并契合了音乐是实施美育的重要途径这一根本特征。音乐教育的"工具性"是音乐课程的价值定位之一，而音乐的情感态度与价值观目标则是音乐课程价值的具体体现，两者的旨归都是音乐的情感审美教育。

纵观长沙市一中的班级合唱，其基于音乐"工具性"的情感态度与价值观目标设置首先就体现在开课方式上。合唱是高中六个选择性必修模块之一，因其开展形式上便利、容易出教学效果等特点，在学校活动开展中较受欢迎。但是，因为普通高中学生升学压力大、合唱基础薄弱，合唱教学多以学校合唱团的形式存在与发展，以普通班级建制的较少。而长沙市一中则面向全体学生开设，以普通班级建制的形式进行教学，使每一位学生都能受到合唱艺术的熏陶，从而在出发的根本点上就体现了音乐教育的"工具性"，为落实立德树人根本任务，培养全面发展的人提供了可行的基础。

其次，我们再聚焦班级建制合唱教学的具体组织，则可以看到基于音乐"工具性"的情感态度与价值观目标设计渗透在教育教学的各层面。在整个合

唱教学中，合唱作品的欣赏是贯穿始终的，学生在聆听与实践演唱中，唱会一首合唱作品固然是重要的教学内容，但是除了唱会合唱曲目以外，还要对合唱有更深的理解，如对合唱作品的理解、对作品情感的共鸣，如怎样与他人和谐、融洽地完成合唱表演，如沟通与合作能力的形成，等等，这样才能通过合唱这一艺术形式更好地完成对学生全面发展的培育，使音乐的情感审美教育真正落地。

（二）基于音乐"本体性"的知识与技能目标

音乐教育的"本体性"是指音乐教育教学活动的开展是基于音乐这一学科的本质进行的。音乐学科的本质不同于其他学科的，具有不可替代性，所以在音乐教育中需要依据音乐的本质规律开展教学，也要用音乐的手段组织教学，更要教音乐、考音乐、评音乐，从而真正践行音乐中的教育。音乐教育的"本体性"注重音乐本身的要素，这和三维目标中的知识与技能目标是一拍即合的。知识与技能目标设定的根本在于对学科自身建构体系的科学认知，因为基础教育中的任何学科，必然有系统的知识与技能体系，所以，音乐"本体性"和知识与技能目标都强调音乐本质规律的学习。

相较于传统的"双基"观念，新的音乐知识与技能观不仅仅把音乐知识与音乐技能界定为高考理论"三大件"即视唱、练耳与乐理，还包括音乐基本表现要素、音乐体裁形式等音乐知识，发声、咬字等唱歌技巧，口形、指法等乐器演奏方面的技能。长沙市一中的班级合唱教学，既包含对传统"三大件"的学习，也注重歌唱、合唱技能的学习与实践。其一，在合唱作品的学习中设计了读谱训练，先视唱曲谱再唱歌词，而不是老师打包式的"口传相授"；谱面的学习涉及相关乐理知识的教授，而不是死记硬背；发声练习曲与多声部合唱的训练则充分关注音高、音准的准确度，强调聆听钢琴的声音，关注其他声部的声音。其二，歌唱与合唱技能的训练贯穿始终，且有系统、详尽的规划。如歌唱技能的训练，前期主要包括歌唱姿势、呼吸等基础训练；中期则主要是针对歌唱的哼鸣、咬字吐字等的加强训练；后期则注重各技能的协调统一及情感表达的训练。再如合唱技能的训练，前期主要是合唱的发声、声部的统一等基础训练，合唱形式较为简单，多为齐唱、轮唱或简单的二声部合唱；中期除了合唱技能的要求更高，涉及声音的控制、声音的融合统一以外，合唱形式从二声部过渡到三声部，基础较好的还可能学唱四声部合唱作品；后期则注重音色的表达、合唱风格的处理及合唱舞台表演技巧等方面的学习。

除了教学内容的有序规划以外，长沙市一中的建制班级合唱还有一个很大的亮点，即音乐知识与技能的学习与考评结合，设置中期的音乐考核与最后的合唱比赛。中期音乐考核的内容涉及歌唱基础、音乐素质、歌唱音域及音色等方面，从而促使学生对合唱知识与技能愈加重视，而最后各建制班级的汇报比赛则是对整个前、中、后期合唱学习所交的一份答卷，这份答卷直指合唱艺术的学习情况，亦是对音乐的"本体性"以及知识与技能在以合唱为例的音乐教学中的重要性的回应。

（三）过程与方法

基于音乐"工具性"的情感态度与价值观目标以及基于音乐"本体性"的知识与技能目标说明的是"音乐教育的价值是什么"的问题，而过程与方法显然不指向音乐教育的价值，而作为音乐教育过程和方法上的一种状态，形式上指向"怎样达到音乐教育的价值"，这一点与教育部颁发的《基础教育课程改革纲要（试行）》中对于基础教育课程改革的目标之一相契合，即"改变课程过于注重知识传授的倾向，强调形成积极主动的学习态度，使获得基础知识与基本技能的过程同时成为学会学习和形成正确价值观的过程"①。此外，《义务教育音乐课程标准（2011 年版）》中也有说明，过程与方法具体包含体验、模仿、探究、合作以及综合五个目标。而对于五个目标的具体表述中，既包含对"音乐作品""演唱、演奏""学科知识"等知识与技能的要求，也囊括对"享受音乐审美过程的愉悦""培养好奇心和探究愿望""积累感性体验"等情感态度与价值观的追求。"过程与方法在三维目标中起着将知识与技能、情感态度与价值观联系在一起的作用。也就是说，情感态度与价值观、知识与技能是经由过程与方法达到统一。"②重视过程、强调方法，实质上是更加关

---

① 中华人民共和国中央人民政府. 教育部关于印发《基础教育课程改革纲要（试行）》的通知 [EB/OL].（2001 - 06 - 08）[2022 - 08 - 16]. http：//www. gov. cn/gongbao/content/2002/content_61386. htm.

② 资利萍. 音乐课程实施：工具论与本质论的统一[J]. 人民音乐，2006(12)：65.

注课堂的"生成"，尊重学生的学习经历以及体验的方式，而非以往的以结果为导向。这是对传统"知识本位"和"学科本位"的批判与反思，也是对"以人为本"这一理念的落地践行。就课堂教学的实施角度而言，既要立足音乐本体进行知识与技能的教授，也要关注学生的情感审美教育，既要注重情感态度与价值观的渗透，还要运用有成效的、适合学生的教学方法展开教学，从而使三维目标真正发挥导向作用。

长沙市一中的班级合唱在组织与实施中，对过程参与的"效度"很重视。首先，合唱教学前、中、后期的整体设计均渗透着体验、模仿、探究、合作、综合这些目标。学生从作品欣赏、演唱作品前的聆听，再到实际的排练过程，均是建立在对作品的深刻体验上的；在具体的演唱实践中，不论是老师的范唱，还是同声部同学的演唱，都让学生有了模仿的对象；合唱展演作品的选取、组织实施以及最后的展演表现等都是学生们探究与合作的最终成果体现；完成一首合唱作品不仅包含音乐鉴赏、歌唱等不同领域的知识学习，也囊括了语文、历史等学科文化的理解。其次，合唱的教学过程既涉及歌唱的姿势、呼吸、咬字吐字等演唱技能以及节奏训练、听音模唱、合唱理论知识等学习，也关注作品情感的体验，给予学生自主排练的机会，使学生形成正确的情感态度的价值观。最后，相较于以往比较传统的合唱教学，长沙市一中的班级合唱教学方法的设计更加符合学生的兴趣与身心发展。如在合唱教学之前先进行合唱欣赏教学以及歌唱教学，能够给学生后期的合唱排练打下扎实的基础；班级合唱的考核最终以合唱展演的方式进行，且以爱国为主题，还将班级合唱展演的组织准备工作交给学生，从而很大程度上激发了学生的主动性，并有助于学生在这个过程中形成团队精神、爱国精神及正确的价值观。

二、促进学生核心素养培育的教学环节

（一）通过多种实践活动提升音乐表现力

音乐是一门非具象性、非语义性的艺术。所以，学生必须通过音乐实践这种可感、可做的方式来获得美的感受。"强调音乐实践"是音乐课程基本理

念之一，关于这一理念，2017 版课标中是这样表述的："音乐课程各模块教学，通过聆听、歌唱、演奏、编创及综合艺术表演等多种实践活动得以实施。对音乐实践的强调，应贯穿全部音乐教学活动。"①不管是音乐鉴赏、演奏、戏剧表演，还是歌唱、合唱，音乐课程的实施都必须借助于实践活动才能落地。此外，音乐学科核心素养包括审美感知、艺术表现、文化理解。其中，艺术表现是指通过歌唱、演奏、综合艺术表演和音乐编创等活动，表达音乐艺术美感和情感内涵的实践能力，它直接指向的就是学生参与实践活动的能力。而审美感知与文化理解能力的获得，也需要学生在音乐实践活动中积累与音乐相关的直接经验，掌握音乐相关知识和技能，通过音乐生发和体验情感，从而最终转化成能力，凝结为素养。

　　"合唱"本身就是一个实践性的活动，不管是合唱作品的聆听还是合唱技能的学习都需在实践中才能完成。长沙市一中班级合唱教学立足实践，首先通过合唱实践活动来提升学生的审美与感知能力。如在排练前的合唱作品鉴赏环节，需要对每一首作品的演唱形式、和声感、表现手段等有一个整体的基础认知；在具体的排练过程中，需要学习正确的歌唱方法，培养良好的声音感，并进一步在声部的合作中兼顾与他人的合作，倾听各声部的声音；中期的考核以及后期的合唱展演，不仅让学生在丰富的实践形式中积累了感性经验，也能够让学生对不同风格的合唱曲目有一个对比性的把握。其次，采用丰富的实践形式来增强学生的艺术表现力。虽然是合唱课程的教授，但是长沙市一中班级合唱的开展还铺垫了歌唱技能的学习，然后再逐步过渡到轮唱、二声部以及多声部的学唱。此外，针对不同班级的合唱表演水平，设计了不同形式、不同难度、不同层次的合唱作品，以适应更多学生的学习水平，并给予学生们自主发挥创造的空间——曲目自己排、形式自己设计、指挥和伴奏自己出、进程安排自己设定，教师只在这个过程中进行一个大方向的把控。这些丰富多样的实践形式以及相对自由的学习氛围，使学生乐于参与，敢于表现，在合唱实践中享受音乐艺术的熏陶，释放了自身潜在的艺术表现力。最后，在合唱实践中学生对不同民族、不同地域、不同种类的音乐

① 中华人民共和国教育部. 普通高中音乐课程标准（2017 年版）[M]. 北京：人民教育出版社，2018：2.

文化多了一份切实的理解。在实际的排演过程中，要想准确表达作品的情感，必须深入作品之中，再回馈于作品。而这个过程中的"深入"与"回馈"都必须对音乐本体、音乐要素背后的音乐文化进行深究后才能够获得。因此，学生实践的过程，就是一个主动了解文化的过程，也是一个从了解文化到表达文化的过程。这样，学生不仅对多元文化有了一份深刻的理解，艺术视野也在潜移默化中获得了拓展。

（二）课堂音乐教学与课外音乐活动相结合

如果说音乐教学是培育学生音乐学科核心素养的中心环节，课堂音乐教学则可以说是音乐教学的主阵地。因为不论是在整个音乐教学中所占教学时长方面，还是在教材、实施管理等各方面的配套上，它都占有绝对优势。课堂音乐教学固然重要，但是，近年来课外音乐活动越来越被关注、被强调。2017 版的高中音乐课标在地方和学校实施课程的建议中，明确指出："学生课外艺术实践活动是音乐课程教学体系的有机组成部分，音乐教师应带领和指导学生艺术社团，利用各种节日、纪念日、共青团活动日、校园文化艺术节，组织歌咏比赛、文艺汇演、师生音乐会或音乐讲座等，促进学生提升音乐学科核心素养，弘扬民族精神，增强集体意识，提高道德修养。"①将课外艺术实践活动纳入课程管理之中，是 2017 版课标的新要求，它明确提出音乐教师和学校要开展好学生课外艺术实践活动。此外，教育部于 2014 年印发的《教育部关于推进学校艺术教育发展的若干意见》中也提道："要进一步办好大中小学生艺术展演活动和高雅艺术进校园活动，抓好中华优秀传统文化艺术传承学校与基地的建设工作……中小学校要以班级为基础，开展合唱、校园集体舞等活动。"②除了组织、实施方面的建议，还对作为考试风向标的"评价"有了明确的考核说明。中小学艺术素质测评指标体系将课外活动作为基础指标呈现，并占有 15% 的分值。

---

① 中华人民共和国教育部. 普通高中音乐课程标准(2017 年版)［M］. 北京：人民教育出版社，2018：58.
② 中华人民共和国教育部. 教育部关于推进学校艺术教育发展的若干意见［EB/OL］.（2014-01-14）［2022-08-16］. http://www. moe. gov. cn/srcsite/A17/moe_ 794/moe_ 795/201401/t20140114_ 163173. html.

课堂音乐教学和课外音乐活动均是音乐教学体系的重要组成内容，但在具体实施中，各有优劣。课堂音乐教学易于组织，配套成熟，音乐教师实施经验丰富，但由于教学时间与场地原因，学生音乐活动的实施与体验效果会打一定折扣。课外音乐活动可以说是课堂音乐教学的一种有效补充，能够给予教师与学生更多的教学空间与时间，从而使音乐教学取得更佳的效果。

长沙市一中的班级合唱教学将课堂音乐教学与课外音乐活动进行了有机结合。首先，前期的音乐欣赏教学、歌唱基础训练等都是以课堂教学的形式组织，学生在音乐课堂中，对合唱有了系统的认知和初步的体验性参与，为中后期的合唱教学做好了铺垫。前期阶段是整个班级合唱教学的关键，而歌唱基础训练则对中期开展合唱训练具有一定的辅助作用。其次，中期的歌唱训练及合唱基础训练仍然是以课堂教学的形式组织。但是，这个过程中关于合唱的实践训练则为后期的课外音乐活动实践打下了坚实的基础，使班级合唱展演的实施具备了可行性。后期的班级合唱展演是班级合唱教学的检验与促进，并把合唱教室的歌声搬到舞台，也将课堂教学形式转化为了课外音乐活动。班级合唱展演这一课外音乐活动是长沙市一中的"常规艺术盛会"，已经开展了十余年，它以爱国为主题，在五四青年节前后面向全体高一学生开展，以展现学生的青春风采，抒发学生的爱国情怀，激励学生坚定理想信念，励志刻苦学习，并积极投身于实践。这一课外音乐活动以班级合唱比赛的形式展开，具体包括参赛曲目的选择，指挥、声部长及伴奏人员的选择与培训，还有舞台表演的指导等。在前两个阶段中，课堂音乐教学形式以教师为主导，而在后期的教学中，每班的声部长、骨干同学（指音乐特长生、钢琴伴奏等音乐素养较强的学生）起到了更为重要的作用，甚至可以说班级里的每一位同学作为合唱队员对最后合唱作品的呈现都起到了重要的作用。由此可见，长沙市一中班级合唱的组织与实施真正做到了以育人为宗旨，面向全体学生，以五四青年节为契机，依托爱国主题，使课堂音乐教学和课外音乐活动有机融合，开出了向善、向美、向上的校园健康之花。

三、适合学生核心素养培育的教学策略

(一)欣赏与实践相结合,促进学科核心素养的共同形成

三大核心素养的培育并不是独立、分割的点,而是"你中有我、我中有你"相互渗透、交叉融合的过程。如音乐鉴赏模块以听赏为主,侧重于审美感知和文化理解素养的培养,但是在实际的教学过程中,学生仍会通过演唱、律动、演奏等音乐表现方式感受与体验音乐,从而获得艺术表现素养。而合唱、合奏、舞蹈表演、戏剧表演等主要以实践活动为主的课程,虽侧重艺术表现素养的培育,但也需要注重对歌曲或乐曲的审美感知以及文化理解。此外,"音乐审美活动在听觉体验和艺术表现中进行……高中阶段的艺术表现重在通过艺术表演实践和创造活动,提升学生审美感知和文化理解沟通能力……文化理解是指通过音乐感知和艺术表现等途径,理解不同文化语境中音乐艺术的人文内涵。"[1]2017版课标中关于三大核心素养的概念界定和表述也很好地诠释了三大素养之间的渗透、融合关系。

长沙市一中班级合唱的教学既紧贴新课标的精神,也注重欣赏与实践的结合,促进学科核心素养的共同形成。首先,合唱的欣赏与实践演唱从来都不是割裂的,而是相辅相成的。如前期的歌唱、合唱作品鉴赏教学与歌唱技能、技法的学习相结合,以使学生在合唱艺术表演的实践之中提升自我的审美感知能力;中期虽以合唱的实践活动为主,但不管是单声部的学唱还是多声部的合作演唱,学生在演唱的过程中培养了聆听和声的耳朵,以调整自己的声音融入整个合唱声部。此外,教师也会通过范唱、作品听赏的方式,刺激学生音乐感知力的提升,学生的体验会更深入,对待合唱的实践参与也会有更多自己的体会与理解。

(二)教师有效、有限指导,学生自主排练

"学科核心素养"是伴随着新一轮课程改革而提出来的核心词、关键点。

---

① 中华人民共和国教育部. 普通高中音乐课程标准(2017年版)[M]. 北京:人民教育出版社,2018:5-6.

这一观点的提出直接影响了整个课程的设计、组织与实施的全过程。它是对以往素质教育、三维目标突破性的发展，其最主要的转变是体现在对"人"的终极关怀上。学生不再是学习的"机器"，而是被关注、被理解的对象。在由此带来的一系列变化中，教与学关系的转变是教师们最应关注的点。因此，核心素养下的课堂教学需要教师摒弃以往的顾虑，"放手"展开教学。不仅要"放手"，而且要从理念上先认识到教学关系转变的重要性，做到有分寸、有计划地"放手"。

长沙市一中的班级合唱教学较好地贯彻实施了新课标、新课程的理念。

首先，教师在整个班级合唱教学中进行了有效、有限的指导。从最初的合唱基础知识了解到中间的歌唱训练、合唱实践参与以及后期的班级合唱比赛，教师都进行了有效的指导。教学中，教师尽量控制了自己的讲授与指导，从而给予了学生充足的学习机会。尤其对于合唱这样一门实践性很强的课程而言，教师就更是尽量做到了"少讲""精讲"，以给予学生充足的自我练习与实践体验。这样，不仅使学生在这一过程中获得了演唱、合唱的技能培养，也对合唱艺术有了一个相对完整、全面的了解，从而为学生自主参与排练打下了坚实的基础，使带有个人意识、自我理解的实践活动参与成为可能。

其次，学生在自主排练中获得音乐学科核心素养的提升。罗祖兵在谈到教学的变革时曾谈道："素养的形成依赖学生自身的学习活动而不是教师的教导活动，教师的教导只是学生素养形成的条件，还不是充分条件。要促进核心素养的生成，教学过程必须以学生的学习为中心，而不是以教师的教导为中心。以学生学习为中心，让学生深度参与教学过程，深刻把握所学内容的教学，就是深度教学。"[1]长沙市一中班级合唱的教学进行到后期时，教师便"退让一方"，以"隐身"的状态存在，以便学生们全身心地投入合唱活动之中。合唱比赛活动贯彻了长沙市一中"以学生为中心、从学生出发，学生自我管理与教师引导相结合、造福学生"的理念。无论是在日常的训练还是彩排中，学生更多的是自我管理和互相监督。

---

① 罗祖兵. 深度教学："核心素养"时代教学变革的方向[J]. 课程·教材·教法，2017(4)：23.

此外，合唱比赛必不可少的几个角色，即指挥、钢琴伴奏、声部长等，都由学生担任，参赛的曲目由各班自行选择，具体的演唱形式亦是各班级自行设计。通过充分参与合唱实践，学生获得了合唱表演技能的同时，也对合唱有了一个整体的审美感知和美的体验。而且这种体验是学生通过参与实践活动自行获得的，这样高质量的获取也会使得学生的发展结果更加可观。此外，它还让学生在合唱比赛这一具体的情境中学会了处理和应对新问题、新情境的方法。而这，恰恰是核心素养的重要精髓所在。

（三）教学与考评相结合

"我们的课堂教学是学校教育课程的主体，它必然也必须是落实核心素养的主场域"[1]，此外，"核心素养的评价也是当前核心素养落实的关键性问题"[2]。教学与考评均是核心素养培育过程中的重要环节，缺一不可。教学是考评的重要参照对象，而考评又是教学的监督与反馈。因此，两者必须紧密结合将核心素养这一套理论框架、育人目标体系落实与推行到教学的各个环节，尤其是具体的教学与评价之中去。

长沙市一中班级合唱的教学共有两次考评，具体包括中期的考核和后期的汇报比赛。中期考核的内容主要是教学中所教授过的内容，以对学生前期的学习状况以及音乐素养有一个整体的把握，而后期的汇报比赛则可以对学生整个合唱学习过程中的所学、所获进行一个整体的观照。

四、核心素养培育的教学实例

（一）课例一：解决音准问题，培养审美感知素养

"审美感知是指对音乐艺术听觉特性、表现形式、表现要素、表现手段及独特美感的体验、感悟、理解和把握。"[3]音准所对应的音高则是音乐表现

---

① 吕庆生. 培植核心素养的实践研究：以项目课程为例[J]. 中国教育学刊，2017（A1）：107.

② 任平，李俊堂. 核心素养与中小学课程改革教学变革：第十次全国课程学术研讨会综述[J]. 课程·教材·教法，2018（2）：139.

③ 中华人民共和国教育部. 普通高中音乐课程标准（2017年版）[M]. 北京：人民教育出版社，2018：5.

要素的重要组成部分。在所有的演唱形式上，音准问题都是首先需要关注与解决的。"音乐欣赏者作为音乐审美的主体，首先要具有良好的音乐感知能力。每个人对于音乐的感知能力是先天存在的，但是对于音乐的听觉特性、表现形式、表现要素、表现手段及其独特美感的感知却是需要后天来培养的。"①因此，通过聆听、体验等方式对音乐作品进行欣赏和实践参与体验，能够为解决合唱作品演唱中的音准问题提供很好的途径，从而也能够进一步使学生具备较好的审美感知能力。

课堂实况记录：通过前期合唱作品的鉴赏和歌唱能力的培养，学生在中期教学中开始进入合唱作品的学唱。本节课学唱的是一首简单的二声部合唱作品《山楂树》。这是一首优美抒情的俄罗斯歌曲，淳朴烂漫的小调式音调。教师首先根据学生的音色特点，分好了声部。歌曲为二段体结构，第一段的前两句是齐唱，音程跨度不大，学生学唱难度不大，音准把握也较好。后两句分成了二声部，整体以三度和声音程为主，但也出现了五度跳进。学生在唱好自己声部的同时还要关注与其他声部的和谐度，因此容易受到不同程度的干扰，导致音准出现偏差。第二段的开始为一个八度的大跳，旋律上行，音高到达 d2，学生容易因为唱不上去而出现音高不准的现象。另外，低声部旋律感不强，比较难唱，因此，合唱时，音准经常出现偏差。

具体解决方案：首先，教师让学生学唱第一段前面齐唱部分较为简单的两句。然后，针对第一段的后两句和第二段的二声部合唱，教师分别引导学生学唱各自的声部，以尽可能地把握好自己声部的音准，第二段八度大跳的地方以及高音区部分，教师进行了示范讲解，并让学生进行反复的训练，以攻克局部的难点。接下来，教师将各声部的旋律拆成单个的音程进行和声训练，这样既能降低二部和声的难度，也可以让学生对这几句的合唱有一个整体的把控。在这个过程中，教师还运用了柯尔文手势对学生进行了训练，以帮助学生用可感、可观的方式来唱准音高。尤其对于第一段的五度跳进和第二段的八度大跳，柯尔文手势的使用能够帮助学生练习音程关系，减少学生对钢琴的依赖性，强化学生的聆听，以达到训练音准的目的。当学生的音准基本稳定下来后，教师再尝试进一步提高难度，将前面单个的和声音程训练

① 王安国. 普通高中音乐课程标准(2017 年版)解读[M]. 北京：高等教育出版社，2018：23.

连贯起来。但是先采用比原速慢一倍的速度，在稳定学生音准的同时，也给予学生更多反应和思考的时间，从而尽可能地唱准、唱稳音高。完成了放慢速度的两个声部合练，就需要进一步关注两个声部的音量、音色的和谐与融洽了。在教师手势的带领下，学生学会相互倾听，并尽可能地使自己的声音融入声部之中，并在此过程中体验了和声的美妙。

课例评析："在复杂的声音结构中，对声音的选择性注意、对声音注意的保持，以及对音响结构整体属性的感知，是具有音乐审美能力与没有音乐审美能力之间的关键区别。"[1]在学唱合唱作品过程中，学生在教师的引导下，对声音的音高有了不同层次的关注，并在实践中进行了体验，从而获得"最直接"的音响感受。而学生在这个合唱作品中聆听、实践体验的过程，也正是获得音乐审美感知力的过程。

（二）课例二：细化表演细节，提高艺术表现素养

2017版课标中对"艺术表现"素养是这样表述的："艺术表现是指通过歌唱、演奏、综合艺术表演和艺术编创等活动，表达音乐艺术美感和情感内涵的实践能力。"[2]这段话就直接地说明了艺术表现就是在音乐的唱、奏、演、动、创等具体表演活动中所展现出的实践能力。而这种实践能力，其实就是音乐艺术的产生、表达与表现所必需的能力。因此，"音乐的教学过程就是音乐的艺术实践过程；对于音乐艺术而言，实践的过程比实践的结果更为重要；学生的主动参与和自助体验是音乐时间与表现的主要形式；教师只是实践活动的组织者、引导者和合作者"[3]。

课堂实况记录：本节课为班级合唱比赛前的一节课，教师主要对学生已经学唱会了的作品《在太行山上》进行进一步的细化指导，使学生在实践的表演中获得艺术表现素养的提升。教师整体聆听了学生们的演唱，并根据各声部的演唱、钢琴伴奏以及指挥的表演一一做出指导。《在太行山上》为二声部合唱，学生基本能完整地演唱，音准、节奏比较准确。但是，他们对歌曲的

---

① 王安国. 普通高中音乐课程标准（2017年版）解读［M］. 北京：高等教育出版社，2018：23.

② 中华人民共和国教育部. 普通高中音乐课程标准（2017年版）［M］. 北京：人民教育出版社，2018：6.

③ 王安国. 普通高中音乐课程标准（2017年版）解读［M］. 北京：高等教育出版社，2018：238.

处理比较粗糙，首先，没有情绪的对比，尤其是第一段的抒情性与第二段的战斗性，是歌曲艺术性的主要表现方面，学生却没有将其明显地表现出来，导致整首歌曲的演唱平淡无奇、寡淡无味。其次，钢琴伴奏应该是跟着合唱声部走的，但是，部分乐句出现了钢琴伴奏没有"等待"合唱声部融入其中，而有"喧宾夺主"之感，使得整首作品的融洽度有所降低。最后，指挥应该说是合唱中最重要的一个角色。但是，为了给学生更多实践参与的机会，教师将指挥的权利赋予了各班的学生。而学生因经验不足，在实际表演过程中，指挥的"效能"没有得到较好的发挥，很多学生甚至不看指挥，自行演唱，指挥动作的不规范也使声音涣散，没有凝成一股力，最终导致作品的呈现效果大打折扣。

具体解决方案：首先，教师没有着急着手解决各部分的问题，而是高站位地对合唱作品的高质量呈现进行了详细的解说。一支好的合唱队伍，队伍中的每一个人都至关重要，缺一不可。有了这样的意识，每一位队员才会积极参与到合唱表演中来。其次，教师对整首作品进行了整体的艺术性解读，从而使合唱队员、钢琴伴奏和指挥对歌曲每一部分的情绪以及演唱处理有一个整体的感性认知与把握，从而使各角色之间的融洽配合具备了可行性。再次，教师对各部分一一进行细化处理，如合唱声部在演唱歌曲的第一部分时可做由弱渐强、情绪舒展的处理，并在气息支撑的基础上做细化处理。再如第二段为充满斗争性的进行曲风格，在"敌人从哪里进攻"这一句的处理上，要求学生使用富有弹性、铿锵有力的声音表现，以凸显坚定勇敢的气势。尤其是女生，声音较之男生要薄，因此更要注意用气息支撑，保持声音的厚度，将磅礴的气势和英勇抗敌的精神表现出来。最后，提醒钢琴伴奏应注意控制音量，根据合唱声部与指挥的手势进行情绪的处理，从而在与各部分表演保持融洽的同时，也能够对作品的完整呈现起到锦上添花的作用。指挥的艺术化处理是一个长期的积累过程，因此，教师在学生可行的范围内，对学生划拍的准确性以及动作的规范性进行了严格的要求，在此基础上再酌情进行艺术化的处理。当然，整个合唱团的精神风貌、上下台和演唱过程中的礼仪，教师也都一一进行了细化指导，以使学生获得最佳的实践体验，共同追求表演效果的最佳化。

课例评析：合唱是一个合作表演的实践形式，尤其是班级合唱，它面向全体学生，使有个体差异的每一个学生都有机会能够参与其中。教师在进行艺术化的处理时，主要是以培养多数学生能够达到的能力为原则，使学生在个性发展和共性发展的有机结合中寻求自我发展的最佳效果。另外，合唱表演中，各声部、钢琴伴奏、指挥之间的合作与配合能促进学生在集体艺术实践活动中的人际交往，增进了人与人之间的专业沟通和艺术交流。

（三）课例三：深化作品情感体验，强化文化理解素养

"深化作品情感体验"是音乐课程基本理念之一。它指出学生能够在音乐课程学习中，"与优秀作品展现的艺术情境产生共鸣，获得丰富的情感体验，激励精神，温润心灵，进而培养对人类、自然以及一切美好事物的关爱之情，树立积极乐观的人生态度"[1]。情绪和情感是感情心理的两个方面，就两者的关系来看，情绪是情感的基础，是情感的外在表现，情感则是外界事物在人内心的反应。[2] 情绪是比较直接、本能的反应，而情感则需要一定的专业积淀，有一定的思想、意识引领，对作品认知充分，才有可能产生情感共鸣，而了解作品以及作品背后的创作、表演故事的过程，恰是学生音乐文化理解素养的培育过程。

课堂实况记录：本节课主要是进行歌曲《别亦难》的排练。学生经过前面多次练习，已经基本能够完整地演唱歌曲了。但是，歌曲的情感表达还比较欠缺。一方面由于学生的声音控制力不够，所以在高音区有喊唱的现象，破坏了歌曲的意境表达；另一方面则是由于对歌曲的理解不够，导致整首歌曲的处理非常粗糙，不能散发出作品的魅力。

具体解决方案：《别亦难》是一首根据古诗词谱写而成的歌曲，歌词感情诚挚深厚。教师针对学生的演唱从两个方面着手解决。其一，针对作品的音域进行了发声练习，并引导学生在掌握发声技巧的基础上尽量使声音往柔和、圆润上靠拢，以符合作品的整体意境。此外，还对歌曲的旋律特征进行了解析，从而使学生对作曲家的创作意图有一个整体的认知，并在实践演唱时有一个基本的演唱基调，不至于偏离太远。其二，针对学生对作品理解不

---

① 中华人民共和国教育部. 普通高中音乐课程标准（2017年版）[M]. 北京：人民教育出版社，2018：3.

② 王安国. 普通高中音乐课程标准（2017年版）解读[M]. 北京：高等教育出版社，2018：226.

第七章 课堂教学中的核心素养培育——以班级合唱为例

够这一点，教师首先播放范唱音频，让学生通过聆听对作品的情感有一个整体的把握，然后对整首作品的内容进行了讲解，最后再对作品的音乐风格进行了解析。经过前期的教授，学生已经对作品有了初步的理解，但是真正的情感体验是需要在实践中获取的。因此，教师通过引导学生诵读古诗词，自行感受作品的意蕴，然后，再进行补充说明，使学生有了自己思考参与的机会，能够对作品有更深入的理解。整首歌曲分为两段，整体表达的是浓郁的离别之恨和缠绵的相思之苦。但两段的情感表达又有不同的层次，因此需要针对前后两个乐段采用不同的处理方式。如第一段旋律舒展、情绪比较平稳，教师便引导学生以接近朗诵的音调唱出暗淡、无奈的感觉；第二段的音调上扬，是第一段的延伸和升华，情绪得到释放。教师边引导学生状态要更加积极，声音仍要保持连贯，力度可渐强，将古诗的意境和情感贴切而完整地表达出来。

课例评析：歌唱是人类表达情感的一种方式，不同的歌曲其情感类型也不同，有的欢快活泼、热情明朗，有的慷慨激昂、悲愤哀怨，还有的平静安详，等等。新课标中明确指出，文化理解素养的培育需通过审美感知和艺术表现等途径实现。教师要善于将作品相关的文化挖掘出来，以学生乐于接受的方式进行解析，并充分给予学生聆听欣赏以及在表演中进行实践的机会，这样学生就更容易与作品产生情感共鸣。

第三节　基于核心素养的考试评价

一、以核心素养为导向的评价手段和方法

（一）音乐考核评价促进素养的提升

"音乐课程围绕学生音乐学科核心素养实现水平的观测、评价，根本目的在于促进学生音乐学科核心素养的培育和不断提高——秉持以提升学生音

乐学科核心素养为本的评价理念，是音乐课程标准评价的首要原则。"[①]一定程度上来讲，音乐考核评价是音乐教学的风向标，即怎么考就怎么教。按照新课标的精神，音乐考核评价主要是考核学生的音乐学科素养水平，那么，音乐教师在教学中自然就会以音乐学科核心素养的培育为主要目标。新课标不仅对评价内容进行了分类组合，全面涵盖了审美感知、艺术表现、文化理解三大核心素养，细化为了具体的内容，以便于音乐教师评价操作。其次，还针对评价内容，各有侧重地采用与之相适应的评价方式。如采用日常学习表现评价模式对学生学习音乐的意愿、状态、方法和效率进行评价，采用模块学业质量评价模式对学生体验、感知音乐的能力和审美情趣进行评价，综合采用前两种方式对学生音乐实践活动的参与度、表现水平及合作协调能力进行评价，最后仍采用模块学业质量评价模式对学生利用音乐材料进行创意表达以及对音乐文化的评鉴水平进行评价。

长沙市一中班级合唱分别设有中期考核和后期汇报演出两部分。其中，中期考核主要考查学生听音识谱、歌唱基础、歌曲背唱等内容，并一一对应审美感知、艺术表现、文化理解三大核心素养。前期的考核使音乐教师进一步了解学生大致的音乐素养情况，并能够根据考核结果制订有针对性的教学计划。每一位学生考核完，教师都会对学生的声音状况以及适合演唱的声部做好记录，并进行等级划分，为最终的音乐学业水平综合评价提供参考依据。后期主要考查学生的读谱情况、声部合作演唱情况、合唱作品的处理以及舞台的完整呈现等内容。后期的评价采用日常学习表现评价和学业质量评价两种模式综合的方式进行。旨在通过让学生参与班级合唱比赛的方式进行可感、可知、可比、可学的音乐课程评价。因此，这一评价的过程同时也是学生展示自己在演唱、合唱方面学习收获与进步的艺术实践过程。整个评价过程对学生参与班级合唱的过程进行了多维度、多层次、全方位的考核，不似以往单纯以结果为导向、以单一的纸质考试为形式，最大限度地使班级合唱的效果立体呈现在考官面前，并直指音乐学科核心素养的培育情况。

---

① 中华人民共和国教育部. 普通高中音乐课程标准(2017 年版)[M]. 北京：人民教育出版社，2018：48.

（二）结合学业质量标准展开考试评价

"学生核心素养推进了教育结果导向的教育改革。'关注学生全面发展'的教育质量观给教育质量评估领域带来了机遇和挑战。"[①]而在这一场改革中，关于考试评价最重要的一个改革措施就是依据学业质量标准对学生进行考试评价。学业质量水平有机结合了核心素养和课程内容，"主要内容是规定学生在完成不同学段、不同年级、不同学科的学习内容后应达到的程度要求"[②]。如此一来，教学的评价一改以往基于学科内容和考试大纲的表现标准，转变为基于能力和素养的标准。相应的，也从以往的知识考查转变为素养考查。

长沙市一中班级合唱教学分为前、中、后期，其规划基本上与学业质量水平不同等级的质量描述是一致的，从而尽可能地做到完成学业质量水平质量描述所需要达到的要求。如中期初步考核不是采用传统的笔试形式考查学生对音乐知识的掌握程度，而是采取面试的形式，主要考查学生的歌唱基础、歌唱音域、音色及基本的视唱练耳水平等。再如学年考核打破以往课堂教学的考核方式，在实践考核的基础上进一步创新，以合唱展演的形式进行，要完成最后合唱比赛的曲目演出，需要在前期感知的基础上进行艺术表现，还要理解音乐作品的内涵，才能达到较佳的演绎状态，而这些都直指音乐素养的测评。

二、以多层次课程实施对接艺术素质测评

中小学艺术素质测评指标体系包含基础指标、学业指标和发展指标。其中，基础指标由课程学习及课外活动组成，这就要求音乐教学有课程学习的课内外之分；学业指标由基础知识和基本技能组成，这就要求不管是以表演为主的实践性课程还是以基础理论知识为主的基础课程都应包含知识与技能的教学；发展指标由校外学习和艺术特长（加分项）组成，意味着拥有艺术的

---

① 姜宇，辛涛，刘霞，等. 基于核心素养的教育改革实践途径与策略[J]. 中国教育学刊，2016(6)：32.

② 辛涛，姜宇. 以社会主义核心价值观为中心构建我国学生核心素养体系[J]. 人民教育，2015(7)：30.

一技之长能够获得额外加分，自主参加的校外艺术学习与实践也被列入测评的内容之中。艺术素质测评的指标体系遵循艺术教育规律，坚持科学的教育质量观，既关注学生艺术课程学习水平，也关注学生参与艺术实践活动的经历；既关注学生的学习成果，也关注学生的学习态度；既关注对学生的基本要求，也关注对学生的特长激励。长沙市一中班级合唱教学采取多层次的课程实施，以对接中小学艺术素质测评指标体系。具体包含以下三个方面：多样的课程组织形式为基础指标的测评提供依据，丰富的教学内容为学业指标的测评提供保障，重视音乐教育的学校氛围为发展指标的测评提供可能。

（一）多样的课程组织形式为基础指标的测评提供依据

基础指标包含课程学习和课外活动两个二级指标。其中，课程学习指音乐、美术等艺术课程学习的出勤率、参与度和学习任务的完成情况，主要是针对课堂教学而言。课外活动则是指参加学校组织的艺术兴趣小组、艺术社团和各类艺术活动的表现，主要指课外活动的组织与教学。为进一步推进与确保基础指标的有效测评，教育部颁发的《中小学校艺术教育工作自评办法》规定学校每年进行一次艺术教育工作自评，且自评工作实行校长负责制，纳入校长考核内容。此外，还指出学校艺术教育工作自评包括艺术课程、艺术活动、艺术教师、条件保障、特色发展以及学生艺术素质测评等。如此一来，艺术教育将不再是艺术老师独当一面、艰难力争的事了，而是由校长牵头，学校支持，音乐、美术等专职教师和班主任等集体参与的一门课程，这些为包括音乐在内的艺术教育的蓬勃发展创造了有利的条件。

长沙市一中合唱教学分为班级建制的合唱课堂教学与校内合唱艺术团。其中，班级合唱教学已经有十来年的历史了，并且每年五月四日前后会组织合唱汇报比赛，合唱的教学惠及校内每一位学生。校内合唱艺术团收获颇丰，不仅在长沙市、湖南省的班级合唱比赛以及艺术展演中多次获得第一名的好成绩，而且走出湖南省、走出国门，在由教育部主办的第四届全国中小学生艺术展演活动中荣获一等奖，还在 2013 年登上了维也纳金色大厅的舞台。以班级为建制的合唱教学实践性强、易于组织，以培养多数学生合唱表现能力为基本原则，增强学生在集体活动中的合作与交往能力，并注重学生兴趣提高和综合素质的培养。且以班级为单位的合唱教学又有课内学习和课外展演两种方式，从而同时能够满足基础指标中对于课程学习和课外活动这两项二级指标的评价。此外，校内合唱艺术团的教学方式，可以说是"合唱"模块最高层面的教学方式，其教学内容以合唱作品的排练为主。在教学上也采取了更高规格的训练方法，以培育学生较高的艺术表现力。校内合唱艺术团的主要组织方式以学校的艺术兴趣小组和艺术社团为主，而这也是基础指标中课外活动这一二级指标的主要评价内容。班级合唱教学与校内合唱艺术团并蒂开花，为学生艺术素质的提升尤其是核心素养的培育创造了良好的条件，使校内每一位学生既能够受到合唱艺术的熏陶，又能够根据个人的兴趣和天赋在合唱艺术上获得更好的发展。

（二）丰富的教学内容为学业指标的测评提供保障

学业指标是指中小学生通过校内学习，应具备的基本素质和达到的目标，包含基础知识和基本技能两个二级指标。其中，基础知识指标指理解和掌握音乐、美术等艺术课程标准要求的基础知识的情况；基本技能指标则指掌握和运用音乐、美术等艺术课程标准要求的基本技能的情况。关于对基础知识与基本技能的重视是有一段历史沿革的。1978年的教学大纲作为教学改革的纲领性文件，"在教学内容上是围绕各学科的'双基'进行组织的，是知识本位的突出反映，它对教学内容、知识点的具体要求与深度、难度都做了明确的界定"①。之后，不管是2001年的新一轮课程改革，还是2014年"核心素养"在教育部文件中的首次出现，乃至2017年版各学科课程标准的制定与出台，"双基"作为音乐学科的基础，一直在被优化和丰富，却从未被替代和删除。"学科核心素养是知识、能力、态度和价值观等全方位的整合和提升，是人才培养质量的更高要求——良好的音乐审美感知能力、艺术表现能力和音乐文化理解能力的形成，离不开音乐基础知识与基本技能的学习和掌握。"②以上这一段话很清晰地阐述了音乐学科核心素养和"双基"之间的联系。

---

① 余文森. 从"双基"到三维目标再到核心素养：改革开放40年我国课程教学改革的三个阶段[J]. 课程·教材·教法，2019(9)：40.
② 王安国. 普通高中音乐课程标准(2017年版)解读[M]. 北京：高等教育出版社，2018(04)：241.

长沙市一中班级合唱的教学以音乐学科核心素养为统领，通过合唱实践活动，提升学生的审美感知能力；丰富实践的形式，以增强学生的艺术表现力；并在合唱作品的实践演唱中引导学生注重理解多元文化、拓展艺术视野。此外，基础知识和基本技能的学习也是贯穿始终的，以服务于音乐学科核心素养培育的需要。基本知识的学习主要包括合唱基础知识和视唱练耳、乐理基础知识，基本技能的学习则包括歌唱技能、合唱技能、伴奏指挥等内容。具体的班级合唱教学中，教师以发展学生音乐学科核心素养为导向，结合合唱教学的具体内容，有意识、有序地将合唱的音乐知识和技能融入实践中，使学生在不断汲取和充实中形成关于合唱的知识与技能结构。此外，知识与技能的教学还充分考虑到这一阶段学生的身心发展规律和审美心理特点，选取的作品主要是积极健康、充满正能量的。最后的合唱展演也尽量引导学生以美的形式进行展现，从而使学生逐步获取和积累提升自身音乐学科核心素养的实践经历和经验。

（三）重视音乐教育的学校氛围为发展指标的测评提供可能

发展指标包括校外学习和艺术特长两个二级指标。其中，校外学习指标指自主参加校外艺术学习、参与艺术实践的情况（主要指参与社区、乡村文化艺术活动，学习优秀的民族民间艺术，欣赏高雅的文艺演出和展览等）；艺术特长指标为加分项，主要指在学校现场测评中展现的某一艺术项目的特长（包括声乐、器乐、舞蹈、戏剧、戏曲、绘画、书法等）。发展指标旨在引导学生自主学习和个性发展，一定程度上是有参加艺术高考需求学生的重点关注项目。关于这一点，学生结业需参加的学业水平考试也有针对音乐高考生的评价模式设计。"本课程各模块内容要求和学业质量水平体现的相关音乐学科核心素养培育要求，是学业水平考试内容和等级测定的依据。"[①]而学业质量水平是分为三个等级的，其中水平 1 是学生完成相应模块十八个学时的学习后要达到的基本要求，水平 2 和水平 3 是学生在水平 1 的基础上要达到的提高要求。"专业高考以学生所选相关必修模块及选择性必修模块水平 2

① 中华人民共和国教育部.普通高中音乐课程标准（2017 年版）[M].北京：人民教育出版社，2018：52.

和水平 3 的要求为标准进行测试。"①新课标和教育部所颁发的文件中针对需要参加专业高考的学生都留有一定的空间,以鼓励其发挥自主性和个性,获得专业性发展。

长沙市一中创办于 1912 年,是省内乃至全国都知名的一所普通高级中学。虽然是一所拥有"四大名校"之一声誉的考试型高中,但是其班级合唱教学却同样开展得有声有色,吸引了省内外多所学校相继前来观摩、学习。值得一提的是,长沙市一中的音乐剧与合唱一样也是以班级建制形式开展,并保留着每年展演的传统。此外,校舞蹈队、校乐团亦是硕果累累。长沙市一中素质教育之花盛放,与学校的重视息息相关。学校鼓励学生参加校内外艺术学习与实践,设有社团四十多个,每年的校园艺术活动丰富,为普通高中学生们发挥个性,发展艺术特长提供了肥沃的土壤。

---

① 中华人民共和国教育部. 普通高中音乐课程标准(2017 年版)[M]. 北京:人民教育出版社,2018:52.

第八章　基于核心素养培育的教材分析

——以湘艺版教材为例

2018 年 1 月，教育部正式颁布了《普通高中音乐课程标准（2017 年版）》。课标的重新修订既对以往课程改革的经验和问题进行了总结与提升，也进一步地推动了课程的深化改革。当然也对与课程、教学息息相关的音乐教材提出了新的挑战：音乐教材如何回应课程改革所带来的变化；如何高度契合音乐课程标准的要求；尤其是如何落实课标中明确提出的"教材编写应鲜明体现以培育和发展学生音乐学科核心素养为中心的课程改革要求，着力彰显音乐课程的美育功能"这一编写建议。音乐教材是依照国家教育部所颁布的音乐课程标准，根据音乐学科的特点，针对学生的身心发展水平而编制的。它是音乐教师展开音乐教学的重要依据，亦是学生进行音乐学习的重要载体。因此，它将国家关于音乐课程的基本理念传递给音乐教学实施者以及音乐教育接受者，起到至关重要的作用。

2017 版课标中指出，要将核心素养作为重要的育人目标，并要求在高中教材修订和教学实践中落实。因此，教材在音乐学科核心素养的落实方面，其地位是毋庸置疑的。经国家教育部审批通过的高中音乐教材现有人民音乐出版社出版的（简称"人音版"）、湖南文艺出版社出版的（简称"湘艺版"）、花城音乐出版社出版的（简称"花城版"）。这三套音乐教材均是以单元结构为主要编写模式，在内容形态的组织上则为音乐内容表达类似、地域接近或音乐风格类似的作品的集合。如人音版的《音乐鉴赏》教材，共计十八个单元，上编以点带面、点面结合，集中展现各种常见音乐体裁与形式；下编以点穿线、点线结合，分中外两条音乐历史线索呈现音乐教学材料。再如湘艺版的《音乐鉴赏》教材，上编包含"学会聆听音乐""中国音乐""西方音乐"三个单元，下编包含"中国民族民间音乐""世界民族民间音乐""中外流行音乐""音乐与姊妹艺术"四个单元。第一单元"学会聆听音乐"的意图是教给学生欣赏音乐的基本方法，仿佛一个指南针。第二至第七单元的标题简洁明了，如同六个指路牌，分类清晰、指向明确、内容翔实，展现了鉴赏模块的学科结构，仿佛为学生绘制了一幅地图。虽然各套教材在编写逻辑、选材、教学栏目、单元主题等各方面的编排与设计上各有不同，但是，毋庸置疑的是，各套音乐教材均是为学科核心素养的培育而服务，且作为落实核心素养的主要课程资源而存在的。从人音版和湘艺版教材的编写来看，其教材编写都较好地保持了单元之间的纵向逻辑，且从框架、选材、活动设计方面都切实地落脚于审美感知、艺术表现、文化理解三大核心素养，防止音乐素养的隐性化与飘忽化。本研究将以湖南文艺出版社新出版的高中音乐系列教材为例，解读并挖掘音乐教材中音乐学科核心素养的具体体现。

第一节 修订后的湘艺版教材的特色

湘艺版普通高中音乐教材的修订直接源于课程改革的进一步深化以及音乐课程标准的重新修订。音乐教材是音乐课程标准的体现，也是音乐课程实施的载体。教材的修订不仅要充分体现音乐课程标准的基本思想，准确把握音乐课程标准的相关内容要求，还要落实音乐课程目标的基本教学资源。此次修订围绕"发展学生的音乐学科核心素养，全面落实育人价值"而展开，为了达到这一目标，教材的修订遵循了几条思路。第一，全面贯彻党的教育方针，落实立德树人根本任务，根据教育部关于全面深化课程改革等相关文件的部署，对高中音乐教材进行修订。第二，教材的修订力求与2017版课标相吻合，彰显音乐课程的美育功能，将课标各层次、各方面的要求科学、合理地融入教材之中，确保教材好用、管用。第三，以培育和发展学生的音乐学科核心素养为依据，科学、合理建构各模块的结构框架，精选课程内容，重视音乐实践活动的设计。

一、以核心素养培育引领课程模块设置

本次高中音乐课程标准修订有两个大的亮点，其一是以培育音乐学科核

心素养为目标，其二是在课程结构上有所改变。根据 2017 版课标的要求，普通高中音乐课程由 2003 年版音乐课程标准规定的"一个必修(音乐鉴赏)+五个选修"的模式转变为"六个必修+六个选择性必修+选修"的模式。六个必修模块分别是：音乐鉴赏、歌唱、演奏、音乐编创、音乐与舞蹈、音乐与戏剧；六个选择性必修模块分别是：合唱、合奏、舞蹈表演、戏剧表演、音乐基础理论、视唱练耳；选择性必修模块则由学校根据实际情况自主开设。这样的模块设置加强了各模块之间、各学习领域之间、各学科之间的相互关联。如音乐鉴赏模块中除了中西方音乐的鉴赏以外，还有一个专门的单元用来讲解音乐与姊妹艺术，而选择性必修模块中的合唱、合奏、舞蹈表演、戏剧表演是必修模块歌唱、演奏、音乐与舞蹈、音乐与戏剧这四个模块的拓展与延伸。音乐教材依据课标的要求，编写的六本必修教材和六本选择性必修教材充分体现了"丰富课程选择，满足发展需求"这一课程基本理念。各模块在音乐核心素养的培育方面有不同的定位，将不同模块的基本功能与音乐学科核心素养的培育相对应。如必修模块中的音乐鉴赏模块主要是培养审美感知和文化理解素养，歌唱、演奏、音乐编创模块主要是培养学生的艺术表现素养，音乐与舞蹈、音乐与戏剧模块主要是培养学生的艺术表现和文化理解素养；选择性必修模块作为必修模块的延伸，则为培育音乐学科核心素养提供艺术实践的表现空间和基础知识与基本技能的支撑。各模块在培养学生音乐学科核心素养方面虽有所侧重，但总体而言，均是为音乐学科核心素养的培育而服务的，在整体模块结构框架上，均衡体现了三大核心素养的培育。

二、设计合理的学习进阶内容和学习路径

本次教材的修订以音乐学科核心素养为导向，对必修模块与选择性必修模块之间、上编与下编之间、单元与单元之间、节与节之间的学习进阶进行精心设计，这是音乐学科核心素养纵向、综合发展的重要体现。只有保持模块、篇目、单元、节之间的纵向逻辑力，才能促进音乐学科核心素养水平发展体系的完善。

(1)明确了教材各模块的编写上所承载的学科核心素养及其学习进阶定位。必修课程是面向全体的基础性课程，因此教材内容的编写主要以培养学

生对基础知识、基本技能的掌握为主。如必修课程音乐与戏剧在教材的选编上，主要是让学生在对戏剧的主要样式、戏剧名家名作以及戏剧音乐欣赏的基础之上，对戏剧相关的基础知识有一个整体的认知；然后通过配乐朗诵、话剧、小品、课本剧、经典戏剧段落等表演活动的实践参与与体验，获得初步的戏剧表演基本技能。而选择性必修课程是基础性课程的拓展和延伸，侧重于表演性的操作实践，因此教材内容的选编专业性更强，对学生实践参与表现的要求更高，以满足具有这些方面特长的学生进一步学习的需求。如作为必修教材音乐与戏剧的拓展延伸，选择性必修教材戏剧表演在编写上按照戏剧的主要样式分单元从最简单的配乐朗诵到最难的中外歌剧选段按照循序渐进的方式进行编写。这样的编排方式，既是在模块内学习进阶内容的合理设计，也是在必修教材基础上的进阶组织。

（2）精心设计教材内各单元、节的学习路径。如音乐鉴赏教材的第一单元便是"学会聆听音乐"，按照音响的感知、情感的体验、联想与想象、理解与认知这样的逻辑编写，试图理清音乐鉴赏的方法。然后，再尝试运用这些方法聆听各单元中外音乐、中外民族民间音乐、中外流行音乐等，既做到单元内各节内容学习路径的明确，又做到各单元之间的良好衔接。再比如演奏教材，以第一单元"乐器演奏魅力的欣赏"为始，接下来各单元按照乐器演奏的难易程度进行编写，再由独奏——过渡到齐奏、重奏与合奏，这样循序渐进地编排，颇有水到渠成的效果。

（3）巧妙搭建各课的教学栏目，促进学科核心素养的形成。教材中不同的模块。不同的章节根据教学内容的需要设置了一些不同的教学栏目，以明确核心素养培育不同维度具体的指向要求。如《音乐鉴赏》教材第一单元第一节中的乐曲《弥渡山》设置了"听赏提示""听赏参与""探索交流"几个教学栏目。其中，"听赏提示"对音乐作品的结构以及情绪、情感表现做了简单的介绍；"听赏参与"则以问题的形式对学生在聆听这首作品时可以关注的点进行了参考性的引导；"探索交流"则进一步深入，引导学生从音乐要素入手，感知音乐的音响，并了解其对塑造音乐形象所起的作用。不同教学栏目的设计旨在让学生通过这些"指向标"，感知音乐的音响，了解音乐作品的内涵，获得对音乐情绪、情感的深刻体验，从而学会聆听音乐。

三、精选指向鲜明的教学材料

2017 版课标将音乐学科核心素养界定为审美感知、艺术表现、文化理解。对三大核心素养的内涵又有不同维度的界定。如审美感知素养的培育，就必须立足于音乐的艺术特性、音乐要素及其艺术表现、音乐的体裁与形式、音乐的风格与流派、音乐的结构与材料等维度。教材的编写便应根据这些不同的维度精选教学材料，以促进音乐学科核心素养的培育。以歌唱模块教材为例，第一单元的标题为《人声的魅力》，既有电影主题曲《我的祖国》和侗族大歌《布谷催春》这两首风格各异的歌曲，也有地域色彩浓厚的无伴奏合唱曲《雪域向往》；接下来的各单元，既选取了《我像雪花天上来》《纳西篝火啊哩哩》等不同风格的音乐作品，使学生能够辨识、了解音乐作品的时代风格和民族风格，并准确把握作品的风格进行实践演唱表演，也选取了《当那一天来临》《别亦难》《阳光路上》《枉凝眉》等不同情感的音乐作品，使学生能够依据作品的题材内涵和风格特征，探究其情感表达，感悟音乐的情感内涵。此外，也循序渐进地编排、选择了重唱歌曲《回娘家》、小组唱歌曲《绿袖子》、轮唱歌曲《保卫黄河》、二部合唱歌曲《在太行山上》、混声合唱歌曲《雪花的快乐》以及无伴奏合唱歌曲《半个月亮爬上来》等作品，使学生能够根据不同体裁、不同演唱形式的声乐作品，感受人声的艺术表现力。

再如文化理解素养的培育，要立足于音乐作品的历史背景与时代特征、中外音乐发展简史及代表作品、音乐作品的民族与地域特征等维度。新编的十二个模块的教材中，均精选了不同文化语境中的音乐艺术作品。以音乐鉴赏模块教材为例，教材中精选了中外不同国家、地区民族民间音乐的代表性作品，使学生能够对音乐材料和形态有所了解，把握中外不同民族、地域或流派的音乐特征。如中国民族民间音乐中的汉族民歌《小河淌水》《无锡景》，蒙古族民歌《辽阔的草原》、藏族民歌《酒歌》等，以及外国民族民间音乐中的朝鲜民歌《阿里郎》，美国乡村音乐《什锦菜》，意大利民歌《桑塔·露琪亚》等。同时，教材还注重精选中国传统或近现代优秀作品及西方不同发展时期有代表性的音乐作品，使学生了解中国音乐的发展线索以及西方音乐的发展概况及具有代表性的音乐成就。如中国音乐中，除沿袭原教材中的经典音乐作品以外，还精选了《人民英雄纪念碑》、《教我如何不想他》、《光明行》、《多想对你说》、《第十交响曲·江雪》(选段)等作品。这些音乐不仅包括了以近现代仁人志士为民族复兴不屈不挠斗争为题材的作品，也包含当代中国特色社会主义伟大实践和多彩现实生活所创造的优秀音乐文化，从而相对完整地展现了中国音乐的博大精深、枝繁叶茂。另外，也按照西方音乐的发展脉络精选代表性音乐家的经典音乐作品，如巴洛克时期巴赫的《G弦上的咏叹调》，古典主义时期莫扎特的《弦乐小夜曲》(第二乐章)、贝多芬的《第五(命运)交响曲》(第四乐章)，浪漫主义时期舒伯特的《菩提树》、勃拉姆斯的《D大调小提琴协奏曲》(第三乐章)，民族乐派格林卡的《卡玛林斯卡亚幻想曲》，印象主义乐派德彪西的《牧神午后前奏曲》，现代主义乐派格什温的《蓝色狂想曲》等，如此编排设计是以不同时期主要流派为序，确保师生对西方音乐的发展以及风格演变一目了然。总之，这些不同国家、不同地区、不同时代、不同风格音乐作品的选取，为文化理解这一核心素养的培育提供了很好的支撑。

第二节　必修模块与核心素养的培育

《普通高中音乐课程标准(2017年版)》中明确提出"必修课程包括音乐鉴赏、歌唱、演奏、音乐编创、音乐与舞蹈、音乐与戏剧六个模块，是培育音乐学科核心素养的主体课程"[①]。必修课程的这六个模块在价值总体与教育功能上是被视作为培养学生音乐学科核心素养服务的，每个模块都包含了音乐学科核心素养三个方面的基本要求，且相互渗透、交叉融合。但是，这必修课程的六个模块在教育的功能上又有相对的独立性。因此，在音乐教材的编写上，各模块在培养学生音乐学科核心素养方面也各有侧重，从不同的侧面发挥各自的教育功能和作用。

---

① 中华人民共和国教育部. 普通高中音乐课程标准(2017年版)[M]. 北京：人民教育出版社，2018：14.

一、音乐鉴赏模块

（一）科学建构，完善体系，突出审美感知素养

2017 版课标明确提出"音乐鉴赏教学是培育学生音乐审美感知和文化理解素养的重要途径"①。审美感知素养是指"对音乐艺术听觉特性、表现形式、表现手段及独特美感的体验、感悟、理解和把握"。音乐鉴赏模块教材的修订在各单元的内容框架编排上紧扣审美感知素养，由实验版教材的五个单元增加至七个单元，标题与内容均进行了删减与重组。新版教材将实验版教材的第一单元"音乐的欣赏"改为了"学会聆听音乐"，使之前比较宽泛、粗浅的介绍转为按照音乐欣赏的方法层层递进，试图从音乐的听觉入手，经由音响的感知、情感的体验、联想与想象、理解与认知这一联觉机制，让师生清晰地认知、了解怎样有效地聆听音乐，直指审美感知素养的培育。其次，删去了原教材比较繁复的第二单元，将这部分内容合理、巧妙地融入其他各单元的内容教学之中。然后，将原教材按照时间线条、民族与地域线条、音乐体裁线条的第三、第四、第五单元进行了优化、重组，改为先介绍中国音乐，再介绍西方音乐；先介绍中国民族民间音乐，再介绍外国民族民间音乐；最后介绍中外流行音乐和与音乐相关姊妹艺术。如此的编排设计，既有以中国与西方音乐时间为框架的线条，也有以中国与外国民族民间音乐的地区及种类为基点的囊括，还有与音乐相关的其他艺术的结合。把原教材中西方音乐不明晰的线条理清了，突出了中华优秀音乐文化的地位，使教材的编写意图通过各单元内容的结构编排一目了然，利于师生形成正确的文化理解。

（二）精选内容，合理编排，突出文化理解素养

音乐鉴赏模块教材的上编采用以点穿线、点线结合的方式，首先精选了我国不同历史时期乃至近现代的优秀音乐文化，然后也甄选了西方不同时期、不同流派具有代表性的优秀作品。下编则采用以点带面、点面结合的方

---

① 中华人民共和国教育部. 普通高中音乐课程标准（2017 年版）［M］. 北京：人民教育出版社，2018：14.

式，首先列举了我国不同体裁与形式的民族民间音乐，再列举了外国部分有代表性的民族民间音乐，同时，对中外流行音乐以及与音乐相关的姊妹艺术进行了梳理。如此的编排设计，切实、有效培养了学生对音乐的听觉特性、音乐表现要素、表现手段、表现形式等审美感知力。同时，通过丰富中外音乐作品的聆听体验，学生既能对我国的民族音乐形成文化自信、产生认同感，又能对世界各民族的多元音乐文化形成正确的理解，有利于确立文化理解的立场。

（三）创设情境，巧设活动，对接艺术表现素养

音乐鉴赏模块教材的编写虽主要是培养学生的审美感知和文化理解素养，但是在音乐作品的赏析中，同样会通过动、唱等表现方式感受与体验音乐。音乐课程标准关于音乐鉴赏的教学提示中提道："在教学中，可以根据音乐作品的特点，引导学生在听赏环节中唱、奏音乐主题或随乐律动，并适当穿插相同题材歌曲演唱或综合艺术表演等实践活动，激发学生参与音乐听赏的兴趣，体验作品的音乐情绪，加深音乐理解。"因此，在教材的编写中，注重创设情境，引导学生参与实践。如小提琴协奏曲选段《梁山伯与祝英台》的"欣赏参与"教学栏目是这样设计的："在熟悉全曲的基础上，精听这一动情的音乐段落。展开联想与想象，说说你脑海中男女主人公'楼台相会'的场景。"学生通过教材引领创设的情境，展开分析讨论，并大胆地将自己的艺术见解在实践表演中表现出来，从而使自身艺术表现素养获得进一步的提高。

二、歌唱模块

（一）完善内容编排，突出艺术表现素养

2017 版音乐课程标准中明确提出："歌唱是以人声为媒介表现音乐、抒发情感的艺术形式，是培育学生艺术表现素养的重要途径。"[①]而艺术表现素养的培育，则需通过音乐实践活动的参与，从而获得表达音乐艺术美感和情

---

① 中华人民共和国教育部. 普通高中音乐课程标准(2017 年版)[M]. 北京：人民教育出版社，2018：16.

感内涵的实践能力。这一点与新课标中强调音乐实践，深化情感体验的课程基本理念如出一辙。歌唱模块教材的编写，与实验版的结构框架相比更加完善。原教材的三个单元的内容比较独立，不利于融会贯通。因此，修订版教材以歌唱的表现形式为线条进行编写，更加注重歌唱的实践性，以突出音乐表现素养的培育。上编主要是在感受人声的魅力、鉴赏不同声乐作品的基础上，介绍与独唱实践活动相关的歌唱基本技能，包括歌唱的呼吸、歌唱的共鸣、歌唱的语言、歌唱的风格、歌唱的情感表达、歌唱的艺术处理、歌唱的舞台表演。下编则是对不同的演唱形式进行了较为系统的梳理介绍，包括重唱、小组唱、合唱等。教材采用由浅入深的编排方式，每个单元的每一节内容均设置了"歌唱实践"教学栏目与"欣赏体验"教学栏目，先介绍演唱技能相关的理论知识，再进行演唱的实践，力求引导学生通过歌唱技能的学习和训练，循序渐进地融入歌唱实践之中，为艺术表现素养的培养提供了实践参与的平台。

（二）科学合理选材，对接审美感知、文化理解素养

在歌唱表演活动中，要想真正获得艺术表现素养的提高，还需结合审美感知来进行。因为，要想获得扎实的实践演唱能力，就必须要有深入的情感体验和审美体验。这样，才能内化为表达音乐艺术美感和情感内涵的实践能力，而这些都需要通过对优秀声乐作品进行赏析才能获得。歌唱模块教材的选材正是契合了这一要求，通过选取不同风格、不同形式、不同体裁的优秀声乐作品，更好地引导学生感受不同人声的艺术表现力与美感，获得审美感知素养的提高。

此外，教材的曲目选择上既契合高中生的身心发展与兴趣需求，又突出了时代性。如新教材删除了原教材较难的曲目《摇篮曲》和已经过时的曲目《奥林匹克风》等，而分别选取难度相对较小的《鸿雁》以及具有较强时代气息的《阳光路上》《绒花》等。既弘扬我国的民族音乐，大量选编了根据中国古诗词改编的、代表中华优秀音乐文化的《但愿人长久》《滚滚长江东逝水》等作品，也兼顾对外国音乐文化的理解，涉猎了外国有代表性的声乐作品，如《绿袖子》《致音乐》等。这些不同地域、不同民族、不同时代的声乐作品，均代表着不同文化语境中音乐艺术的人文内涵，而学生通过对这些作品的赏析

与演唱，能够形成更加正确的文化理解。

三、演奏模块

（一）强调演奏实践，突出艺术表现素养

2017 版音乐课程标准中明确提出："演奏是以乐器为媒介表现音乐、抒发情感的艺术形式，是培育学生艺术表现素养的重要途径。"[1]演奏与歌唱模块一样，同为艺术表现素养培育的主要途径，因此，教材编写的框架上也是大同小异的。上编主要是在感受乐器演奏的魅力、鉴赏不同器乐作品的基础上，对原教材介绍的种类繁多的乐器进行了精简，改为只介绍键盘乐器、吉他、二胡这类中小学方便易学的独奏乐器的相关内容。进一步细化了"基础教程"内涵，从"乐器介绍""入门知识""技法提升"等方面进一步细化了学习过程，更加注重演奏的实践操作性。下编则是对不同的演奏形式进行了较为系统的梳理介绍，将原教材中第三单元"很多朋友的合作"拆分为三个单元，包括第三单元"齐奏"、第四单元"重奏"、第五单元"合奏"。这样的编排设计使内容更加清晰，目标更加明确，师生在使用教材时可以很明确地定位各单元实践演奏的目标。学生在特定的艺术情境中，通过实践体验参与，激发演奏兴趣，积累演奏经验，体验器乐的艺术感染力和情感表现力，从而提高艺术表现力。

（二）完善框架结构，提升审美感知素养

新教材的整体编写思路为经典欣赏—演奏实践—乐队排练，打破了原教材以了解各演奏乐器为入门的编排，而以"乐器演奏的魅力"拉开序幕。旨在通过经典器乐作品展示器乐艺术的独特魅力及丰富的表现力，以激发学生的演奏兴趣，使学生获得美的熏陶，并获得对乐器演奏的审美感知。此外，接下来的各单元的演奏实践，不管是独奏、齐奏、重奏还是合奏都依托于各优秀器乐作品的赏析。因此，每个单元的每一节内容后均设置"欣赏体验"教学

---

① 中华人民共和国教育部. 普通高中音乐课程标准（2017 年版）[M]. 北京：人民教育出版社，2018：18.

栏目。演奏实践能力的提高离不开优秀器乐作品的赏析，而音乐审美活动又必须在听觉体验和艺术表现中进行，因此，教材如此的编排设计，增强了内容上的关联性，也促进了审美感知素养的形成。

（三）经典选材，提升文化理解素养

演奏模块教材的框架是按照演奏的表演形式由易到难进行编排的，因此，在选材上首先与教材的框架形成了呼应，从独奏曲目到齐奏曲目，再到重奏曲目，最后是合奏曲目。如此的编排，使师生很清晰地了解了器乐表演形式及其对应的代表性作品，再透过这些不同体裁、形式和风格的音乐作品，获悉它所代表的不同地域、民族、时代的音乐文化，最终形成对这些不同文化语境中音乐艺术的人文内涵的理解。此外，选材涉猎广泛，除了不同演奏形式所需要了解的经典曲目以外，教材的选材还跨越了不同的时代，飞越了不同的地域，集合了不同民族的特征，最终形成一个文化大本营。师生通过对这些不同音乐文化的对比赏析和演奏实践，便能够对特定社会、文化和历史所反映出来的一个国家、民族音乐文化的特色、能力及水平形成正确的理解。

四、音乐编创模块

（一）结构严谨，方法引领，突出艺术表现素养

"音乐编创是通过音乐材料的组织与发展，以不同的形式表达思想感情、表现音乐意境的艺术创作实践活动"①，它是培养学生艺术素养的重要途径。音乐编创模块教材同样分为上下两编，各五个单元。单元数量与原教材一样，但是，结构和内容做了大幅度的调整。上编将原教材的直接写作音乐、进行音乐编创进行调整，改为先介绍音乐编创的基础知识和基本方法。其中，第一单元首先以"创作的萌动"为导入，引导学生走进音乐编创，感受音乐编创的乐趣。接下来则通过"曲调的变换""词曲的结合""主题的设计""曲

---

① 中华人民共和国教育部. 普通高中音乐课程标准（2017 年版）［M］. 北京：人民教育出版社，2018：19.

调的展衍"这四个单元的内容，让学生掌握音乐编创的基础知识和基本方法，并参与由浅入深的编创实践。下编则是进行完整的歌曲创编，而且按照创编歌曲的结构、长度，采用循序渐进的方式，设置了三个阶梯。最后，为歌曲编配简易伴奏。从逻辑上来说，上编包含大量的歌曲创编的知识和方法，是下编的理论基础，下编则落脚于歌曲的编创实践，成为上编的技术提升。但是不管上编还是下编，都是理论与实践的结合，为学生艺术表现素养的培育提供了良好的平台。

（二）结合典范音乐欣赏，提升审美感知与文化理解素养

音乐编创教材在侧重艺术表现素养培育的同时，也注重通过典范音乐作品的赏析获得审美感知以及对不同文化语境中音乐艺术文化的人文内涵理解。整体而言，教材在选材上以中国民歌以及中国优秀的创作歌曲为主，像第一单元"创作的萌动"中选取的就全部都是中国作品，如《骑白马》《东方红》《城墙上跑马》《彩云追月》《祝酒歌》等。此外，其他单元在突出中国音乐作品的选取以外也兼选了部分优秀的外国民族民间音乐，如《摇篮曲》《三套车》《西班牙女郎》等。学生通过对这些作品的学习，能够认识中国民族音乐文化的博大精深及丰富的精神文化内涵，坚定文化自信；同时也能够了解其他国家的音乐文化，以平等的文化价值观理解世界音乐的多样性，从而促进文化理解素养的形成和提高。此外，欣赏这些典范作品，也可以唤起学生的情感共鸣，带给他们更深入的音乐体验，引发他们深层次的艺术思考，使学生的审美能力和音乐文化水平获得提高。

五、音乐与舞蹈模块

（一）梳理结构，突出艺术表现与文化理解素养

"舞蹈是以人体的动态形象反映人类生活、表达思想情感的艺术形式。学生在音乐与舞蹈模块的学习中，通过优秀舞蹈作品赏析和舞蹈表演实践，

获得舞蹈艺术的审美体验"[1]，它是培养学生艺术表现与文化理解素养的重要途径。音乐与舞蹈教材开篇的第一单元与原教材保持一致，以"舞蹈的魅力"拉开序幕，里面介绍了舞蹈的几种表演形式，包括独舞、双人舞、三人舞、群舞、舞剧等。但是，相比原教材只停留在舞蹈的表现形式上，新教材这部分的鉴赏巧妙地将舞蹈的基本知识点以美的鉴赏方式展现出来，如：美的舞姿、美的队形、美的构图、"乐"与"舞"相互交融等，能够让学生更深刻地感受舞蹈的艺术魅力。上下两编共七个单元，主要按照舞蹈的不同种类进行了分单元的展示，但均是以我国民族舞蹈文化、中国古典舞、中国民族民间舞作为初步的欣赏指引，再进入外国民族舞蹈文化以及现代舞、当代舞的学习，突出了对中国音乐舞蹈文化的重视，以引导学生形成正确的文化理解立场。教材以舞蹈文化为主线，几乎每一个单元都设置了"欣赏体验""互动排练"环节，使学生在赏析优秀舞蹈作品的基础上进行舞蹈表演实践，获得艺术的审美体验，从而有效地培养学生的艺术表现素养。

（二）精选内容，提升审美感知素养

2017 版课标中关于舞蹈模块的教学提示中指出："音乐的感知和理解能力，直接影响舞蹈的情感表现及音乐的运用。"[2]教材以感受舞蹈的艺术魅力作为起始章节也是契合了这一点，旨在让学生通过对优秀舞蹈作品的欣赏，了解舞蹈的分类，感受不同舞蹈的特点、风格，注重学生审美感知力的培养。此外，在内容的选择上，新教材相比实验版的教材丰富了很多，新增了中国古典舞与芭蕾舞两大内容，并在结构框架上清晰地展示了各类舞种。学生通过鉴赏中外民族舞、古典舞、现代舞、芭蕾舞等不同舞种的代表性作品能够感受不同舞蹈文化所带来的艺术审美体验。

---

① 中华人民共和国教育部. 普通高中音乐课程标准（2017 年版）[M]. 北京：人民教育出版社，2018：21.

② 中华人民共和国教育部. 普通高中音乐课程标准（2017 年版）[M]. 北京：人民教育出版社，2018：21.

六、音乐与戏剧模块

（一）注重艺术实践，突出艺术表现与文化理解素养

音乐与戏剧模块是培养学生艺术表现与文化理解素养的重要途径。一方面，它着力引导学生通过观赏、体验、理解、比较等途径赏析经典戏剧作品，了解戏剧的主要特点以及音乐与戏剧的关系；另一方面，也注重学生对于戏剧表演实践的参与，以发展学生的综合艺术表演及创编才能。音乐与戏剧教材将原教材三个单元的内容进行了拆分，分上下两编共计七个单元。上编三个单元主要是戏剧的主要样式的介绍以及戏剧名家名作的赏析，让学生在对戏剧有一个整体认知的基础上了解中西方戏剧发展的历史进程以及有代表性的名家名作，以形成对不同文化语境中音乐艺术的人文内涵的理解。下编则主要是戏剧的表演实际活动，教材按照配乐朗诵，话剧、小品表演，课本剧的改编与排演以及经典戏剧段落排演的顺序进行单元设置，从浅入深，引导学生在实践参与的过程中进一步感受与体验戏剧表演的艺术魅力，从而形成表达音乐艺术美感和情感内涵的实践能力，即艺术表现素养。

（二）结合内容，培养审美感知素养

音乐与戏剧教材将原教材比较笼统的三个单元进行了拆分与重组，变为七个单元。前四个单元主要以经典赏析为主，如第一单元"喜剧的样式"主要是让学生通过对不同体裁、形式作品的欣赏认识戏剧及其艺术特征；第二单元"戏剧名家名作"则是按照时间轴线选取了中西方经典的戏剧代表作品，让学生在欣赏戏剧作品的基础上对戏剧的发展史有一个系统的了解；第三单元"戏剧音乐欣赏"则以中国戏曲、歌剧音乐、音乐剧音乐、话剧音乐这四类比较典型、突出的戏剧音乐为主，列举了各戏剧音乐的代表性作品，使学生对音乐与戏剧的关系有进一步的认知。整体而言，整个上编内容的讲解与学习均是依托于戏剧作品的欣赏。通过对优秀戏剧作品的赏析，学生能够了解戏剧艺术的一般规律，领略不同国家、民族的戏剧艺术特色及风格，了解音乐与戏剧之间的关系与作用，从而能够更好地形成文化理解，并在此基础上进

行戏剧艺术的表演实践，为艺术表现素养的提升做好准备。

综上可知，各必修模块的教材作为音乐学科核心素养培育的主体，在对审美感知、艺术表现、文化理解这三大音乐学科核心素养的培育方面发挥着各自不同的教育功能和价值。总体而言，都是为全面落实立德树人的根本任务，培养学生的音乐学科核心素养而服务的。湖南文艺出版社新修订的音乐必修模块的教材，在编写上突出了音乐学科核心素养的培养，也切实落实了音乐课程标准的相关内容要求，这些特点在以上各必修模块教材的分析中均有所体现。

第三节　选择性必修模块与核心素养的培育

"选择性必修课程包括合唱、合奏、舞蹈表演、戏剧表演、音乐基础理论、视唱练耳六个模块，分别以艺术表演实践和基础知识深化为教学内容，是必修课程相关模块的对应延伸和必要补充，为培育音乐学科核心素养提供艺术实践的表现空间和基础知识与基本技能的支撑，重在提升学生音乐表现的实际能力，课程具有拓展课性质。"①依据音乐课程标准中关于选修模块课程的相关定义与说明，六个选修模块教材的编写主分为两条线：其一是对必修模块教材的延伸与补充，着重艺术表演实践能力的培养，包括合唱、合奏、舞蹈表演、戏剧表演这四个模块的教材；其二是音乐基础知识的学习，旨在为音乐学科核心素养的培育提供理论知识的支撑，包括音乐基础理论、视唱练耳两个模块的教材。

一、合唱模块

合唱模块是选择性必修课程中的首个模块，易于组织且实践性强。它是必修模块歌唱的拓展和延伸，但比歌唱模块实践性更强，学习要求更高。合唱模块的教材分为四个部分，前三个部分按照合唱作品的演唱形式和演唱难度，由浅入深地分成了三个合唱阶梯，第四个部分则是合唱备选曲目。教材

---

① 中华人民共和国教育部. 普通高中音乐课程标准(2017 年版)[M]. 北京：人民教育出版社，2018：24.

的设计上突出了以合唱实践表演活动为主的特征，注重艺术表现素养的培育。此外，合唱教材的曲谱后面均有"排演建议"教学栏目，对作品进行了相关的介绍，以引导学生对作品有初步的了解。从而能够在合唱作品的排练中，倾听其他声部的声音，正确把握音乐各本体要素的表达，掌握不同风格、不同演唱形式的合唱作品，形成独特的审美体验，获得审美感知素养的提升。教材的曲目选编上既有根据中国古代音乐诗词改编的合唱作品，如《渔歌子》（张志和词）、《大江东去》（苏轼词）、《江雪》（柳宗元词），也有根据外国古典音乐改编的合唱作品，如《茫茫云天》（根据巴赫《G弦上的咏叹调》改编）、《伏尔塔瓦河》（根据斯美塔那交响诗《伏尔塔瓦河》改编）；既有中国民族民间音乐改编的合唱作品，如《茉莉花》《凤阳花鼓》等，也有外国民族民间音乐，如《Shenandoah》《贝壳》等。不同时代、不同民族、不同文化背景下的民族音乐和创作作品均有其独特的音乐语言及文化语境，学生通过对不同国家、民族音乐文化的学唱，能形成更加正确的文化理解。

二、合奏模块

合奏模块是必修模块演奏的拓展和延伸，主要是提高学生进行基本演奏的实践能力。因此，它是以器乐合奏表演活动为主的实践性课程。合奏模块教材根据合奏作品的难度、篇幅、乐队编制以三个合奏阶梯的形式编排。其中阶梯一和阶梯二虽然在"排练指南"教学栏目设计了乐器分配，但是仅根据各演奏声部提供了可选择的范围，而没有制定具体的演奏乐器；阶梯三则根据音乐作品进行了大型的乐队配置。整体而言合奏模块教材的设计上突出了以合奏实践表演活动为主的特征，强调艺术表现素养的培育。此外，教材以不同风格、不同体裁的合奏作品为依托，旨在让学生在合奏排练过程中落脚于音乐本体要素的正确把握，聆听其他合奏声部的声音，辨别不同合奏的音色，获得独特美感的体验、感悟和理解，形成独特的审美感知。同时，教材中还选编了不同地域、不同民族、不同国家的合奏作品，它们均蕴含着特定环境下的人文内涵，学生既可以通过准确表现音乐要素从而感知作品的文化和精神内涵，又可以形成对不同音乐风格的判断力和感知力，最终形成对中国音乐的内涵以及世界多元音乐文化的文化理解。

三、舞蹈表演模块

舞蹈表演模块是对必修模块音乐与舞蹈的拓展与延伸，是以舞蹈表演活动为主的实践性课程。舞蹈表演的教材按照由浅入深、由易至难的三个舞蹈表演阶梯进行编写，其中，阶梯一为四种不同风格的舞蹈表演组合，结合舞蹈作品进行实践表演；阶梯二由两个舞蹈表演组合和一个少数民族群舞组成；阶梯三为成品舞的排演，以校园文化作品为主，符合高中生的身心发展特点。很显然，教材各阶梯作品的排演依据舞蹈表演实践活动进行，突出对艺术表现素养的培育。此外，教材选择了不同风格、不同表演形式的舞蹈作品，旨在让学生通过对不同舞蹈种类和优秀舞蹈音乐作品的赏析、实践，以提高对舞蹈艺术的审美感知力。同时，舞蹈艺术是以人体动作为主要表现手段的艺术形式，亦是表现思想感情的艺术门类。学生通过舞蹈作品的学习，能够对舞蹈艺术形成一定的理解，并以舞蹈作品为依托对不同文化语境下的音乐文化内涵形成正确的文化理解。

四、戏剧表演模块

戏剧表演模块是必修模块音乐与戏剧的延伸与拓展，是以戏剧表演活动为主的实践性课程。教材按照戏剧表演的不同形式从易到难、由浅入深编排了几个单元的内容。其中，一至四单元的排演作品之后均设置了"基础训练"教学栏目，为戏剧的实践表演提供理论指导。五至七单元则是分别选择了一个中外戏剧作品，并在每一个作品之后设置了"排演提示"环节。戏剧表演教材按照戏剧表演实践的特性进行编写，除了突出音乐表现素养以外，也注重审美感知和文化理解素养的培育。戏剧艺术内容本身便具有综合性，教材的编写尽可能地吸纳了各种舞台戏剧表演艺术，包括配乐朗诵、小品、课本剧、中国戏曲选段、中外话剧选段、中外音乐剧选段、中外歌剧选段等，旨在让学生在对不同戏剧艺术作品的对比赏析和实践排演中，形成独特的审美认知，并对不同戏剧的表现形式和艺术特点等获得不同的文化理解。

五、音乐基础理论模块

音乐基础理论模块作为音乐学习的基础课程，包括基础乐理知识和音乐学常识，旨在囊括前面各必修模块与选择性必修模块所学的音乐基础知识，并进行梳理与深化，以提高学生对音乐学习的认知和理解力，促进学生音乐学科核心素养的形成。音乐基础理论教材的编写，依据音乐课程标准的要求，分为乐理知识和音乐学常识两大部分内容，其中，第一部分乐理知识，对音高、音名、时值、节拍、音程、调式、调性、旋律、和弦、音乐记号与术语等方面的内容由易到难进行了编排；第二部分的音乐学常识则是从音乐学、音乐学各主要分支两方面进行概述。两部分内容对音乐学科核心素养的提升均有重要作用。如：音乐基础理论教材中关于旋律、节奏、调式等音乐本体的介绍，能够促进学生以基础理论知识为主线，依托于音乐作品，获得对音乐、音响的体验与感受并领悟音乐作品的表现意图，这些都有利于音乐审美感知素养的提高。教材的每一节课后都设置了"思考练习"教学栏目，旨在让学生将做、写结合课堂教学中的听、唱，掌握必要的基础知识，以获得音乐的直接经验和情感体验，为增强艺术表现能力奠定基础。

六、视唱练耳模块

"视唱练耳模块是音乐学习的基础课程，是普通高校音乐专业招生考试科目之一。旨在巩固和深化学生在相关模块学习中获得的识读乐谱能力，提高学生音乐听觉和记忆水平，积累读谱和音乐听觉经验，促进学生音乐学科核心素养的形成。"①视唱练耳教材的编写分为乐谱识读与运用、音乐听辨与记忆这两大部分内容。其中，第一部分乐谱识读与运用包含十四节的内容，分别对无升无降、一升一降、两升两降的大小调以及民族调式进行了编排介绍；第二部分则是按照由浅入深的层次对音乐进行听辨与记忆，包括音高模唱、听辨与记录，音程听辨与记录，节奏模唱与记录，旋律听辨与记录，单个和弦听辨与记录这些内容。整本教材致力于音乐学科核心素养的形成与培

---

① 中华人民共和国教育部. 普通高中音乐课程标准(2017年版)[M]. 北京：人民教育出版社，2018：30.

育。首先，教材中所编排的关于音高、音程、旋律等音乐要素的听辨直指音乐听觉能力的培养，另外视唱作品中挑选了大量旋律片段，学生通过视唱实践，能够获得对音乐的审美体验，这些都能促进学生音乐审美素养的培育。然后，教材中按照视唱练耳实践特点，分别设置了视唱训练、练耳训练，这两部分内容所包含的大量关于音乐本体要素的练习与训练，均是在不断提高学生的音乐理解能力和艺术修养，从而为准确、完美的艺术表现形成良好铺垫。其次，教材中所选编的内容多以经典的民族民间音乐为主体，旨在让学生通过对不同音乐题材、体裁、形式作品的对比欣赏，采用视听分析与讲练结合的方式，形成对音乐文化的正确理解。

参考文献

一、专著类

[1]马克思，恩格斯. 马克思恩格斯全集：第 33 卷[M]. 中共中央马克思恩格斯列宁斯大林著作编译局，译. 北京：人民出版社，1972.

[2][德]黑格尔. 美学：第一卷[M]. 朱光潜，译. 北京：商务印书馆，1979.

[3][奥]爱德华·汉斯立克. 论音乐的美[M]. 杨业治，译. 北京：人民音乐出版社，1980.

[4][德]席勒. 美育书简[M]. 徐恒醇，译. 北京：中国文联出版社，1984.

[5][美]杜夫海纳. 美学与哲学[M]. 孙非，译. 北京：中国社会科学出版社，1985.

[6][德]尼采. 悲剧的诞生：尼采美学文选[C]. 周国平，译. 北京：三联书店，1986.

[7][德]赫尔巴特. 普通教育学[M]. 李其龙，译. 北京：人民教育出版社，1989.

[8][美]伦纳德·迈耶，音乐的情感与意义[M]. 何乾三，译. 北京：北京大学出版社，1991.

[9]夏晓虹. 梁启超文选：下集[M]. 北京：中国广播电视出版社，1992.

[10]黄甫全，王本陆. 现代教学论学程[M]北京：教育科学出版社，1998.

[11]刘沛. 美国音乐教育概况[M]. 上海：上海教育出版社，1998.

[12][美]马尔库塞. 单向度的人：发达工业社会意识形态研究[M]. 刘继，译. 上海：上海译文出版社，2006.

[13]亨利·帕格森. 宗教和道德的两个来源[M]. 王作虹，成穷，译. 贵阳：贵州人民出版社，2000.

[14][德]海德格尔. 海德格尔与有限性思想[M]. 孙周兴，等译. 北京：华夏出版社，2002.

[15][美]贝内特·雷默. 音乐教育的哲学[M]. 熊蕾，译. 北京：人民音乐出版社，2003.

[16]杜卫. 审美功利主义：中国现代美育理论研究[M]. 北京：人民出版社，2004.

[17]聂荣华. 湖湘文化通论[M]. 长沙：湖南大学出版社，2005.

[18]刘放桐. 新编现代西方哲学[M]. 北京：人民出版社，2005.

[19][美]诺埃尔·卡罗尔. 超越美学：哲学论文集[C]. 李媛媛，译. 北京：商务印书馆，2006.

[20]周彬. 教育考试与评价政策[M]. 上海：上海教育出版社，2011.

[21]刘沛. 美国学校音乐教育概况[M]. 上海：上海教育出版社，2011.

[22]钱穆. 国史新论[M]. 北京：生活·读书·新知三联书店，2012.

[23]慕彦瑾，李芳，段晓芳. 当代基础教育改革和发展研究[M]. 成都：四川大学出版社，2012.

[24]郭声健. 艺术教育论[M]. 广州：暨南大学出版社，2012.

[25]中华人民共和国教育部. 义务教育音乐课程标准(2011年版)[M]. 北京：北京师范大学出版社，2012.

[26]李洪修. 基础教育改革研究[M]. 长春：吉林大学出版社，2013.

[27]怀师文化编委会. 师道南怀瑾"心要"[M]. 北京：国际文化出版公司，2015.

[28]柳夕浪. 学生综合素质评价怎么看？怎么办？[M]. 上海：华东师范大学出版社，2015.

[29]林崇德. 21世纪学生发展核心素养研究[M]. 北京：北京师范大学出版社，2016.

[30][美]约翰·法兰克林·博比特. 课程[M]. 刘幸，译. 北京：科学

教育出版社，2017.

[31]余文森. 核心素养导向的课堂教学[M]. 上海：上海教育出版社，2017.

[32]格兰特·威金斯，杰伊·麦克泰格. 追求理解的教学设计[M]. 2版. 闫寒冰，等译. 上海：华东师范大学出版社，2017.

[33]中华人民共和国教育部. 普通高中音乐课程标准（2017年版）[M]. 北京：人民教育出版社，2017.

[34]余丹红. 美国国家核心艺术标准[M]. 上海：上海音乐出版社，2018.

[35]钟启泉. 核心素养十讲[M]. 福州：福建教育出版社，2018.

[36]王安国. 普通高中音乐课程标准（2017年版）解读[M]. 北京：高等教育出版社，2018.

[37]何宽钊. 哲学—美学视野中的西方和声演进[M]. 北京：中央音乐学院出版社，2020.

[38]尹少淳，胡知凡. 美术核心素养大家谈[M]. 修订版. 长沙：湖南美术出版社，2021.

[39]郭元祥. 深度教学：促进学生素养发育的教学变革[M]. 福州：福建教育出版社，2021.

[40]刘沛. 音乐教育的实践与理论研究[M]. 重庆：西南师范大学出版社，2021.

二、期刊论文类

[1]柳斌. 努力提高基础教育的质量[J]. 课程·教材·教法，1987（10）：1-5.

[2]国家教育委员会. 关于在普通高中实行毕业会考制度的意见[J]. 课程·教材·教法，1991（06）：1-2.

[3]刘沛. 音乐与儿童智慧及儿童发展：国外有关研究述评[J]. 中国音乐教育，1995（06）：33-35.

[4]赵娟. 音乐考试改革的尝试[J]. 江苏教育，1997（01）：46-47.

[5]李并伲. 音乐教育与儿童大脑发育[J]. 中国音乐教育, 1998(05): 34-45.

[6]李茂林, 王奇, 贺明光, 等. 艺术潮涌桃花江: 记桃江县农村中小学艺术教育[J]. 湖南教育, 2001(16): 12-15.

[7]李渝梅, 李方元. 音乐课程编制中有关课程知识的几个理论问题的讨论[J]. 音乐研究, 2004(02): 18-27.

[8]王懿颖. 艺术教育与儿童创造力的发展[J]. 教育研究, 2005(08): 72-77.

[9]资利萍. 音乐课程实施: 工具论与本质论的统一[J]. 人民音乐, 2006(12): 63-65.

[10]王安国. 1978—2008: 历史的跨越: 中国学校音乐教育三十年[J]. 人民音乐, 2009(01): 68-74.

[11]张民生. 建立科学的中小学生学业质量评价系统[J]. 上海教育, 2011(11): 26-27.

[12]李方元. "中心"与"边缘": 音乐知识与音乐教育中的"典范"与"非典范"? [J]. 中国音乐, 2012(01): 1-8.

[13]杨向东. 基础教育学业质量标准的研制[J]. 全球教育展望, 2012(05): 32-41.

[14]张娜. DeSeCo 项目关于核心素养的研究及启示[J]教育科学研究, 2013(10): 39-45.

[15]辛涛, 姜宇, 刘霞. 我国义务教育阶段学生核心素养模型的构建[J]. 全球教育展望, 2013(12): 5-11.

[16]杨九诠. 综合素质评价的困境与出路[J]. 华东师范大学学报: 教育科学版, 2013(06): 36-41.

[17]辛涛, 等. 我国义务教育阶段学生核心素养模型的构建[J]. 北京师范大学学报: 社会科学版, 2013(01): 5-11.

[18]施久铭. 核心素养: 为了培养"全面发展的人"[J]. 人民教育, 2014(10): 13-15.

[19]柳夕浪. 从"素质"到"核心素养": 关于"培养什么样的人"的进一步追问[J]. 教育科学研究, 2014(03): 5-11.

[20]靳玉乐，孟宪云. 中小学综合素质评价的方法及其改进[J]. 西南师范大学学报：自然科学版，2014(01)：142-147.

[21]赵利萍，周先进. 综合素质评价纳入高考招生的困境及其超越[J]. 教育理论与实践，2015(02)：20-22.

[22]辛涛，姜宇. 以社会主义核心价值观为中心构建我国学生核心素养体系[J]. 人民教育，2015(07)：26-30.

[23]李艺，钟柏昌. 谈"核心素养"[J]. 教育研究，2015(09)：17-23，63.

[24]赵伶俐，温忠义. 怎么测量审美与人文素养？[J]. 人民教育，2015(23)：58-61.

[25]姜宇，辛涛，刘霞，等. 基于核心素养的教育改革实践途径与策略[J]. 中国教育学刊，2016(06)：29-32，73.

[26]辛涛. 学生发展核心素养研究应注意几个问题[J]. 华东师范大学学报：教育科学版，2016(01)：6-7.

[27]王登峰. 新时期加强与改进学校艺术教育的几个问题[J]. 课程·教材·教法，2016(01)：3-11.

[28]岳辉，何学新. 学科素养研究的进展、问题及展望[J]. 教育科学研究，2016(01)：52-59.

[29]徐婷. 美国《国家核心艺术标准》评述：1994年与2014年美国艺术教育标准比较研究[J]. 中国音乐，2016(04)：193-200.

[30]王洪席. 我国综合素质评价政策的演进历程及特征分析：基于(1999—2014年)政策文本的分析[J]. 课程·教材·教法，2016(12)：28-34.

[31]郭晓明. 从核心素养到课程的模式探讨：基于整体支配与部分渗透模式的比较[J]. 中国教育学刊，2016(11)：44-47.

[32]钟启泉. 基于核心素养的课程发展：挑战与课题[J]. 全球教育展望，2016(01)：3-25.

[33]孙丹阳. 直面教育部颁发的《中小学生艺术素质测评办法》将面临的问题[J]. 中国音乐教育，2016(11)：16-19.

[34]段鹏. 美国《国家核心艺术课程标准》的内容、特点与启示[J]. 课

程·教材·教法，2016，36（01）：122-127，121.

[35]林崇德. 中国学生核心素养研究[J]. 心理与行为研究，2017（02）：145-154.

[36]吕庆生. 培植核心素养的实践研究：以项目课程为例[J]. 中国教育学刊，2017（07）：107-109.

[37]罗祖兵. 深度教学："核心素养"时代教学变革的方向[J]. 课程·教材·教法，2017（04）：20-26.

[38]郭声健. 论"学生艺术素质测评"的实施背景与基本原则[J]. 课程·教材·教法，2017（07）：75-80.

[39]张旭东. 美国 NAEP 艺术教育评价研究述评及启示[J]. 外国中小学教育，2017（02）：28-36.

[40]赵伶俐. 以目标与课程为支点的美育质量测评：为了有效实施《国务院办公厅关于全面加强和改进学校美育工作的意见》[J]. 华东师范大学学报：教育科学版，2017（05）：87-99，161.

[41]任平，李俊堂. 核心素养与中小学课程改革教学变革：第十次全国课程学术研讨会综述[J]. 课程·教材·教法，2018（02）：139-143.

[42]资利萍，朱丹. 我国中小学生艺术素质测评之三年回顾[J]. 教育测量与评价，2018（07）：13-20.

[43]韩子勇，祝东力，李修建，等. 关于中国艺术学"三大体系"建设的若干问题[J]. 文艺研究，2019（12）：5-17.

[44]余文森. 从"双基"到三维目标再到核心素养：改革开放 40 年我国课程教学改革的三个阶段[J]. 课程·教材·教法，2019（09）：40-47.

[45]朱丹，资利萍. 从"审美与表现"到"艺术素养"：中小学综合素质评价中艺术考评的演进历程与特点[J]. 中国音乐教育，2019（04）：35-39.

[46]徐伟，李嵘. 助力音乐监测，赋能学生素养：以"成都市成华区艺术（音乐）素养监测行动"为例[J]. 中国音乐教育，2019（11）：20-25.

[47]鲍明伟，谢嘉幸. "音乐学科核心素养"的跨学科内涵[J]. 人民音乐，2020（03）：35-39.

[48]王次炤. 论音乐中的精神内涵[J]. 中央音乐学院学报，2020（04）：28-35，122.

[49]张振，刘学智. 新时代中小学教材制度的解构与重构[J]. 课程·教材·教法，2020(02)：51-57.

[50]钱熹媛. 绿色指标中学艺术学业水平测试的上海实践研究[J]. 上海课程教学研究，2020(12)：58-65.

[51]尹小珂，李燕芳，陈福美. 新西兰音乐学业成就测评及其启示[J]. 中国考试，2020(09)：72-78.

[52]郭声健. 以美育《意见》为行动指南：推进学校音乐教育改革发展[J]. 中国音乐教育，2021(01)：5-9.

[53]郭玲玲. 对音乐进中考的冷思考[J]. 中国音乐教育，2021(03)：66-68.

[54]雷天胜. 对标音乐学科核心素养：提升学生艺术表现能力[J]. 辽宁教育，2021(17)：50-53.

[55]易晓明. 当代中国艺术教育的人文目标建构[J]. 南京师大学报：社会科学版，2021(01)：24-37.

[56]潘丽琴. 初中生艺术素质测评的江苏实践[J]. 中小学音乐教育，2021(12)：3-6.

[57]韩天寿，李昌云，李琳，等. 中小学音乐素质教育之路任重道远：基于遵义市基础教育学生音乐艺术素养测评分析[J]. 中国音乐教育，2021(03)：51-57.

[58]潘丽琴，王欢. 初中毕业生音乐素质测评命题探析：以2020年江苏省各市音乐测评为例[J]. 基础教育课程，2021(05)：63-70.

[59]郭声健，王正君. 美育进中考如何实现"育分"和"育人"的统一：郭声健教授访谈录[J]. 中国音乐教育，2021(08)：5-9.

三、学位论文类

[1]李晓雯. 改革开放以来我国小学学生评价发展的回顾与思考[D]. 南京：南京师范大学，2004.

[2]贾同红. 江苏省普通高中会考制度改革与发展研究[D]. 南京：南京师范大学，2005.

[3]黄沙玫.奥尔夫音乐教学课堂中创造力氛围的实证研究[D].广州：星海音乐学院，2009.

[4]吴珍.当代美国音乐教育新近文献研究[D].北京：中国音乐学院，2009.

[5]帅男.改革开放以来我国高中会考制度发展研究[D].上海：华东师范大学，2014.

[6]翟思卿.近十五年以来我国教育评价研究的演进分析[D].开封：河南大学，2014.

[7]张小党.2001 与 2011 版义务教育音乐课程标准比较研究[D].昆明：云南师范大学，2015.

[8]徐婷.美国国家核心艺术标准的课程设计理念及音乐课程标准研究[D].北京：中国音乐学院，2016.

[9]骆静禾.20 世纪以来中国基础音乐教育观念研究[D].福州：福建师范大学，2017.

[10]曹瑜.音乐退出高考后的山东省济南市普通高中音乐教育现状研究[D].曲阜：曲阜师范大学，2018.

[11]郑程月.我国考试招生政策演进研究（1977—2017）：以高考、中考为例[D].天津：天津师范大学，2018.

[12]邓莉.美国 21 世纪技能教育改革研究[D].上海：华东师范大学，2018.

[13]许莞鹿.艺术素质测评背景下提升初中生音乐素养的实践研究[D].济南：山东师范大学，2020.

[14]于甜.基于逆向设计理论的小学语文大单元教学设计优化研究[D].武汉：华中师范大学，2020.

四、报刊类

[1]中央关于全面深化改革若干重大问题的决定[N].人民日报，2013-11-16(01).

[2]小方.艺术素质将作为中、高考参考引发热议[N].中国文化报，

2014-02-20.

　　[3]李玉兰.未来高考总成绩怎么计算[N].光明日报,2014-12-17.

　　[4]高中学业水平考试和高中学生综合素质评价细则出台[N].光明日报,2014-12-17(01).

　　[5]孙军.青岛:艺术教育城乡齐步走[N].中国教育报,2016-04-09(01).

　　[6]刘颖.江苏中考今年试点音乐、美术记分[N].南京晨报,2017-03-07(A04).

　　[7]魏海洋.学生认真上课,艺术中考没问题[N].半岛都市报,2018-03-16(A17).

　　[8]王家源.江苏:推动学校美育高质量特色化发展[N].中国教育报,2019-04-23.

　　[9]石中英.打赢新时代教育评价改革攻坚战总体战[N].中国教育报,2020-10-22(06).

　　[10]尹少淳.对美育的最新认识和刚性要求[N].光明日报,2020-11-24(13).

　　[11]周海宏.美育就是培养孩子的"魅力"[N].光明日报,2020-12-01(15).

　　[12]周世祥.三问美育科目进中考[N].光明日报,2021-07-07(010).

五、电子文献

　　[1]中国人大网.中华人民共和国教育法[EB/OL](1995-03-18)[2022-08-08].http://www.npc.gov.cn/wxzl/gongbao/1995-03/18/content_1481296.htm.

　　[2]中华人民共和国中央人民政府.国务院关于基础教育改革与发展的决定[EB/OL].(2001-05-29)[2022-08-08].http://www.gov.cn/gongbao/content/2001/content_60920.htm.

　　[3]中华人民共和国教育部.基础教育课程改革纲要(试行)[EB/OL].(2001-06-08)[2022-08-08].http://old.moe.gov.cn/publicfiles/

business/htmlfiles/moe/moe_309/200412/4672. html.

［4］中华人民共和国教育部. 关于积极推进中小学评价与考试制度改革的通知［EB/OL］.（2002－12－18）［2022－08－08］. http：//www. moe. gov. cn/srcsite/A26/s7054/200212/t20021218_78509. html.

［5］中华人民共和国教育部. 教育部办公厅关于开展"体育、艺术2+1项目"实验工作的通知教体厅函［EB/OL］.（2004－08－02）［2022－08－08］. http：//www. moe. gov. cn/s78/A17/twys_left/moe_938/moe_939/s3276/201001/t20100128_80891. html.

［6］中央政府门户网站. 海南省出台2007年高考方案［EB/OL］.（2007－04－24）［2022－08－08］. http：//www. gov. cn/govweb/fwxx/wy/2007－04－24/content_593385. htm.

［7］中华人民共和国教育部. 教育部关于加强和改进中小学艺术教育活动的意见［EB/OL］.（2007－05－30）［2022－08－08］. http：//www. moe. gov. cn/srcsite/A17/moe_794/moe_795/200705/t20070530_80592. html.

［8］中华人民共和国教育部. 国家中长期教育改革和发展规划纲要（2010—2020年）［EB/OL］.（2010－07－29）［2022－08－08］. http：//www. moe. gov. cn/srcsite/A01/s7048/201007/t20100729_171904. html.

［9］搜狐网. 2014高考取消基本能力 临沂师生表示支持［EB/OL］.（2012－12－15）［2022－08－08］. http：//roll. sohu. com/20121215/n360533817. shtml.

［10］中华人民共和国教育部. 教育部关于推进学校艺术教育发展的若干意见［EB/OL］.（2014－01－14）［2022－08－08］. http：//www. moe. gov. cn/srcsite/A17/moe_794/moe_795/201401/t20140114_163173. html.

［11］中华人民共和国教育部. 关于全面深化课程改革 落实立德树人根本任务的意见［EB/OL］.（2014－03－30）［2022－08－08］. http：//www. moe. gov. cn/srcsite/A26/s7054/201404/t20140408_167226. html.

［12］中华人民共和国教育部. 教育部关于全面深化课程改革 落实立德树人根本任务的意见［EB/OL］.（2014－04－08）［2022－08－08］. http：//www. moe. gov. cn/srcsite/A26/s7054/201404/t20140408_167226. html.

［13］国务院. 国务院关于深化考试招生制度改革的实施意见［EB/OL］.（2014－09－03）［2022－08－08］. http：//www. gov. cn/zhengce/content/2014－

09/04/content_9065. htm.

[14]中华人民共和国教育部. 教育部关于加强和改进普通高中学生综合素质评价的意见[EB/OL]. (2014－12－16)[2022－08－08]. http：//www. moe. gov. cn/srcsite/A06/s3732/201808/t20180807_344612. html.

[15]加快推动学校美育工作 全面落实立德树人根本任务[EB/OL]. (2015－03－03)[2022－08－08]. http：//edu. people. com. cn/n/2015/0303/c1053－26626233. html.

[16]中华人民共和国教育部. 教育部关于印发《中小学生艺术素质测评办法》等三个文件的通知[EB/OL]. (2015－05－26)[2022－08－08]. http：//www. moe. gov. cn/srcsite/A17/moe_794/moe_795/201506/t20150618_190674. html.

[17]人民日报海外网. 教育部：社会艺术考级不能作为艺术特长测评依据[EB/OL]. (2015－07－15)[2022－08－08]. http：//m. haiwainet. cn/middle/3541083/2015/0715/content_28939159_1. html.

[18]国务院办公厅. 国务院办公厅关于全面加强和改进学校美育工作的意见[EB/OL]. (2015－09－28)[2022－08－08]. http：//www. gov. cn/zhengce/content/2015-09/28/content_10196. htm.

[19]搜狐教育. 定了！中国学生发展核心素养总体框架正式发布[EB/OL]. (2016-09-13)[2022－08－08]. http：//learning. sohu. com/20160913/n468381581. shtml? qq-pf-to＝pcqq. c2c.

[20]中华人民共和国教育部. 教育部关于进一步推进高中阶段学校考试招生制度改革的指导意见[EB/OL]. (2016-09-19)[2022－08－08]. http：//www. moe. gov. cn/srcsite/A06/s3732/201609/t20160920_281610. html.

[21]万丽君. 学校的艺术教育根本是要抓开课率[EB/OL]. (2016-12-04)[2022-08-08]. http：//edu. china. com. cn/zxx/2014-07/18/content_32993260. htm.

[22]中华人民共和国教育部. 教育部关于印发《普通高中课程方案和语文等学科课程标准(2017年版)》的通知[EB/OL]. (2018-01-05)[2022-08-08]. http：//www. moe. gov. cn/srcsite/A26/s8001/201801/t20180115_324647. html.

［23］向庆明. 学生艺术素质测评经验交流（七）：四川省宜宾市翠屏区［EB/OL］.（2020-02-25）［2022-08-08］. https：//mp. weixin. qq. com/s/hDxC2A1CtMW-ML5whYkm2Q.

［24］中华人民共和国教育部. 中共中央国务院印发《深化新时代教育评价改革总体方案》［EB/OL］.（2020-10-13）［2022-08-08］. http：//www. moe. gov. cn/jyb_xxgk/moe_1777/moe_1778/202010/t20201013_494381. html.

［25］搜狐网. 教育部澄清：没有"2022 年艺术进中考"时间表［EB/OL］.（2020-10-24）［2022-08-08］. https：//www. sohu. com/a/427036092_703551.

［26］搜狐网. 闲墨书斋全面发展不是平均发展，五育并举不等于五育平举［EB/OL］.（2020-10-26）［2022-08-08］. https：//www. sohu. com/a/427289471_177272.

［27］一名县城中学老师对"音乐进中考"的几点担忧［EB/OL］.（2020-12-23）［2022-08-08］. https：//baijiahao. baidu. com/s？id=1686599957292352674&wfr=spider&for=pc.

［28］中华人民共和国教育部. 中共中央、国务院关于深化教育改革全面推进素质教育的决定［EB/OL］.（1999-06-13）［2022-08-08］. http：//www. moe. gov. cn/jyb_sjzl/moe_177/tnull_2478. html.

［29］教育部新闻办公室. 如何全面加强和改进新时代学校美育工作？教育部解读来了［EB/OL］.（2020-10-16）［2022-08-08］. https：//baijiahao. baidu. com/s？id=1680764235100239101&wfr=spider&for=pc&searchword=.

［30］习近平在文艺工作座谈会上的讲话［EB/OL］.（2014-10-15）［2022-08-08］. https：//www. ccps. gov. cn/xytt/201812/t20181212_123491. shtml.

［31］余慧娟，施久铭. 素质教育咋发展？先听听原国家教委副主任柳斌谈当年为什么提素质教育［EB/OL］.（2018-03-09）［2022-08-08］. http：//www. yidianzixun. com/article/0IVfjNTZ.

［32］上海市教育委员会. 关于印发《上海市中小学艺术工作管理办法》的通知［EB/OL］.（2019-12-31）［2022-08-08］. https：//www. shanghai. gov. cn/nw48913/20200929/0001-48913_64692. html.

［33］上海市教育委员会. 关于《上海市中小学生学业质量绿色指标（试

行）》的实施意见［EB/OL］.（2011-11-08）［2022-08-08］. http：//www. 2fz. fudan. edu. cn/69/61/c14932a92513/page. htm.

［34］上海市教育委员会. 关于印发《上海市初中学生综合素质评价实施办法》的通知［EB/OL］.（2019-09-01）［2022-08-08］. http：//sh. bendibao. com/news/201948/204024. shtm.

［35］中华人民共和国中央人民政府. 完善中华优秀传统文化教育指导纲要［EB/OL］.（2014-03-26）［2022-08-08］. http：//www. gov. cn/xinwen/2014-04/01/content_2651154. htm.

［36］中华人民共和国中央人民政府. 教育部关于印发《基础教育课程改革纲要（试行）》的通知［EB/OL］.（2001-06-08）［2022-08-08］. http：//www. gov. cn/gongbao/content/2002/content_61386. htm.

六、英文文献

［1］Fairclough N. Discourse and Socail Change［M］. Cambridge：Polity Press，102.

［2］Partnership for 21st Century Learning. 21st Century Skills，Education & Competitiveness［R］. 2008.

［3］The European Parliament and the Council of the European Union. Recommendation of the European Parliament and of the Council of 18 December 2006 on Key Competences for Lifelong Learning［J］. Official Journal of the European Union，2006.

［4］Educational Assessment Research Unit and New Zealand Council for Educational Research. Key reports for the Arts 2015［R］. New Zealand：NMSSA report，2017.

［5］UNESCO Institute for Statistics，Center for Universal Education at Brookings. Toward Universal Learning：What Every Child should Learn［R/OL］.（2013-01）［2020-02-03］. http：//unesdoc. unesco. org/images/0021/002197/219763e. pdf.

［6］European Council. Lisbon European Council 23 and 24 March 2000 Presidency Conclusions［EB/OL］.（2000－03－24）［2020－02－03］. http：//www. eu-roparl. europa.. eu/summits/lis1_en. htm.

［7］European Council. Santa Maria Da Feira European Council 19 and 20 June 2000 Conclusions of the Presidency［EB/OL］.（2000－06－20）［2020－02－03］. http：//www. europarl. europa. eu/summits/fei1_en. htm.

［8］European Commission. Key Competences for Lifelong Learning：European Reference Framework［EB/OL］.（2016－01－18）［2020－02－03］. http：//www. alfa-trall. eu/up-content/uploods/2012/01/EU2007-key-Competences L3-bro-chure. pdf.

七、课程标准

［1］中华人民共和国教育部. 义务教育音乐课程标准(2011 年版)［S］. 北京：北京师范大学出版社，2012.

［2］中华人民共和国教育部. 普通高中音乐课程标准(2017 年版)［S］. 北京：人民教育出版社，2017.

［3］中华人民共和国教育部. 普通高中音乐课程标准(2017 年版)［S］. 修订本. 北京：人民教育出版社，2020.

［4］中华人民共和国教育部. 义务教育艺术课程标准(2022 年版)［S］. 北京：人民教育出版社，2022.

［5］中华人民共和国教育部. 全日制义务教育音乐课程标准(实验稿)［EB/OL］.（2001－07－01）［2022－09－20］. http：//www. moe. gov. cn/srcsite/A17/moe_794/moe_624/200107/t20010701_80353. html.

后　记

　　高校教师的工作、生活是和学生紧密联系在一起的，本书的撰写、出版同样凝聚了我的学生们的贡献。几十年的教学经验告诉我，只给学生讲大道理，教书育人的效果难以如师所愿。几乎每一个来我这里读研读博的学生都信誓旦旦地表示自己会努力，会发狠的，这顶多说明他们明白"懂得"的道理，但是现实中要"做到"则需要导师的教学策略，其中最重要的就是下任务清单和任务时间表，通过一次次具体的任务，比如说"这个文献综述必须一个礼拜搞定"，"这个资料在一天内得找到"，"这一章必须两天之内校对完"等，督促学生完成。带学生一定要采取项目制、任务制，一定是要有任务导向的，即要布置非常具体的活儿给学生干，在干活的过程中，学生头脑里的"懂得"与"做到"才能实现转化。

　　研究生阶段的音乐专业学生要完成从艺术感性思维到学问研究的理性思维转向，最大的难关是如何把脑海里的所思所想变成一个个文字。这个对于艺术生来说，如果没有足够的时间、足够强度的练笔，转向就会非常难，需要导师有一套自己多年思考总结出来的教学经验和被证实有效的训练手段。正如这本书的成稿也是沿袭了我一贯的做法：带着学生们做科研项目，到基础教育一线调研，去中小学音乐课堂进行观察、访谈，撰写读书笔记和进行教学反思——让他们在任务导向下完成不断撰写、不断修改的笔头训练，完成从想法到语言文字的训练；师生一起熬夜，一起干活，一起吃盒饭，让他们看见自己的导师每天都在拼命工作，并没有任何技巧，如此传递给学生严谨的学术态度、高尚的职业操守，让他们养成苦练"板凳功"的学术习惯。在我和他们亦师亦友的关系中，我和他们的学业与家庭、生活等绑定在一起，和他们共同成长。

　　在本书的撰写过程中，我送走了四批优秀的毕业生，他们当中有通过考编从湖南走向北上广深一线城市的中小学音乐教师，记得他们在经过层层选拔考试上岸后和我分享感想：老师，幸亏您逼我做这个项目，当招聘学校的校长和我面谈时，他会感慨我作为音乐老师，怎么会知道当下基础教育的理念和热点话题，如新综合素质评价、STEM、新高考制度改革、核心素养。这给了我莫大的安慰，我在想，当一个校长在感慨一个学音乐的能了解这么多基础教育的核心问题时，当每一个音乐教师通过自己的努力影响中小学生从而影响学校，影响到越来越多的校长认同"原来音乐教育的力量真的很大"时，当校长们因为刷新了对音乐教师的传统认知，从而刷新了对美育重要性的认知时，那是不是距离解决中学艺术课程开课难的问题又近了一些些呢？对此，我是持乐观态度的。

在此一并感谢我的学生戴黛琳、李伊、龚钰婷、朱丹、肖慧婷、何滨柳、陈胜男、李丝、李丹怡、苗馨、彭雅微、余伊萌等。希望你们在各自的音乐教育岗位上遵守师德规范，永葆教育情怀，为中国的音乐教育事业奋斗终生。我也要感谢湖南大学出版社的李文邦社长对我的信任和支持，从我的第一部专著也就是我的博士论文出版时，我们就构建了一种君子之交淡如水、遇到事情无须多言的默契关系。我还要感谢湖南大学出版社的吴海燕编辑，最初她坚持工作原则让急于赶进度的我略有不爽，后来我对她的严谨工作素养和坚持工作原则的底线思维充满尊重和佩服。不得不感叹一部书稿的出版，碰到较真的编辑其实是一件很幸运的事情。

最后还是要遗憾地说一句，该研究仅仅是大致梳理和简单搭建了结合综合素质评价如何落实中国学生的核心素养的线性路径和三维结构，深层的东西还有待后续继续挖掘。好在科学研究永远在路上，给自己一个理由，有动力一如既往地去探索神奇的音乐、神奇的人、神奇的教育。

资利萍

2023 年 1 月 9 日于湖南师范大学音乐学院德乐楼